増補改訂版

FLOWERS

フラワーデザイナーのための

花の教科書

A Textbook for Flower Designers

公益社団法人

日本フラワーデザイナー協会

NIPPON FLOWER DESIGNERS' ASSOCIATION

講談社エディトリアル

For Flower Designers

フラワーデザイナーと未来のフラワーデザイナーのために……

日本にフラワーデザインが本格的に伝えられて、まだ100年にもなりません。この100年の間に日本人の暮らしは大きく変わり、西洋化しました。

それまで日本になかったフラワーデザインは花開き、日本独特の美意識とオリジナリティで、西洋にはないデザインを創り出すまでになりました。

四季に顕著な変化があり、まれに見る美しい花と豊かな植物に恵まれた日本のフラワーデザイナーには未来の可能性が無限にあります。

『フラワーデザイナーのための花の教科書』は公益社団法人 日本フラワーデザイナー協会（略称：NFD）が6年間の歳月をかけ、発刊にこぎつけました。
NFDの誇るべきデザインの基本、テクニックのコツ、日本の花文化と植物の知識などを、できる限り詳細に伝えています。

この度、新たにNFDの構成理論を加え、フラワーデザイナーのための教科書として、より充実したものといたしました。

本書が今活躍中のデザイナーにも、未来のデザイナーにも、いつもそばに置いておきたい1冊となることを願って……。

公益社団法人 日本フラワーデザイナー協会　2024年4月

花のある豊かな暮らし

花には、あるだけで人の心をなごませ、気分を明るくする「不思議な力」があります。

〈お客さまをお迎えする場に、モダン・アレンジメント〉

シンプルなシルエットとメリハリのきいた花選びで、凛（りん）としたモダンな印象のアレンジメント。

花材：ダリア、バラ、ワイヤープランツ、オレガノ、アンスリウム、ワイルドストロベリー、オクラレウカ

〈みんなが集うリビングのテーブルに、花曼茶羅〉

大小のガラスの器を重ねて水を張り、花を浮かべることで、花の曼茶羅(まんだら)に。

花材：ダリア、パンジー、スカビオサ、アジサイ、チューリップ、バラ、カラー

〈ダイニングテーブルにお花のサラダ〉

ガラスの器に、過小プロポーション（P.31参照）で花を入れることにより、花の色が強調され、とってもおいしそうな印象に。

花材：サンダーソニア、スイセン、ビバーナム、サクラソウ、リナリア、スプレーバラ、ルピナス、パンジー、サクラコマチ

〈心癒やされる色合わせで、ロマンチック・アレンジメント〉

ロマンチックな色合いのアレンジが少しほどけて流れる、やわらかな動きを感じるアレンジメントに。

花材：キルタンサス、ヒペリカム、バラ、ガーベラ、ダリア、トルコギキョウ、ストック、ビバーナム、スプレーバラ、キャンディタフト、パンジー、マーガレット、プリムラ・ジュリアン、ワイルドストロベリー、ワイヤープランツ、ミゾソバ

〈窓辺の光の中で、花のダンス〉

春らしいさわやかな花の動きのおもしろさを強調し、楽しく会話しているように。

花材：ラナンキュラス、アネモネ、ビバーナム、スカビオサ、ブルーレースフラワー、キャンディタフト、パンジー、ビオラ、イベリス、サクラコマチ、リナリア、ワイルドストロベリー、グリーンベル、アオモジ

〈プレゼントにぴったり、ラッピングでおしゃれに〉

ちょっとしたお祝いに、プレゼントに、ミニブーケ風のカラフルな花束。

花材：スプレーバラ、チューリップ、スカビオサ、パンジー、ピンクレースフラワー、ミニルピナス、ブプレウルム、マトリカリア、サクラコマチ、ピットスポルム、ヒカゲノカズラ

Contents 増補改訂版

フラワーデザイナーのための 花の教科書 目次

CHAPTER 3　フラワーデザインの歴史

CHAPTER 4　花ごよみ便利帳と冠婚葬祭の基礎知識

CHAPTER 5　知っておきたい植物の基本

Column

本書をお使いになる前に

・花材名は、生花として一般に流通している名称を記載しています。
・本書で使用している花材は、季節などにより流通していないことがあります。
・ナイフやハサミなどの道具の使用に際しては、自分や他人を傷つけないよう、注意して取り扱ってください。
・植物の中には、アレルギーを引き起こすものや毒性のあるものがありますので、事前に確かめてから使用してください。

CHAPTER

1

フラワーデザインを始めてみましょう

フラワーデザインは、生活のひとときに潤いを与えます。
花は、あるだけでもうれしいものですが、
デザインが加わると、さらに素敵になります。
テクニックや知識をより多く習得することによって、
作品の幅が広がります。
ふだんから、いろいろなテクニックを練習して身につけ、
作品制作に生かしましょう。

フラワーデザインとは

フラワーデザインは、自由な発想で作品がつくれる

フラワーデザインは、フローラルデザイン (floral design) やフラワーアレンジメント (flower arrangement) ともいわれ、花束やアレンジメント、ディスプレイ、前衛的な作品など、植物を素材とする創作活動のすべてを指します。人の手が加わることで、植物の魅力を最大限に引き出し、より美しく表現します。

作品制作には、多くの場合、切り花（生花）をメインに、鉢ものなどを使ったり、作品によっては砂やガラス、鉄などの素材も利用します。

ただし、フラワーデザインで大切なことは、植物が本来もっている美しさを生かすこと、用途に合わせた美を表現することです。

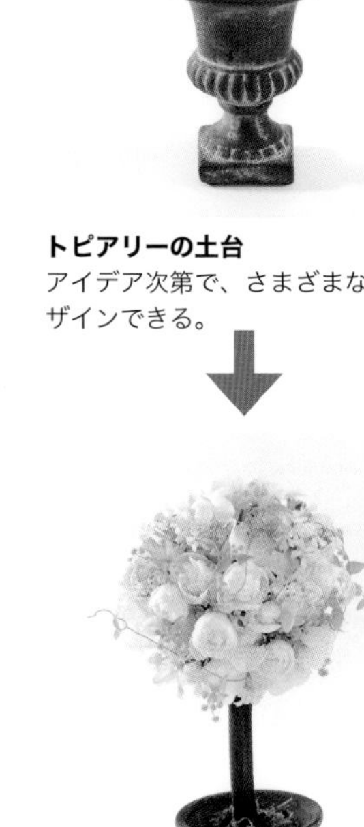

トピアリーの土台
アイデア次第で、さまざまな形にデザインできる。

トピアリー
花材：スイートピー、スプレーカーネーション、スプレーバラ、ヒペリカム、サクラソウ、デルフィニウム、アゲラタム、サクラコマチ、カスミソウ、シンビジウム

リース型のアレンジメント
春の花が咲き競った野原を思わせる明るい自然的なアレンジメント。やわらかな動きを上手に使い、高低差をつけて、やさしい雰囲気を演出している。
花材：スプレーバラ、アルストロメリア、ビオラ、ネリネ、ムスカリ、ミニシクラメン、ブプレウルム、ラベンダー、ゼラニウム、アイビー、イボタ、オレガノ

> *Point!*
> **トピアリーとは**
> 装飾的に刈り込んだ庭木の総称。主にヨーロッパ各地の庭園で見ることができます。球形、円錐形、動物の形などさまざまです。

フラワーデザインの広がり

フラワーデザインは多様

フラワーデザインは、アレンジメントや花束だけではありません。結婚式のブーケといった身近なものから、空間デザインや芸術作品も含まれます。以下のように分類できます。

① アレンジメント
② 花束
③ ブーケ
④ アクセサリー
⑤ プティデザイン
⑥ 空間ディスプレイ
⑦ その他（オブジェやコラージュなど）

枠を使ったアレンジメント
絵の額縁をイメージして、内部に絵を描くように花材の茎のラインを生かして構成する。
花材：スプレーカーネーション、マトリカリア、ミモザ、サクラコマチ、ナンテンの実、リキュウソウ

コサージ
三角形にまとめたコサージ。

ディスプレイ

ブーケ

会場装飾

その他（創造の花）

Point!
ブーケとは
本来、ブーケ（Bouquet）は「束ねた花」を意味するフランス語ですが、日本では主に「花嫁が持つ花束」という意味で使われます。

フラワーアレンジメントの種類

アレンジメントとは

フラワーデザインは、作品の形状や植物の造形などにより分類されています。

以下に示す基本的な形態は、作品制作でさまざまなデザインに応用でき、すべての造形の習得は、プロのデザイナーの必須条件です。

ヴァーティカル

フラワーアレンジメント

①幾何学形態のデザイン

円、半円球、三角、三角錐、四角、角柱、三日月型など、作品を幾何学的な形にまとめたデザインのことです。一般的に、ウエスタンデザインとも呼ばれます。

フラワーデザインでの幾何学的な形がもつ意味は大きく、フラワーデザインによる作品制作の基本の１つとなっています。

幾何学的な形だけがフラワーデザインの作品の生け方ではないのですが、フラワーデザインの基礎をマスターするためには、幾何学形態の基本パターンをしっかりと理解することが、大切です。

エルシェイプ

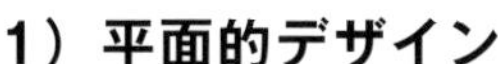

1）平面的デザイン

a）平面的 - 直線的デザイン

●ヴァーティカル

ヴァーティカル（Vertical）とは、「直線的」という意味で、全体を縦方向にアレンジする方法です。スッキリとした強さを感じさせる構成です。

●エルシェイプ

アルファベットのＬ字型に花を挿す手法です。比較的少ない量の花で大きな広がりと軽やかなタッチを感じさせる構成です。

トライアンギュラー

●トライアンギュラー

たくさんの花をバランスよく配置する構成として、フラワーデザインで最も多く使われる構成です。

・平面的 - 直線的デザインには、その他にも多くの構成があります。

b）平面的 - 曲線的デザイン

●ファン

扇のように、放射状に広がる構成です。

●ラジエイティング

放射状で、ファンの放射線のラインを強調した構成です。

●クレセント

三日月型のカーブにまとめる構成です。お互いにつながり合おうとする両端が単純ななかにも非常に緊張感をもつ造形であり、美しさを感じさせます。

●ホガース

全体のフォルムをゆるやかなＳ字型にまとめる構成です。このラインを追求し、「美の分析」を著したアーティストのウィリアム・ホガース氏の名前にちなみ、この形が「ホガースライン」と呼ばれています。

欧米ではこのフォームを「美のライン（Line of Beauty)」とも呼び、花のソフトなムードを最も生かした構成であるといわれます。

●ホリゾンタル

水平に構成します。

・平面的 - 曲線的デザインには、その他にも多くの構成があります。

ファン

ラジエイティング

クレセント

ホガース

ホリゾンタル

2）立体的デザイン

a）立体的 - 直線的デザイン

●円錐形（コウン）

どこから見ても安定している末広がりの構成です。

・立体的 - 直線的デザインには、その他にも多くの構成があります。

円錐形（コウン）

b）立体的 - 曲線的デザイン

●ドーム（半球形）

全体をこんもりとしたドーム形にまとめる手法で、形として花の性格を強調するのではなく、あくまでも色彩的な調和を考えた構成です。

ドーム（半球形）

●球形

どこから見てもまん丸な、ゴージャスな印象をもつ構成です。下に向けても花を挿すので、ファンデーションワーク（土台づくりの作業）をしっかりしておく必要があります。

・立体的 - 曲線的デザインには、その他にも多くの構成があります。

球形

幾何学形態はあらゆるデザインの基本

ものを見たときに人間が最も美しいと感じる比率が、黄金比（1：1.618）です。植物や動物など自然界には黄金比が隠れています。

ギリシャ・ローマの彫刻や建築物から現代の美術、彫刻、工業製品など、多くの人に受け入れられているあらゆるデザインは、黄金比による幾何学形態で構成されています。

ベーシックパターンとは、幾何学形態をフラワーデザインに応用したもので、ベーシックパターンを身につけると、だれにでも美しい作品をつくることができます。

1. ベーシックパターンにおける主軸の比率について

フラワーデザインの基礎であるベーシックパターンは立体的な形態をとっており、平面的な幾何学図形の組み合わせによって構成されています。

これらの構成では主軸の位置関係と比率がとても重要になっています。ベーシックパターンの主軸の位置関係や比率は単なる感覚や直感によって決められているのではなく、数理的な秩序や、美の秩序にもとづいて考えられています。

これらの比率を正しく理解することにより、ベーシックなアレンジメントの制作に役立ちます。

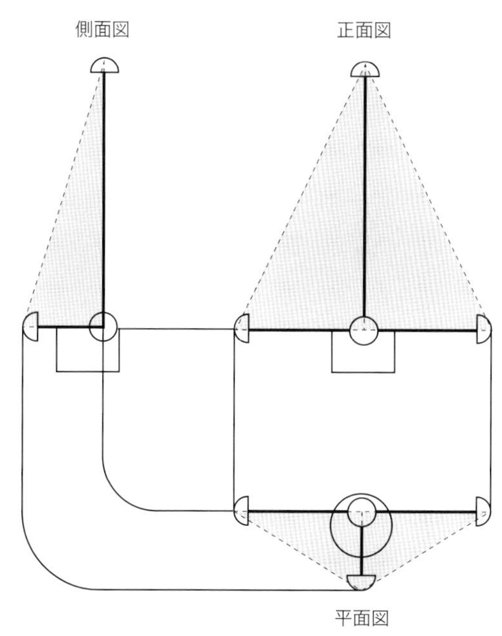

2. ベーシックパターンの主軸の位置関係と比率の求め方

1）トライアンギュラー

高さを決定する垂直軸ADと、底辺BCを決定する水平軸BD、CDの位置関係は、底辺BCと高さADが等しい二等辺三角形によって求めることができます。

ベーシックパターンにおいては、高さと底辺が等しい二等辺三角形になっています。

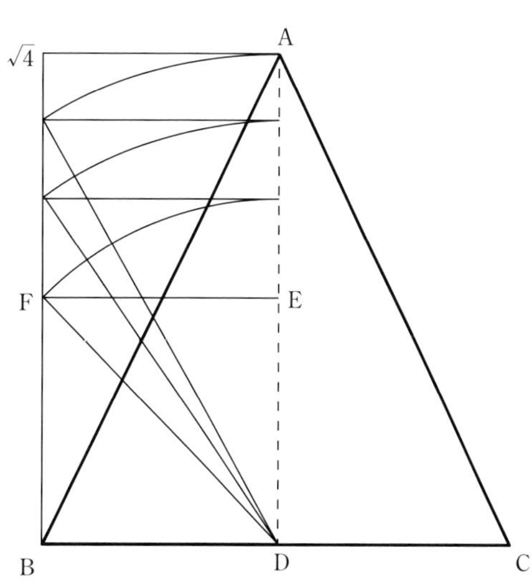

2）ホリゾンタル

主軸は、底辺の長さを決定するBC、幅を決定するEF、垂直軸ADによって構成されています。

底辺の幅と長さの関係は、幅EFを1としたとき、

EF：BD＝1：$\sqrt{2}$となります

シンメトリーであるホリゾンタルの底辺の長さはBDの2倍になるので、

EF：BC＝1：2$\sqrt{2}$となります。

高さADは幅EFを1としたとき、 EF：AD＝1：$\frac{1}{\sqrt{3}}$となります。

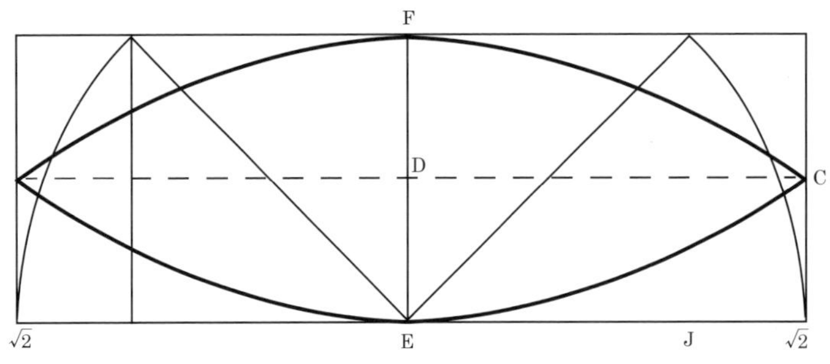

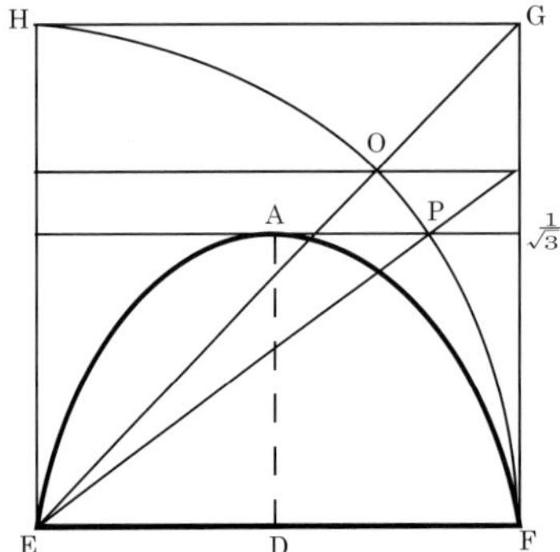

3）ファン

高さを決定する垂直軸ADと底辺を決定する水平軸BCの関係は、底辺BCを1とした場合、

BC：AD＝1：$\frac{1}{\sqrt{2}}$となります。

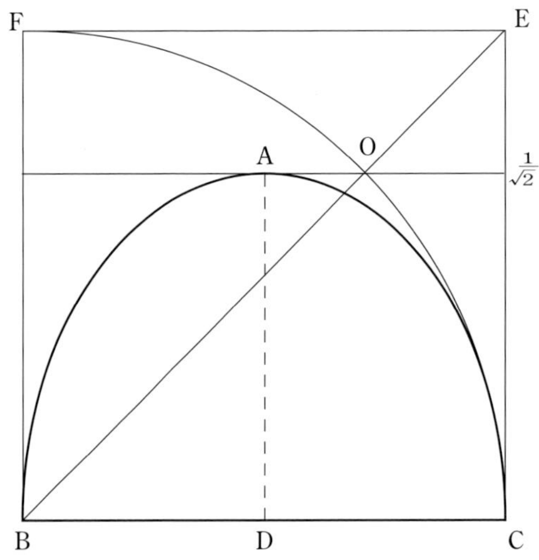

4）ホガース

a．フォーカルポイントを中心とした上下の主軸の関係

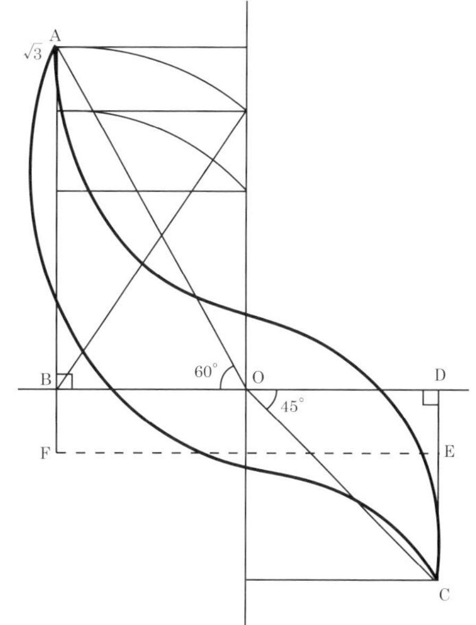

フォーカルポイントOを中心にした水平軸上に点Bを設けます。

OBを底辺とし、点Bの角が90度、点Oの角が60度となる直角三角形をつくり、その頂点をAとします。同様に、点Oより右へ辺OBと同じ距離に点Dを設けます。

水平軸より下へ底辺をODとし、点Dの角を90度、点Oの角を45度となる直角二等辺三角形をつくり、その頂点をCとします。

b．2つの頂点であるACを2本のS字曲線で描く

三角形ABOが30度と60度を持つ直角二等辺三角形ですので、

BO：AO：AB＝1：2：$\sqrt{3}$となります。

三角形CDOが直角二等辺三角形ですので、

CD：OD：CO＝1：1：$\sqrt{2}$となります。

5）クレセント

a．フォーカルポイントを中心にした2本の主軸の長短の関係

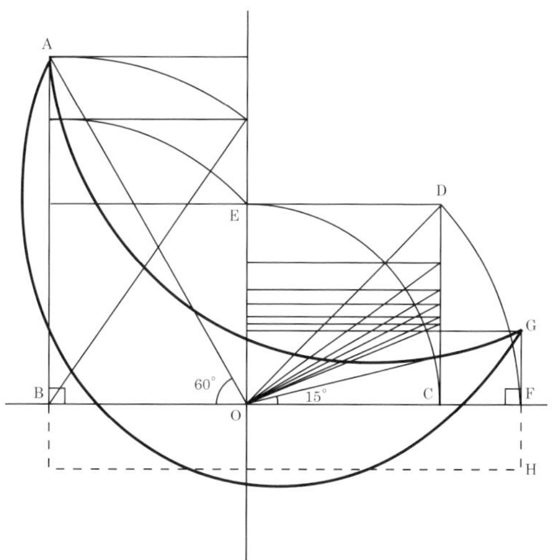

水平軸上に点Bを設けます。

OBを底辺とし、点Bの角が90度、点Oの角が6０度となる直角二等辺三角形をつくり、その頂点をAとします。

次に、垂直軸より右に底辺OBと同じ距離に点Cを設けます。

OCを1辺とする正方形OCDEの内側にルート矩形を求め、辺OCの延長線上に点Fを設けます。正方形OCDEの$\frac{1}{\sqrt{7}}$の延長線と点Fの垂直軸との交点に点Gを設けます。このとき、三角形OFGの角度GOFは、15度になります。

b．2つの頂点AGを2本の曲線で三日月型に描く

AB：BO＝$\sqrt{3}$：1となります。

BO：FO＝1：$\sqrt{2}$となります。

BO：EO：FG＝1：1：$\frac{1}{\sqrt{7}}$となります。

6）ドーム（半球形）

・底辺を構成する円の直径と高さの関係

底辺の円の直径BCを1とする正方形BCEFを仮定し、その正方形の内側にルート矩形を求め、底辺BCの中心点Dの垂直軸との交点は$\frac{1}{\sqrt{3}}$になります。この交点Aを頂点として、点BCと弧を描きます。

BC：AD＝1：$\frac{1}{\sqrt{3}}$となります。

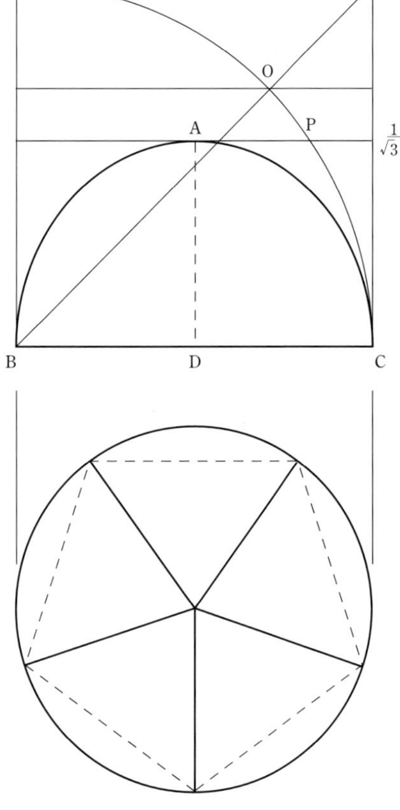

7）円錐形（コウン）

・底辺を構成する円の直径と高さの関係

底辺の円の半径BDを1辺とする正方形BDEFの外側にルート矩形を求めると、垂直軸ADの頂点Aは、$\sqrt{9}$＝3となります。

BD：AD＝1：$\sqrt{9}$となります。

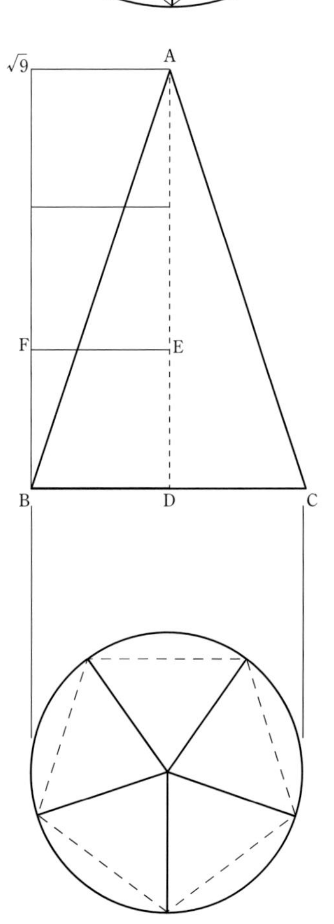

造形的なデザイン

植物のもつ性質や特徴（形、動き、質感、色、香りなど）をもとにデザインをします。

個性的な美しさと、豊かな感性が感じられる作品とするために、素材をよく見て理解し、特徴をとらえることが大切です。

一般的に、ヨーロピアンデザインと呼ばれています。

共同形態

共同形態

「わずかな主張の植物」を集合させて構成したアレンジメント。

> Point!
> **主張度とは**
> 花は形によって、人に与える効果に強弱があります。
> ・大きな主張：存在感があり、周りに十分な空間を必要とする植物。
> ・中程度の主張：数本まとめて使うことで魅力を強く発揮する植物。
> ・わずかな主張：まとめて用いることで存在感が出る植物。

植生的

植生的

植物をあたかも自然の中で生えているように配置して構成したアレンジメントです。複数の素材を使うときは、できるだけ生育環境に近いものを取り合わせます。

植生のデザインは、植物の理想化された姿を表現し、デザイナーの心の中にある自然体験の意思的な再構築ともなるものです。

> Point!
> **植生とは**
> フラワーデザインの用語では、自然界でのその植物の姿や形です。

構造的

構造的

植物の材質感によって表面構造を表現したアレンジメントです。

> Point!
> **構造とは**
> フラワーデザインの用語では、植物を構成している「花、茎、葉、根など」と、植物がもっているイメージである「動き、色、質感など」をいいます。

> Point!
> **表面構造とは、**
> フラワーデザインの用語では、葉の形や色、質感などといった、植物の表面的な特徴のことです。

その他のデザイン

オブジェ（仏：Objet）とは

ラテン語の「前方に投げ出されたもの（objectrum）」を意味します。ものの通念をはぎとり、別の存在意義を付加された物体のことです。

オブジェを分類すると、8つに分けることができます。

(1) 数学上の幾何学的模型や幾何学的に構成されたもの
(2) 木や石などの自然物
(3) 呪術（じゅじゅつ）や魔術につながるもの
(4) 日常忘れられていて再発見されたものや漂流物
(5) 市場に出回っている既製品
(6) 動く物体
(7) 火事で焼けて役に立たなくなったようなもの
(8) 潜在意識に働きかける、象徴的機能をもつもの

フローラルオブジェ

フローラルオブジェ

植物素材を用いて、その特徴を生かした自然界にない独創的な立体造形作品にします。

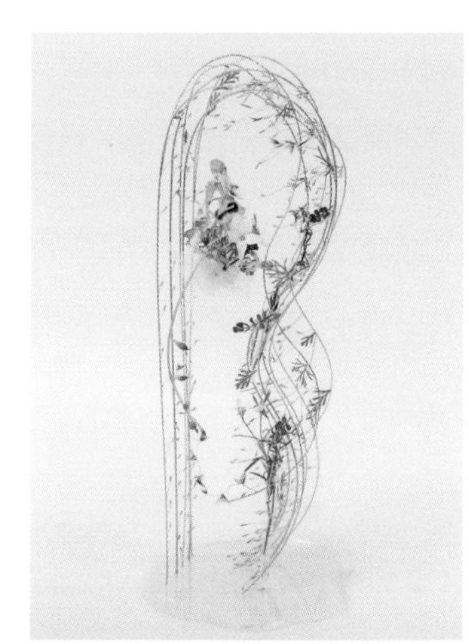

プティデザイン

プティデザイン（ミニアチュールデザイン）

イギリスで生まれたミニアチュールデザインを、日本ではNFDがプティデザインと名づけ、「幅×奥行き×高さ＝225mm×225mm×225mm以内で構成された作品」としています。

ちなみに、英国フラワーアレンジメント全国組織（NAFAS）の規定では、プティデザインは、幅、奥行き、高さがすべて4インチ（101.6mm）以上9インチ (225mm）以内である作品。ミニアチュールデザインは、幅、奥行き、高さがすべて4インチ（101.6mm）以内の作品です。

じかもり

じかもりとは、日本特有の卓上装飾で、「(ベースを使わないで）卓上からじかに生えているように花を盛る」ことです。自然と人工物の調和、コンビネーションによる美の極限を卓上に表現します。海外ではジャパニーズフローラルテーブルセッティングと称されています。

じかもり

植物の分類方法

作品制作では、それぞれの植物のもつ特徴をよく理解することが大切です。なぜなら、植物を知ることで、個性的な美しさと豊かな感性を感じさせるデザインが可能になるからです。

私たちがフラワーデザインの素材として扱う花たちと、自然の中で出会い、植物の自然の姿を作品に生かせれば理想的ですが、現実にはむずかしいことです。多くは切り花を購入することになります。

しかし、切り花として素材を入手したときも、花を選ぶときは、茎などを少しでも長く持って、その姿形の全体像を見つめましょう。自分の作品にどのような植物を使えばよいのか、植物をよく知ることにより見えてきます。

フラワーデザインでは、植物をよく知るために、植物を分類しています。

ラインフラワー　　フォームフラワー

マスフラワー　　フィラフラワー

①花の形の特徴による花を分類

- ・ラインフラワー　：線のような花
- ・フォームフラワー　：個性的な形の花
- ・マスフラワー　：塊になった花。花の形が大きく丸い花
- ・フィラフラワー　：たくさんの小花がついた花

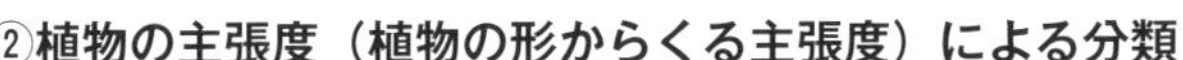

②植物の主張度（植物の形からくる主張度）による分類

自然の森には３種類の形態があります。

①純粋な針葉樹林
②純粋な広葉樹林
③針葉樹と広葉樹の混合林

自然を最も代表するのが混合林で、日本の多くの森がこの混合林です。混合林は通常、４層から成り立ちます。

1. 高木層…4～5m を超える樹木層、または喬木層。ブナ、シラカバ、モミ、カエデなど。

2. 灌木層…0.8～2m 程度の低木層。根元近くから枝が生えているようなツツジ、アオキなど。

3. 草本層…0.8～1m ほどの維管束植物。ススキ、スゲ、スズラン、サクラソウ、シダなど。

4. コケ層、地衣層…5～10cm 以下の地衣に密着したもの。コケ、キノコ、地衣類など。

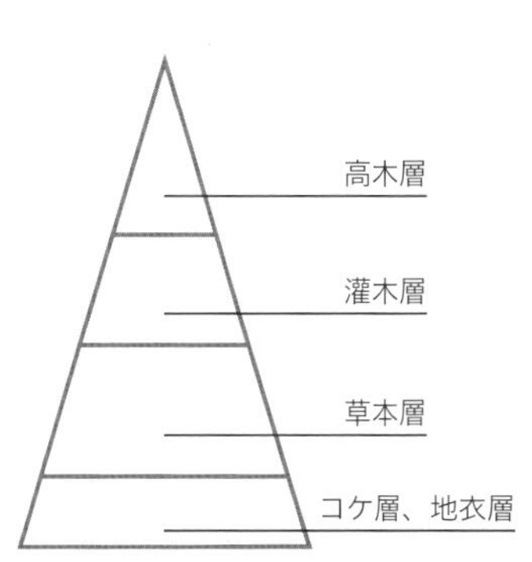

フラワーデザインでは、植物の主張の強さにより３つに分類されます。

大きな主張

1. 大きな主張

存在感があり、まわりに十分な空間を必要とする植物。

中程度の主張

2. 中程度の主張

数本まとめて使うことにより、その魅力を最も強く発揮する植物。

わずかな主張

3. わずかな主張

群生しているかのように用いることにより、はじめて存在感が出る植物。

③形態による分類（植物だけがもっている特徴）

５つの特徴により分類します

- **植物の動き**
- **植物のキャラクター**
- **植物の質感**
- **植物の色彩**
- **植物の香り**

1） 植物の動きによる分類

大きくは２つに分類できます

- **能動的な動き：重力に反して上へと生育する力強い植物**
- **受動的な動き：重力に押されて生育する控えめな植物**

さらに細かく分類します。

■能動的な動き

・上向き

この動きの植物たちには、伸び上がろうとする勢いに特性があります。この植物を上から押さえつけるようなデザインにすると、その特性を消してしまうおそれがあります。

また、長い茎を短く切り落として使うことも、勢いを消してしまうおそれがあります。

上向き

・上向きで展開している

伸び上がって、先端が開花する植物です。とても個性的で派手やかな花たちです。この植物たちは、伸び上がるだけではなく、展開する四方へも大きな空間が必要です。主役の植物の中でも個性が強いので、その姿を生き生きと見せることが必要です。

上向きで展開している

・上向きで先が丸い

私たちの身近にある花の多くが、このタイプです。上へと成長して先端で丸い（球状、円盤状など）花を開花させます。仲間と仲良しで、協調性が高い植物たちです。

一輪ずつ配されるよりも、数本でグループをつくるように配置することで、最も魅力が発揮されます。ただし、密集しすぎないようにする配慮が必要です。

上向きで先が丸い

・広がる、ゆれる

花や葉物に多くある動きで、上に成長しながら横へと広がっていく植物です。この動きの植物は、上にというよりも横へと広がりながら成長するので、横に伸びる方向を押さえつけないように配置する必要があります。やわらかい曲線に特徴があるので、流れるラインの優美さを見せるようにデザインするとよいでしょう。

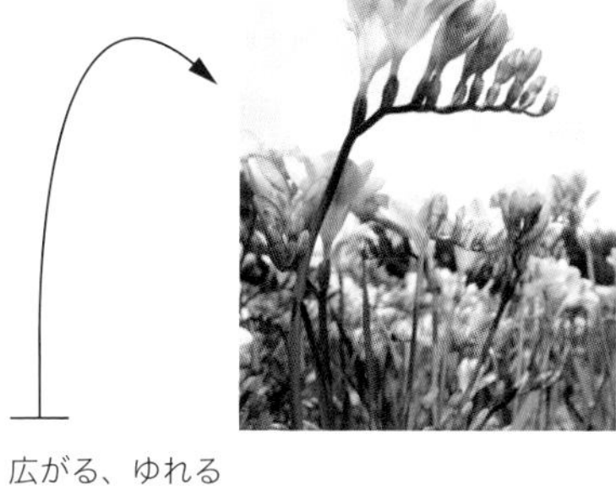

広がる、ゆれる

・たわむれる

この植物は、自由に曲がりながら伸び上がります。たわむれるような動きの植物は、この自由な動きにこそ特徴があるので、大きな空間の中に配置するとよいでしょう。

また、直線や大きな塊と対比すると、その個性をますます発揮できます。

・折れ曲がったような

たわむれる植物と同様に、その個性的な動きを生かすように配置することが大切です。

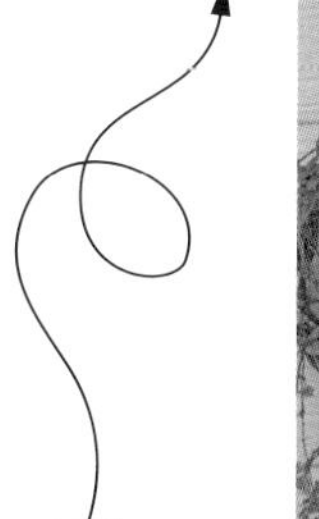

折れ曲がったような

たわむれる

■受動的な動き

・静かで動かない

地面近くに低く小さい花を咲かせる植物です。密集して寄せ合うように生育し、花壇づくりでは、グラウンドカバーとして利用されます。コケ類や地衣類もここに含まれます。

主役や脇役の植物の根元近くに配して、作品に落ち着きを与える役割です。

また、吸水フォームなどのカバーとしても用いますが、平坦に配置するのではなく、微妙な高低差をつけると、作品に深みが増します。

静かで動かない

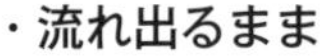

・流れ出るまま

垂れ下がるか、もしくは横へと這うつる性の植物です。まっすぐに下がるものや、ゆれながら下がるものなど、いろいろな動きがあるので、その動きを生かして配置することが大切です

流れ出るまま

・流れて、上へ

下に伸びてから先端が多少上向きに伸びようとしている植物です。太陽に向かって上に伸びようとする動きは、植物の生命力を強く発揮しています。その動きがよく見えるところに配置することにより、生命力に満ちた作品になるでしょう。

流れて、上へ

なお、以上の植物の取り扱い方は、あくまで一般論です。デザインにより定説に反した植物の使い方がありえます。造形上の意図が明確な場合は、その意図に従って制作してください。

2）植物のキャラクターによる分類

キャラクターとは、「植物の個性的な特徴」のことで、目に見えることばかりではなく、主観的に心で感じる特徴でもあります。キャラクターによる分類とは、植物の特徴をイメージとして言葉で表現したものです。

植物のキャラクターの例

- **モミの木**：堂々とそびえたつ存在感
- **ポピー**：やさしく、軽やか、楽しそう
- **スイートピー**：やさしく、優美
- **パンジー**：明るく、楽しそう
- **バラ（深紅）**：情熱的
- **カラー（白）**：静かで優美
- **テッポウユリ**：高貴、孤高
- **シャクヤク**：豊か、豪華
- **マーガレット**：つつましやか
- **コケ**：落ち着き、控えめ

3）植物の質感による分類

質感とは、「実際の植物の材質感」のことです。フラワーデザインにおいては、実際の感触と視覚的な感触のイメージとがあります。

- **金属的：** 硬く光沢があり、なめらか
  例）アンスリウムなど
- **ガラス的：** なめらかで、透明感
  例）ルナリアなど
- **シルク的：** やわらかく、繊細
  例）スイートピーなど
- **革的：** 光沢があり、なめらか
  例）ゲイラックスなど
- **ビロード的：** やわらかく、深みがある
  例）セントポーリアなど
- **ウール的：** ふわふわして、やわらかい
  例）ネコヤナギなど
- **磁器的：** すべすべして、光沢がある
  例）ヒヤシンスなど

金属的
アンスリウム

ガラス的
ルナリア

シルク的
スイートピー

革的
ゲイラックス

ビロード的
セントポーリア

ウール的
ネコヤナギ

磁器的
ヒヤシンス

4）植物の色彩による分類

フラワーデザインにとって、色が重要な要素であることは間違いありません。

ただし、単に美しいとかきれいといったことだけではなく、作品を作るうえでは、色のもつイメージも重要になります。「かわいい」や「ゴージャス」など、普段のトレーニングで、人のもつ感情を色のイメージで表現することが大切です。

5）植物の香りによる分類

植物特有の魅力といってもよいでしょう。香りは、人の心に癒やしや安らぎを与えます。ただし、目に見えるものではありませんので、ある程度専門的な知識が必要です。

植物の香りの分類には諸説ありますが、「フローラル系」「シトラス系」「スパイス系」「フルーツ系」「ウッディ（樹木）系」「グリーン系」「オリエンタル系」などに分けられます。

フラワーデザインの秩序

フラワーデザインの秩序は、美しい作品をつくるための概念です。

■よい作品とは

統一感（ユニティー）のある作品は、見る人を惹きつけます。見る人を惹きつける作品をつくるには、3つの要素があります。

- **調和（ハーモニー）**：全体的な釣り合いのことです。
- **対比（コントラスト）**：作品に緊張感を与え生き生きとした感覚を与えます。メリハリがある作品ともいえます。
- **変化、多様性（バラエティ）**：華やかさを演出する要素です。

■フラワーデザインを制作するための構成要素

4つの構成要素があります

1）構成、配列（コンポジション）
2）配置（レイアウト）
3）動線、力線（モーメント）
4）比率、割合（プロポーション）

1）構成、配列（コンポジション）

作品全体をとらえた構図であり、デザインでは最も重要な要素で、大きく「シンメトリー（対称）」と「アシンメトリー（非対称）」に分けられます。

シンメトリーは、誰にでも理解できる、簡単で美しいハーモニーの表現です。素材の効果には関係なく、左右対称の均一なハーモニーが見るものに美しい印象を与えるのは、安定した規則性がはっきりと表現されているからです。

シンメトリーは中心軸あるいは対称軸が、幾何学的な中央を通り、左右のバランス点と重なっています。そのことからシンメトリーの作品の人に与えるイメージは、安定、安心、調和、厳格、硬いなどがあります。そのことが時々「退屈、堅苦しい、動きのない」などとも思われることもあります。

アシンメトリーは、日本古来のいけばなに見られる構成で、いかにバランスをつくり出し、視覚的に統一感をもたせるかが重要です。

シンメトリーな世界最大級のゴシック建築、ミラノのドゥオーモ。

アシンメトリーな世界遺産、国宝の姫路城。

■西洋の建築

しかし、ここで1つ疑問があります。フラワーデザインにおいては、厳密なシンメトリーというのは、なかなか難しいものがあります。全体的な構図はシンメトリーでも、中の花の配置はアシンメトリーということがよくあります。

では、このような場合はアシンメトリーの構成といえるのでしょうか？　答えとしては、全体的な構図がシンメトリーであれば、中の花がアシンメトリーであっても、ゆるやかなシンメトリーということにしてもよいでしょう。

じつは、日本人にはシンメトリーよりも、アシンメトリーなレイアウトのほうがなじみ深いのです。建築物などを見ると、左右対称なシンメトリーは、西洋の美の規範だといわれ、西洋ではシンメトリーが好まれます。

しかし日本では、左右非対称のアシンメトリーが暮らしの中に息づいています。このような日本のアシンメトリー志向は、シンメトリーを否定しているのではなく、シンメトリーのもつ堅苦しさや権威性を少しだけずらして、動きや軽やかさを演出したものと考えられます。

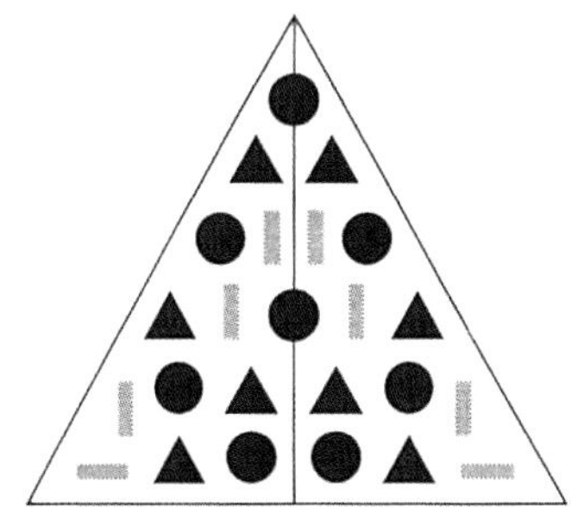

厳密なシンメトリー

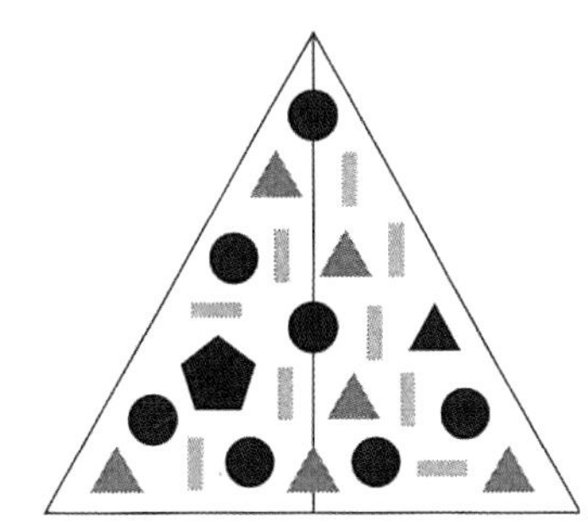

ゆるやかなシンメトリー

2）配置（レイアウト）

配置とは言葉どおり、植物を花器にどのように挿すか、作品全体のアウトラインの中に植物をいかに並べるかということです。5つの配置方法（挿し方）があります。

1. 放射：一点から四方に広がるように放射状に挿す方法です。
2. 並行：複数の茎を並行に同じ方向に挿す方法です。
3. 交差：それぞれの茎が自由な角度で伸び、交差する挿し方です。
4. 渦状：渦状や絡巻状（らくかんじょう）に絡み合う曲線の集合体のように挿す方法です。
5. 不定形：上記のどれにも該当しないような挿し方です。

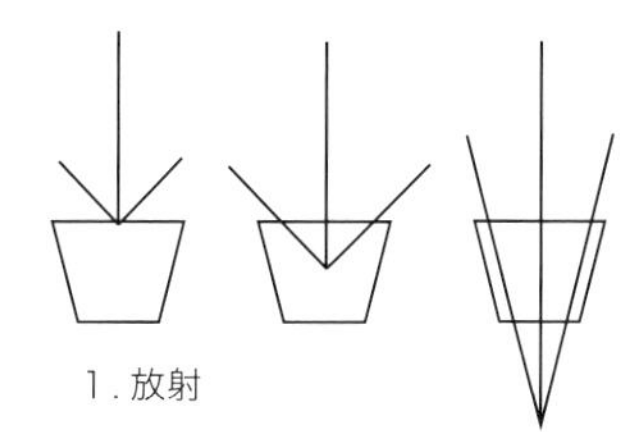

1. 放射

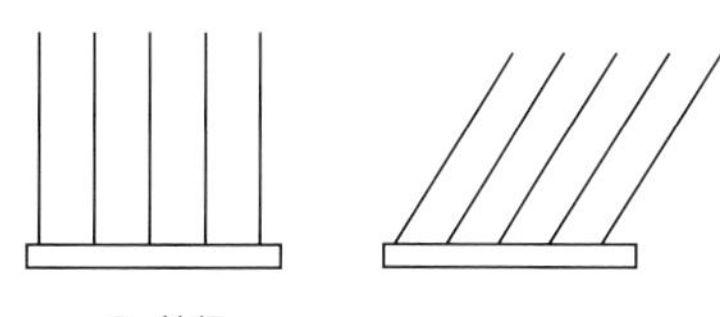

2. 並行

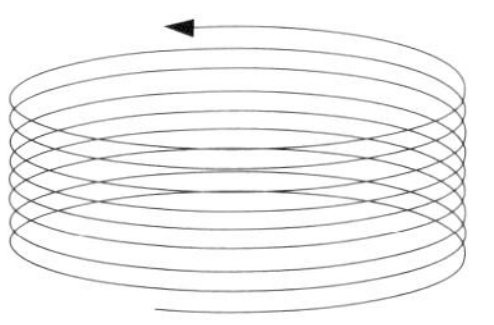

4. 渦状

5. 不定形

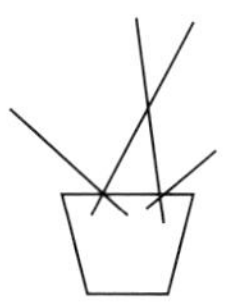

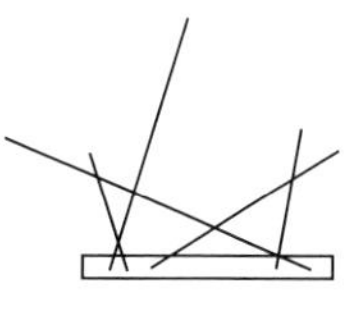

3. 交差

さらに、以下の点にも注意が必要です。

＊律動（リズム）：音楽と同じようにリズムのある作品は、見る人に心地よさを与えます。リズムのつけ方には列組み、段付けなどがあります。

〇列組み

列組みは、植物素材をある一定の間隔で、列に組む方法です。「単調な列組み」と「リズミカルな列組み」があります。

・単調な列組み

同一素材を一列に並べたもので、変化に欠ける配列です。

・リズミカルな列組み

いくつかの異なった植物素材が、一定の間隔で繰り返し並び、列を形成します。植物によって間隔を違えることで、リズミカルな効果が高められます。

単調な列組み

リズミカルな列組み

〇段付け

段付けは植物素材間での高低差、前後左右の間隔などで、立体的な空間を形成します。いくつもの段付けを組み合わせると、変化の富んだ作品になります。なお、各素材は離れすぎないように気をつけます。離れすぎると段付けの効果が失われます。

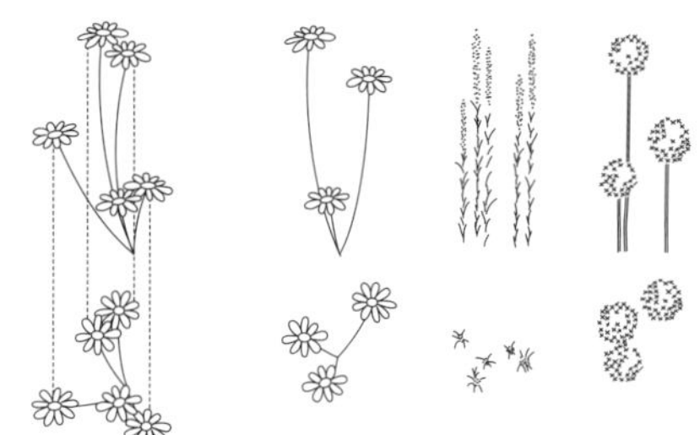

段付け

3）動線、力線（モーメント）

植物が花器にどのように挿されているかで、分類されます。

- **一焦点：**人工的な作品で、すべての茎が一点に集中する。放射状の配置。
- **一生長点：**自然的な作品で、すべての茎が一点に集中する。放射状の配置。
- **複数点：**人工的な作品で、それぞれの茎が独自の基点をもっている。並行、交差、スパイラルの配置が可能。
- **複数生長点：**自然的な作品で、それぞれの茎が独自の基点をもっている。並行、交差、スパイラルの配置が可能。
- **無焦点：**焦点や生長点の概念がないデザイン。

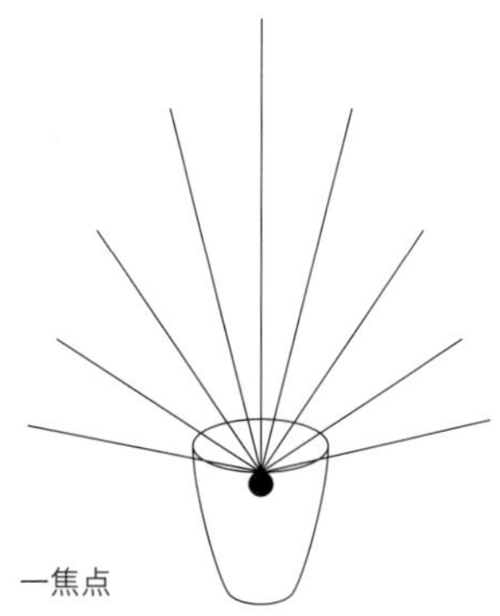

一焦点

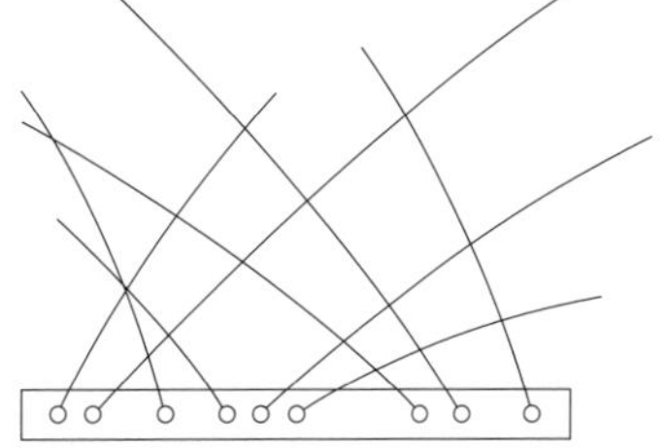

複数点

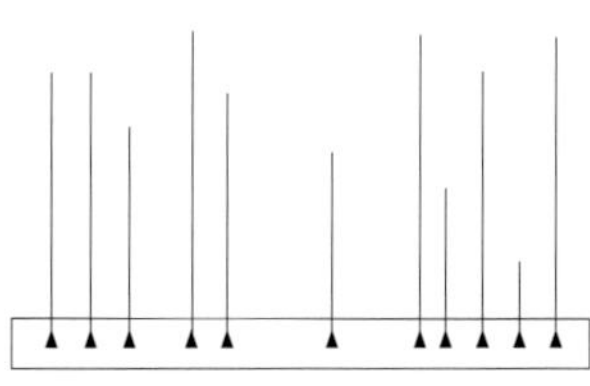

複数生長点

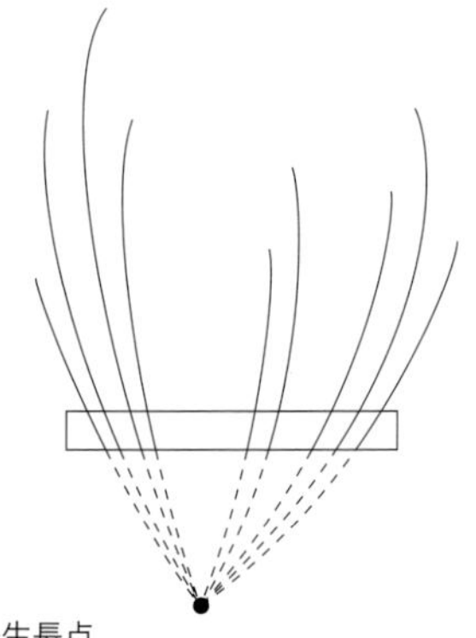

一生長点

4）比率、割合（プロポーション）

作品の幅と奥行き、高さなどの比率や割合で分類されます。

ただし、フラワーデザインの作品の比率、割合を考えるときは、線や面だけではなく、植物の分量や、色、大きさ、太さなどを考慮にいれる必要があります。

パルテノン神殿の黄金分割

・黄金比

線や面を２つに分割するときに使われるもので、20 世紀に入るまで、西洋で美の原理として君臨してきた比率です。

例えば、８頭身の人体比率は、へその位置が全身を黄金比の近似値３：５：８で分割する中心の位置となり、頭頂からへそまでを１とすると、へそから足底までが 1.618 となり、黄金比と近似します。

日本家屋の等量分割

・等量分割

日本古来の分割法で、簡素な整数比による分割（整数分割）です。「等量分割」とは、整数を基本とする分割方法で、日本の建築物の間取りや畳、家具の基本寸法は１：１、１：２、１：３、１：４のような整数分割でできており、特に、１：１の正方形と１：２の長方形が多く、折り紙や琉球畳は正方形に、お札や畳や襖は１：２の長方形になっています。

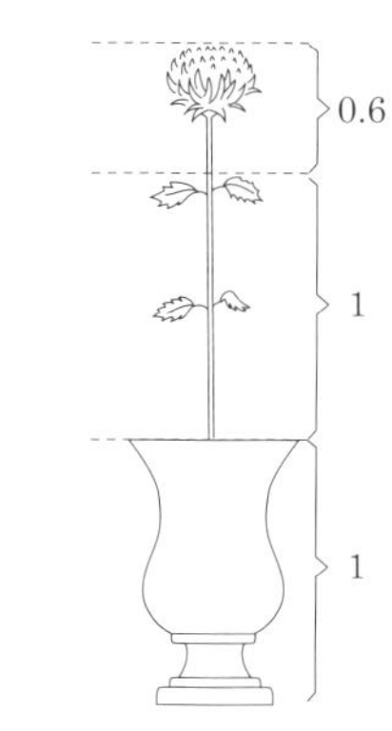

花器を１とすると、バランスのよい花材の長さは、見えている部分が１＋0.6 となる。

・器と花のプロポーション

フラワーデザインでは、花器と花材の高さの比率により作品の印象が異なります。

花器の高さ：花材の高さは、１：１～１：６がノーマルプロポーションで、「だれが見ても美しいプロポーションの作品」です。1：1 以下が過小プロポーションで、「かわいい印象を与える作品」になり、器の印象が強くなります。 1：6 以上を過大プロポーションといい、「モダンな印象を与え、現代的な作品」になります。なお、器の形や花の強さにより、よい作品に見える比率が変わることがあります。

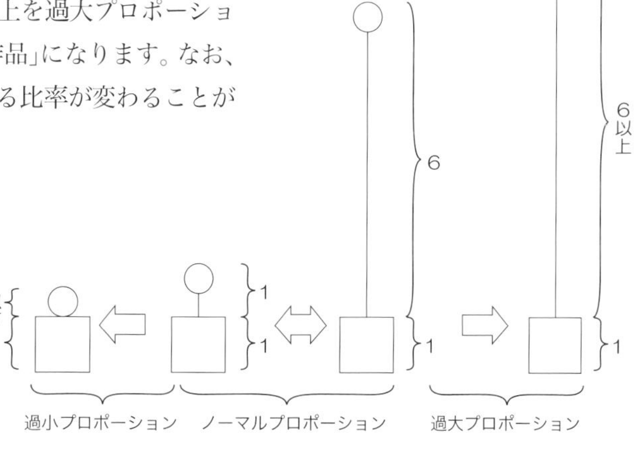

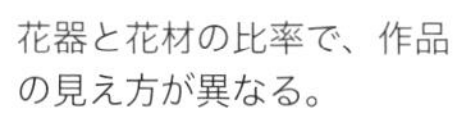
花器と花材の比率で、作品の見え方が異なる。

フラワーデザインの作例

「新古典的」「構造的」「共同形態」など、NFD フラワーデザイナー資格検定試験のもととなった構成理論にもとづき制作された作品の一部をご紹介します。

●並行ー植生的

ガラスの器に彩り豊かな花を使いながらも、自然感のある植生をパラレル（並行）に表現した作品。植生感たっぷりの花々とガラスの器が不思議とマッチしている。

●並行ー装飾的

枝ごとの色の変化を生かしつつ、ステム（茎）をしっかり見せた、コンテンポラリーアートのような作品。静寂さの中に花の息遣いが聞こえてくるよう。

●流れるようなブーケ

テューテ(ドイツ語で「円錐形・四角形の袋」)から花があふれ出るように流れるイメージ。ロッカー（空間）を意識した動きは正面からだけでなく、側面から見ても美しいままです。

●交差

素材の交差をテーマにした作品です。植物の茎や葉の線で、疎密感を表現しています。

●共同形態

朽ち果てた古木のすき間から、植物が群生していくようすをクランツ（花輪）状に表現。自然の物語を1つの器の中に納めた作品。

●新古典的

枝もので骨組みをつくり、左側に枝、右側に花を配置、交差させて二等辺三角形を形成。暗色の枝の重厚さと、明色の花の軽やかさの対比が心地よいバランスで調和しています。

●相互に入りまじって

ゆるやかな茎やたわわな動きなどが、軽やかにたわむれる雰囲気を醸し出します。疎密感を美しく表現することで、輝くような透明感が生まれます。

●構造的

静的な器にさまざまな質感の植物を取り入れながら、動きのあるカラーのステム（茎）をポイントに仕上げている。モダンなインテリアにぴったりな、オブジェのような作品。

レッツ トライ アレンジメント！

日々の暮らしにフラワーデザインを

暮らしの中で花を楽しむ方法はさまざまです。日々の暮らしを美しく彩る花、行事に合わせて飾る花、身につける花、プレゼント用の花など、使用目的に応じた花の楽しみ方があります。庭に咲く花、鉢花、野に咲く花から季節を感じ、香りでリラックスし、花の彩りでリフレッシュ。生活の中にある身近なもの、食器やグラス、きれいな空き箱などを使って、自分の感覚で自由に飾ることから始めてみましょう。

〈小花の簡単アレンジ〉

正面から見る片面のアレンジメントです。

花材：パンジー、ミニバラ、スカビオサ、マリーゴールド、マトリカリア、アジサイ、ラベンダー、ナルコユリ、ローズマリー、トリフォリウムなど小さめの花材

資材：器、吸水フォーム

1　器の大きさに合わせてカットした吸水フォームに、十分に水を吸わせる。

2　吸水フォームを器にセット。目安として器の口から上に2～3cmくらい出す。

3　吸水フォームの4辺を面取りする。デザインにより、吸水フォームのセットの仕方は異なる。

4　大きさ、姿形、色がさまざまなグリーンを吸水フォームに挿す。大きな葉や広がった葉ものは吸水フォームをカバーするために下のほうに、小さい葉をつけた茎の長いものは高くなど、高低差をつけて適度な空間をあけてバランスよく挿す。

5　高さを出す先端、幅を出す左右の3つの点、そして正面のポイントに花を挿し、アレンジメントのおおよその大きさを決める。

6　中間部分に高低差をつけて花を挿す。全体をパープル系の花でまとめているので、アクセントとして反対色に近いオレンジと黄色を配色して引き締める。

〈小箱のアレンジ〉

しっかりした空き箱にお気に入りの包装紙やクロスを貼って、世界に1つだけの器をつくります。

花材：バラ　資材：箱、プラスチックのコップ、吸水フォーム

1　花材、箱、プラスチックのコップ、吸水フォームを準備。

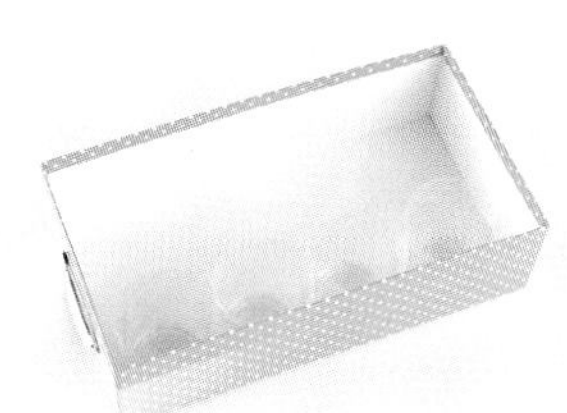

2　箱の高さに合わせてコップをカットする。

3　吸水フォームをコップに合わせてカットし、水を十分吸わせてコップに入れ、箱にセットする。

4　1段目を挿す。花首が箱に触れないように気をつける。

5　花の大小、茎のラインに気をつけ、2段目を挿す。

6　わずかずつ高低差をつけ、花の向きに変化をつけて、バランスを整える。ふたをかぶせて完成。

〈食卓に花を〉

器を２枚重ねて、器と器の間に花を挿します。安定感のある器を選ぶこと、お料理の邪魔にならないよう強い香りの花材は選ばないようにします。

花材：レウィシア、ペラルゴニウム、パンジー、ラベンダー、スプレーカーネーション、マトリカリア、ブルーデージー、ブドウ

資材：食器（２個)、吸水フォーム

1　材料を準備する。

2　器に吸水フォームをセットし、器にそわすように花を挿す。

3　花の姿形によって多少の凹凸をつけ、彩りよく配置する。

4　もう一枚の器を重ね、デザートのブドウを盛りつける。

〈花模様の器に合わせて〉

器の花模様に呼応するように、同じ色の花を選びます。器とアレンジが一体化しているようです。

花材：パンジー、スプレーカーネーション、ナデシコ、ブルーデージー、ラベンダー

資材：器、吸水フォーム

1　花材、器、吸水フォームをそろえる。

2　器に吸水フォームをセットする。

3　花材は器の内側におさめ、器の模様との相性を考えて挿す。

4　主役のカラフルな花の色をクローズアップするようにする。

〈吸水フォームを使わず、グラスに投げ入れ〉

投げ入れはいけばなで行う技法で、いろいろな花留め法があります。なにげなくて簡単に見えますが、花材の特徴をよく知ることが大切です。茎の姿形を見極め、茎と茎を絡ませてバランスをとり花を安定させます。

花材：ミニバラ、ムスカリ、マーガレット、マトリカリア、ナデシコ、ワスレナグサ、シロタエギク、ワイヤープランツ

資材：器

1　器としてお気に入りのゴブレットを使ってもよい。はじめての場合は、器の口3ヵ所に格子状にセロハンテープを貼って花留めにすると簡単に挿すことができる。

2　メインになる大ぶりの花を底辺部分に挿す。

3　中央部分に高低差をつけて花を挿し、クッションとして役立てる。

4　中心に大きなメインの花を挿して、周囲に小さな花をバランスよく配置し、仕上げる。立体的で動きが感じられるように、高低差をつけ、花の向きにも配慮する。

花束をつくりましょう

花束は小さなものから

プレゼントに最適な花束は、つくってみると案外ハードルの高いアイテムです。小さなものから始めて、うまくできたら大ぶりの花束にトライしてみましょう。

本数が多い花束は、むずかしそうに見えますが、思いのほか取り組みやすく、まとめやすいものです。スパイラルに美しく茎を整えるためには、日々のトレーニングが大切です。

Column

スパイラルに束ねる理由

スパイラルは、枝数が少なくても、大きく広がりのある花束に仕上げられます。逆に、枝数が多い場合、小さく仕上げることもできます。

〈スプレーバラの簡単花束〉

スプレーバラの枝分かれを骨組みにして束ねる、とてもシンプルで簡単な花束です。ラッピングしてプレゼントにも。

花材：スプレーバラ、カスミソウ

資材：輪ゴム

1　花束のできあがり寸法を決め、束ねるポイントから下の葉は取り除く。

2　スプレーバラの葉を取り除く。

3　カスミソウを必要な長さに切り分け、スプレーバラを種類別に並べる。

4　中心になるスプレーバラとカスミソウを決め、利き手と反対の手で持つ。

5　束ねのポイント部分に、左上から右下になるように、斜めに花をそえて束ねていく。

6　カスミソウがバラより少し高くなるようにして、花束を回しながら花材を同じ向きにそろえて、らせん状に束ねる。

7　人さし指と親指で軽く花束を握り、花を追加するときは中指、薬指、小指、手のひらで花束を持ち替え、花を加えたあと再び人さし指と親指で花束を軽く握る（強く握ると手の体温で花がしおれてしまうため）。

8　束ね終えたら器の大きさを考えて茎をカットする。

9　しっかりした茎に輪ゴムをかける。

10　輪ゴムを2、3回ぐるぐる巻きにして、茎にかける。

11　茎の先端を斜めにカットして仕上げる（切り戻し）。かわいい簡単花束の完成。

スパイラル（らせん状）の束ね方
スパイラルの基本

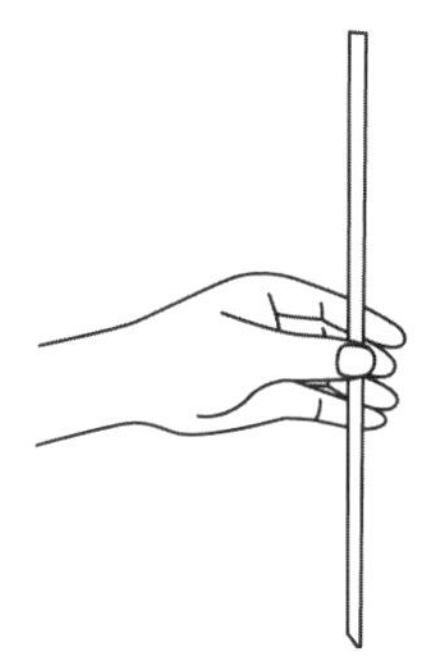
1　中心になる1本の束ねのポイント部分を、利き手でないほうの親指と人さし指で垂直に持つ。

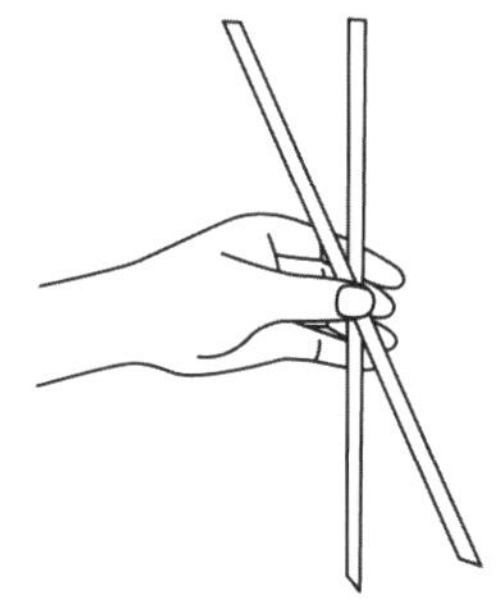
2　束ねのポイント部分に、花が左上、茎が右下になるように次の1本を手前にそえる。

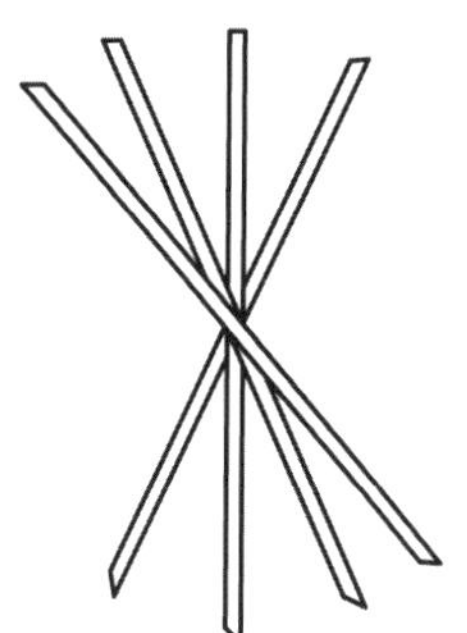
3　花束を少しずつ回しながら、茎を左上、右下にして、手前にそえながら束ねていく。

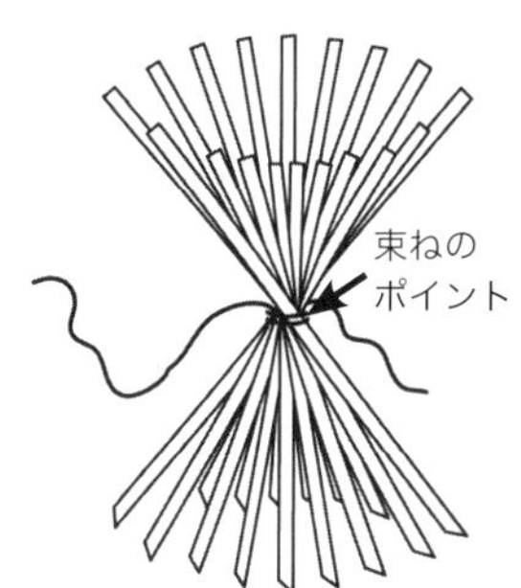

4　束ね終えたら、一番細い束ねのポイント部分を、茎を傷めない程度に麻ひもなどで結束する。

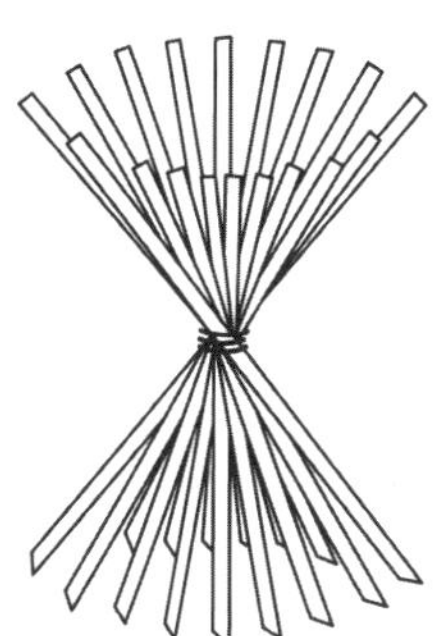
5　余分なひもはカットする。結束から下の余分な葉は取り除く。

美しく束ねられたスパイラルの例

側面
茎は一方向に斜めに、美しく束ねられている。

底面
茎は渦巻き状にきれいに束ねられている。

〈土台を使った簡単花束〉

土台のネットの目に花材を挿し、下で茎を束ねると上のほうが自然に広がり土台も花束のアクセントになります。応用範囲の広い方法です。

花材：スプレーバラ、スプレーカーネーション、ペラルゴニウム、レウィシア、ブルーデージー
資材：リースベース、ネット、輪ゴム、接着剤、器

1　花材、リースベース、ネットなどを準備する。

2　リースベースとネットを接着剤で貼りつける。

3　中心部分から花をネットの目に挿して束ねる。

4　束ねのポイントはネットのすぐ下になる。

5　多少の段付けをしながら、バランスよく束ねる。

6　リースの輪の中に花を挿し、輪ゴムで巻き留めて完成。

パラレルの束ね方

茎を平行にそろえて束ねる方法です。茎がまっすぐ伸びた植物を束ねる場合に適しています。伸びやかな花材のラインを強調し、モダンな雰囲気に仕上がります。結び幅は目的に応じて、小幅（図a）でも広幅（図b、c）でも可能です。広幅にすると、パラレルが強調されます。結束の仕方も造形の一要素となります。

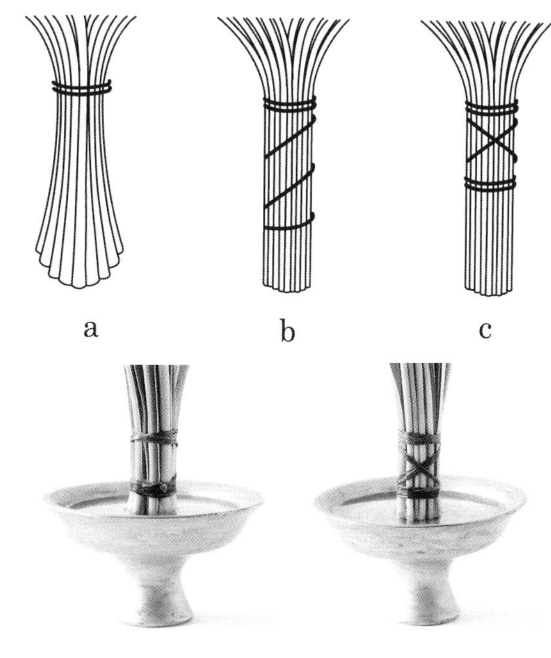

〈茎のまっすぐなラインを最大限に生かした花束〉

茎のラインをまっすぐに整えて束ね、結び目も美しく、スッキリと見えます。

花材：ラッパズイセン、カラー

資材：器

〈茎の線の動きを生かした花束〉

茎の直線と曲線の対比が美しく、上方に伸び上がる空間、弧を描いて広がる左右の空間を大切に仕上げます。少ない本数でつくることができます。

花材：トクサ、ウンリュウヤナギ、スイートピー、アンスリウム、ブルーセージ、フヨウの種、イワヒバ、シランの葉、リリオペなど

資材：器

アレンジメントをつくりましょう

〈三角形のアレンジメント〉

三角形を形づくるデザインです。花の特性をデザインに生かして適切に構成します。明るくソフトな色合わせで、クラシックな雰囲気に仕上げます。

花材：ルピナス、チューリップ、ラナンキュラス、スプレーカーネーション、スイートピー、リュウココリーネ、サクラコマチ、マトリカリア、ジニア、ピットスポルム、ギリア、リキュウソウ

資材：器、吸水フォーム

1　器に吸水フォームをセットする。茎のラインが美しいルピナスを、メインの骨組み（主軸）となる垂直軸と左右の骨組みの部分に挿し、作品の大きさを決める。

2　大輪のラナンキュラスを視覚および構成上のポイント（焦点）となる位置に挿す。奥にも挿す。

3　先のとがったチューリップと中輪のラナンキュラスやジニアなどで三角形の斜辺を形づくる。

4　アウトラインを目安に凹凸をつけて中くらいの花材を挿し、作品に立体感と奥行きを出す。

5　小ぶりの花で空間を埋めて立体感を出し、土台の吸水フォームを隠す。

6　三角形のアウトラインと全体のバランスをチェックし、花材を加えて仕上げる。適度な空間を大切にして、密集しすぎて扁平にならないように気をつける。

吸水フォームのカバーの仕方

葉で隠す

透明の器に吸水フォームをセットする場合、葉などでカバーする必要があります。大きな葉の特性を生かした簡単で有効な方法です。

花材：バラ、ラナンキュラス、ミモザ、クンシラン、パンジー、アイビー、ハラン

資材：器、吸水フォーム

1　器の高さに合わせてハランをタテに二等分する。中心の太い葉脈は切り取る。

2　器の外側にハランを並べる。

3 吸水フォームをセットする。

4 ベース部にグリーンを使っているので、花材の葉は少なく花の美しさと表情を生かすため、低く挿す。

つき葉で隠す

花材についている葉（つき葉）を上手に生かして使う方法です。

コケで隠す

どんな器の形にも対応できるコケは使いやすい素材です。挿す花材が多い場合は、コケを少なめに、花材が少ないときは、コケの分量を増やしてきれいにカバーします。

花材：チューリップ、ミモザ、ラナンキュラス、マトリカリア、アイビー、ゲイラックス、コケ

資材：器、小石、吸水フォーム

1　コケで吸水フォームの表面をきれいにカバーする。

2　アイビー、ゲイラックスなどグリーンを挿す。

3 メインの花材を高低差をつけてバランスよく挿して仕上げる。

用具と使い方

用具とは

フラワーデザインに必要な用具は、花を加工し、美しさを引き出したり、長もちさせるためのものです。

最もポピュラーなものが、花を切るためのハサミやナイフ、花を留めるための吸水フォームです。

用具を上手に使いこなすことは、素敵な作品づくりの第一歩です。用具の特徴を十分に把握し、目的に合った用具を選び、作品制作に役立てることが大切です。

花バサミ

さまざまな種類があります。フラワーデザイン用は植物のほか、資材を切るときにも便利につくられています。

ハサミは、握って安定感があり、手の大きさに合ったものを選びます。用途に応じて使い分けます。

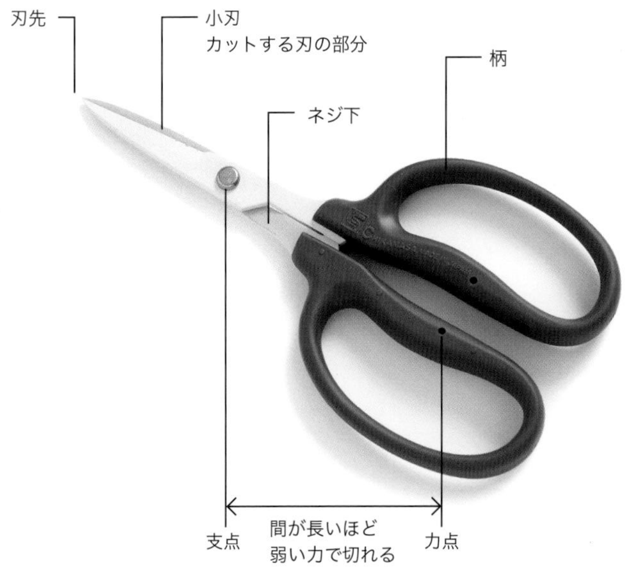

Column

花バサミの手入れ

使ったあとは、刃に付着した汚れや花のアクなどを落とし、水気をよく拭き取って、さびないようにしましょう。

枝や茎を切る

茎や枝を切るときは、一般的には鋭角的に斜めにカット。

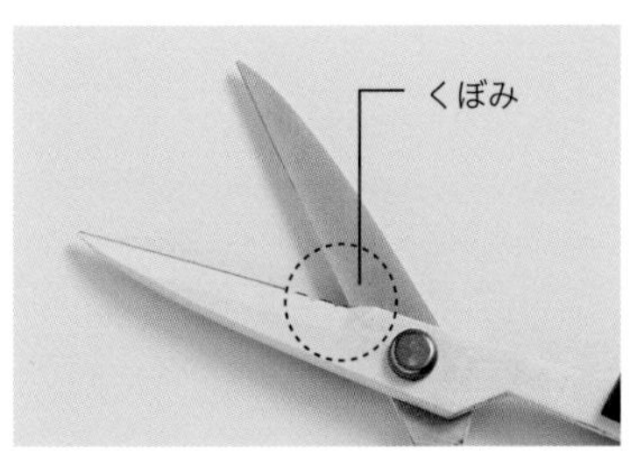

ワイヤを切る

ハサミのくぼみの部分にワイヤを当てて切ります。

枝切りバサミ

少しの力で楽に枝を切ることができる構造につくられています。使用しないときは、安全のためにストッパーをかけて刃先を閉じておきます。

ハサミは、握って安定感があり、手の大きさに合ったものを選びます。

Column
刃物は清潔に
生花は切り口から菌が侵入すると傷みやすくなるので、ハサミやナイフの刃は、いつも清潔にしておきます。

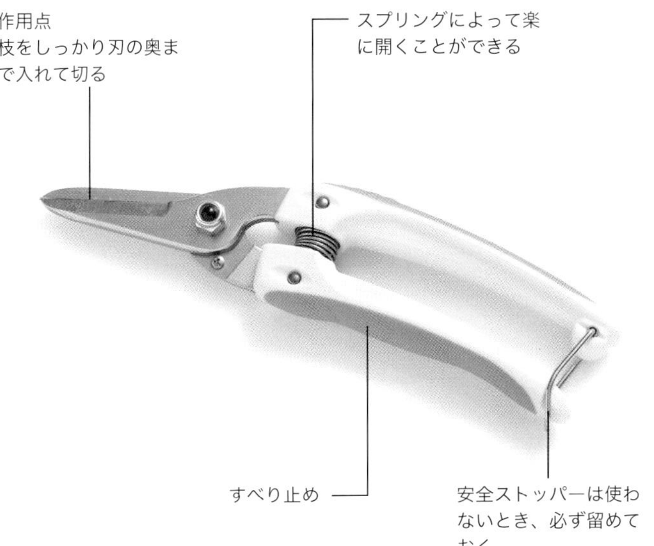

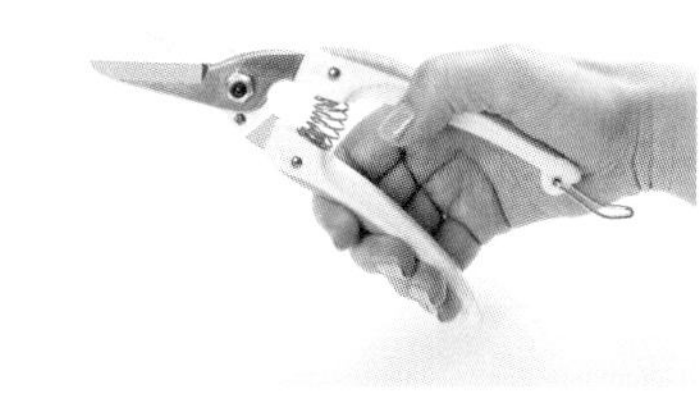

握り方

ハサミを効果的に使うために、親指とあとの4本の指で深くしっかりとハサミの持ち手を握りましょう。

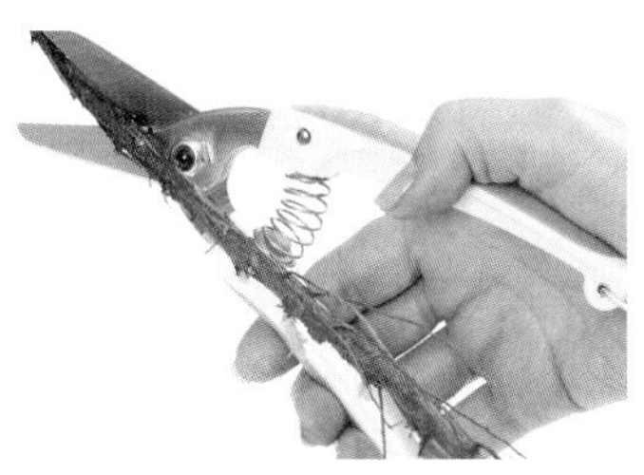

切り口

斜めにカットすると吸水面が広くなり、植物をいきいきと保つことができます。

〈**よい例**〉 鋭角的に斜めにカットします。

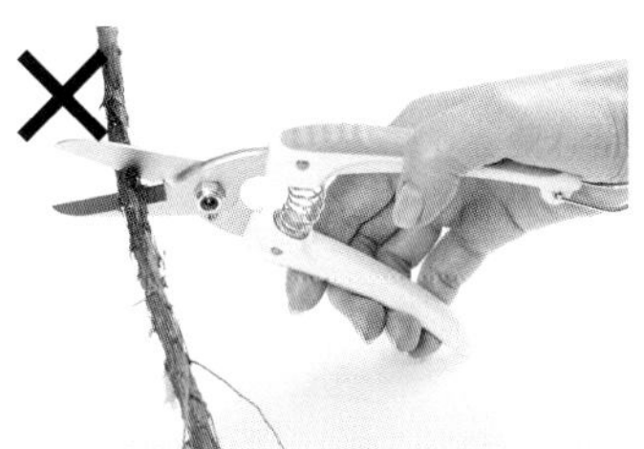

〈**悪い例**〉 枝に対して真横にカットすると吸水面が広くなりません。

〈**危ない例**〉 刃先に手をそえると、手を切る危険があるので避けます。

フローリストナイフ

茎や小枝を切るときに用います。刃先が短くカットしやすい構造になっています。ハサミよりも鋭角的にカットでき、茎の組織をつぶさないため、水揚げがよく、花を元気に保ちます。刃先がカーブしたものとまっすぐなものがあります。

折りたためるタイプ

持ち運びに便利

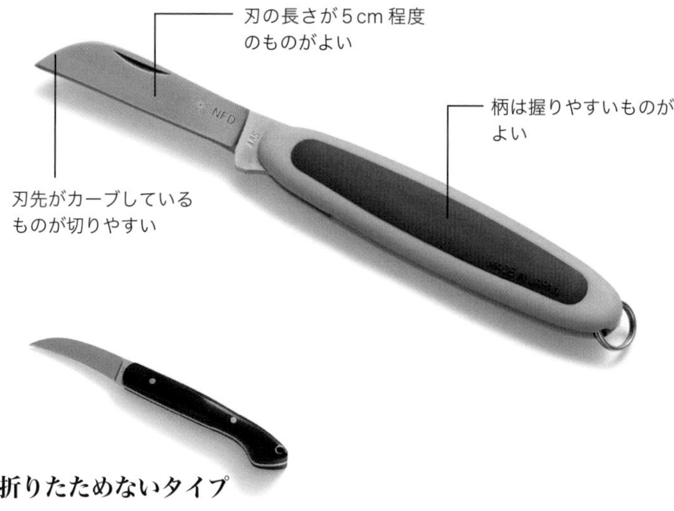

折りたためないタイプ

Column
なぜ枝や茎を斜めに切るの?

水を吸う道管の吸水面積が広くなるので、水を吸い上げやすくなり、花などが長もちします。よく切れる刃物を使うのは、茎の道管をつぶさないためです。また、一般的に、ハサミよりもナイフのほうが、切れ味がよく道管をつぶさずにカットできます。

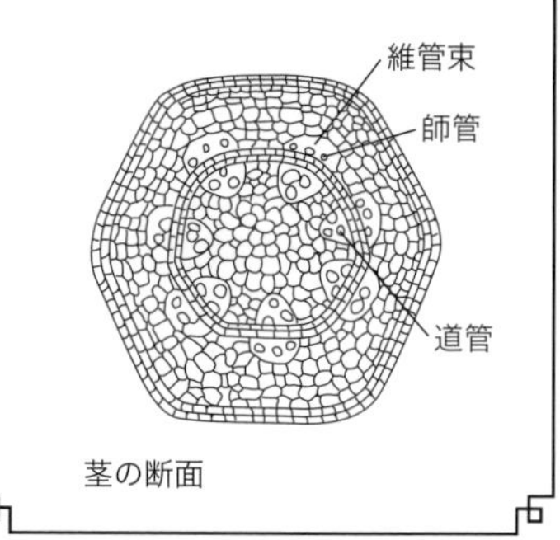

茎の断面

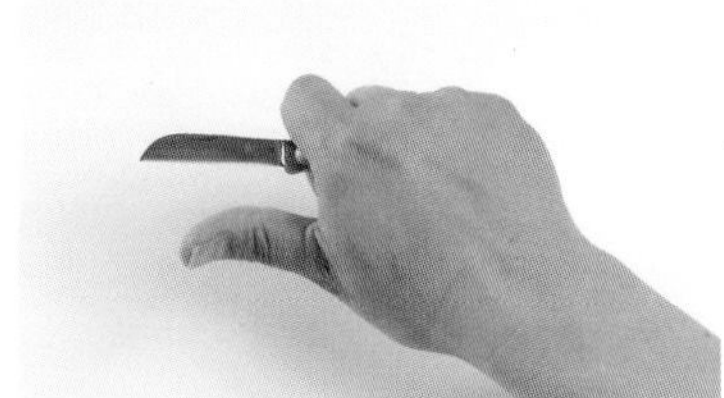

持ち方

親指はフリーの状態で4本の指でしっかりと柄を握ります。

枝や茎を切る

利き手にナイフを持ち、もう一方の手で茎を支えます。ナイフを手前に引くようにしてカットします。必ず、ナイフを持つ手を手前にします。

1　茎に対してナイフを斜めに当てる。

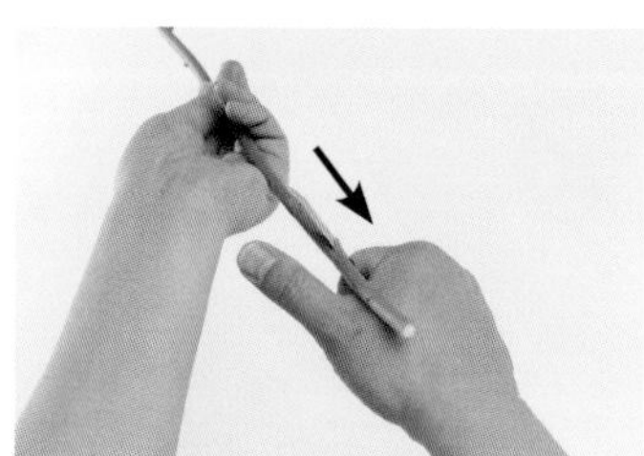

2　引きながらカットする。

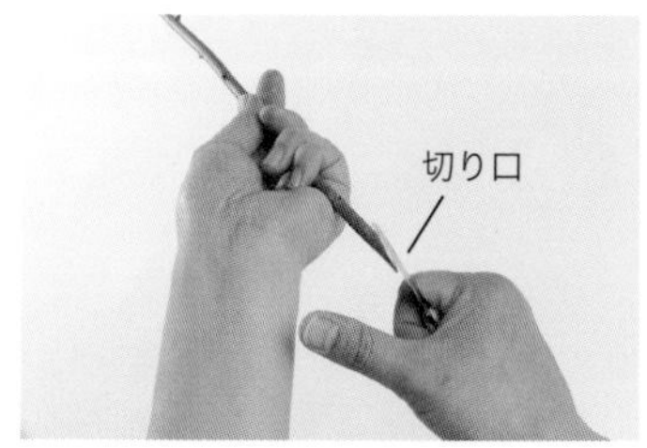

3　切り口が鋭角的に斜めになるように。

ナイフの閉じ方

1　利き手でナイフの柄を、刃が手前に向くように、柄から指が出ないように持つ。

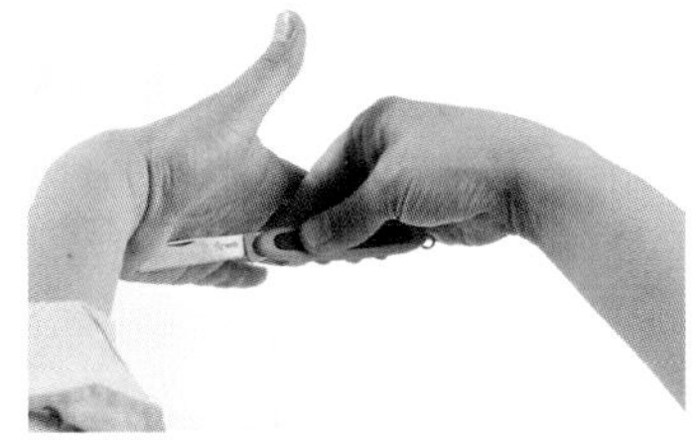
2　もう片方の手のひらをナイフの背に当てる。

3　ナイフの背に当てた手は手のひらを平らに指をまっすぐに伸ばした状態で、手のひらで押しながら、同時に柄も手前に押す。

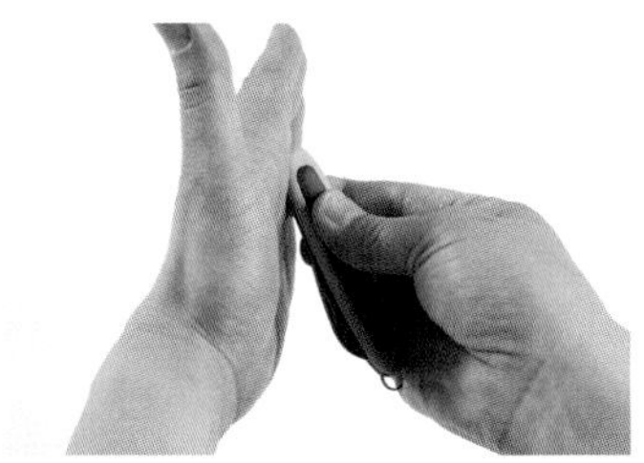
4　刃を柄に押し込むようにして閉じる。

Column
フローリストナイフの手入れ
　使用後は汚れや花のアクなどを落とし、水気をよく拭き取ってさびないように気をつけ、切れ味を保つようにします。

その他の用具

　主な用具はハサミとナイフですが、そのほかにも制作に役立つさまざまな用具があります。使い方を知っていると、作業をスムーズに進められ効率的です。また作品を美しく仕上げることができます。

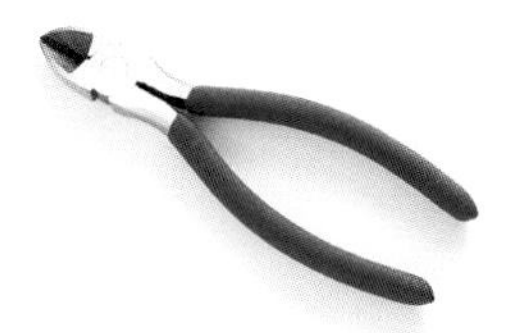
ニッパー
ワイヤをカットするときに用いる。

ペンチ
通称ラジオペンチといわれている先端が細長いもの。ワイヤを切ったり、先端部分でワイヤを曲げたりする。

ピンセット
細かい作業をするときに使用する。小さな植物を吸水フォームに挿すときなどに便利。

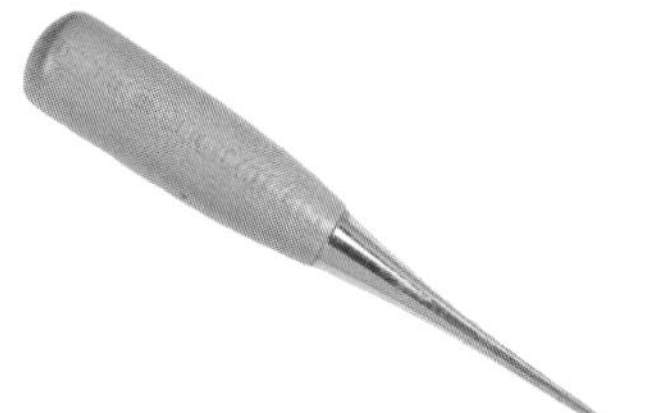

目打ち

穴をあけるときに使用する。

吸水フォームカッター

吸水フォームをカットするときに使う。

→

〈使い方〉吸水フォームにカッターを当て、押すようにして切る。専用カッターがない場合は、フローリストナイフでも十分。

のこぎり

太い枝を切るときに用いる。

土入れ

吸水フォームの表面を砂などでカバーするときに使う。用途に合わせて大きさを選ぶ。

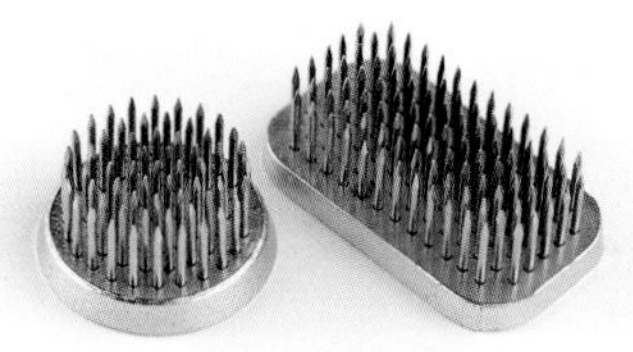

剣山（けんざん）

本来いけばなの道具で、大きさ、形はさまざま。アレンジメントの用途に応じて使い分ける。

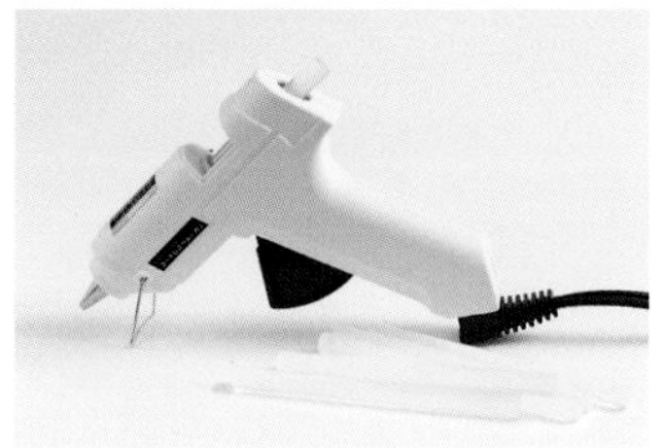

グルーガンとグルー

電気の熱で接着剤を溶かし、デザインに必要な細工をするときに用いる。水に弱いので、注意が必要。

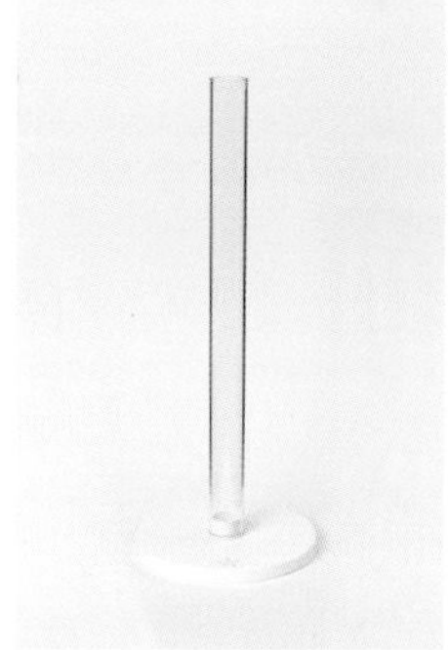

ブーケスタンド

ブーケのハンドルを挿して固定するために用いる。

金属製ブーケスタンド

ネジ式のため、向き、高さ、ハンドルの太さなどを自由に変えることができるため使いやすい。

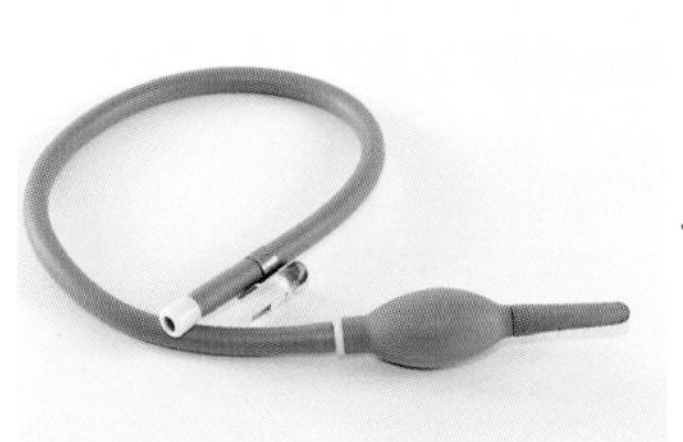

水替えポンプ

水盤の水を取り替えるときや、排水のために使用。

→

〈使い方〉
水盤の水中に吸水口を入れ、ポンプを押して排水する。

霧吹き

ハスなど空洞のある花材の茎の中に注水し、水揚げなどに使用する。

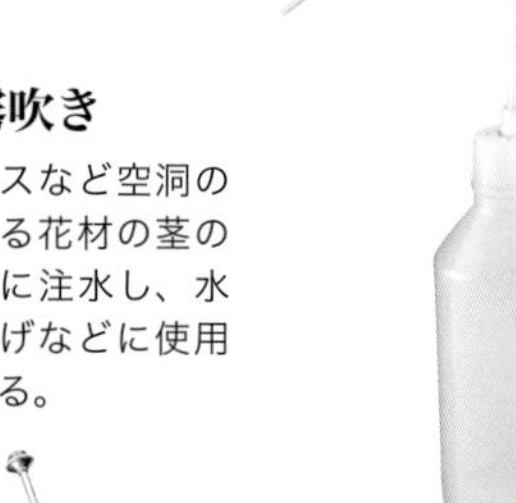

ノズルつき容器（鶴首スポイト）

やや離れたところに水分を補給したり、花材が密集した吸水フォームへの補水などに便利。

資材と使用方法

フラワーデザイン用にさまざまな資材があります。資材に精通すると作品づくりの幅が広がります。上手に利用して、よい作品を手早くつくれるようになりましょう。また、身の回りのものを上手に使うことも大切です。

吸水フォーム

レンガ大のブロック状で、保水性の高い化学樹脂です。生花を長もちさせます。使用方法が簡単で、どの方向からも挿すことができます。使用目的に合った大きさにカットし、十分水に浸して器の形に合わせてカットして使います。一度水につけた吸水フォームは乾燥すると再吸水しないので、保存する場合は、水につけておきます。

吸水フォームの硬さはさまざま。草花にはやわらかいものを、枝ものには硬いものを使う。

吸水フォームの使用方法

1　たっぷりの水に吸水フォームを浮かべる。

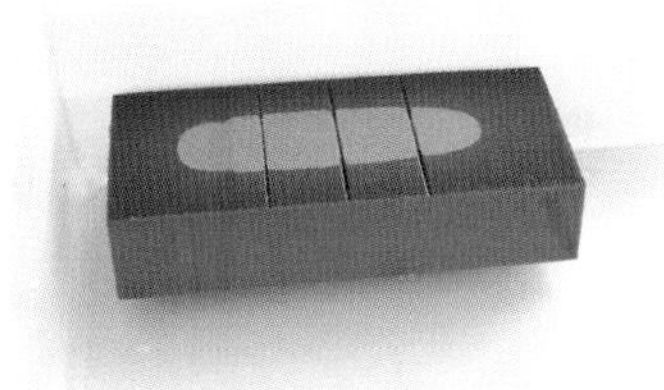
2　自然に水がしみて沈むのを待つ。

3　沈みきったら使用できる。

悪い使用方法

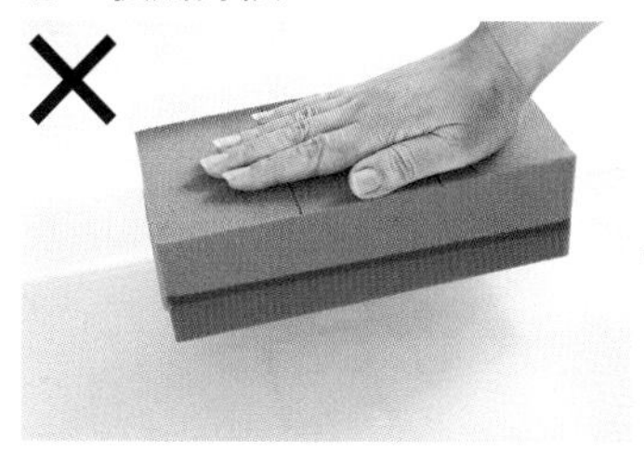
〈禁止事項〉無理に手で押さえつけると吸水フォームの外側だけに水がしみて、中心部分は乾いたままの状態になるので、絶対にやめること。

→

無理に押さえつけたために、中心部分に水がしみていない例。

カラーフォーム
カラフルな吸水フォームで、さまざまな色のものが売られている。パウダー状のものもある。

コケ、砂、小石
土台の吸水フォームをカバーするために用いる。

注意！
吸水フォームは、よくしぼり、乾燥させてからゴミとして廃棄します。廃棄方法は自治体により異なります。

ワイヤなど

ワイヤとは

針金のこと。裸線、紙巻き、エナメル加工のものなどがあり、太さもいろいろです。直線状のもの、糸巻きに巻かれたものがあります。

人工の茎をつくったり、自然の茎を補強したり、曲げたりするときに使います。

太さは上から順に、18 番、20 番、22 番、24 番、26 番、28 番と、番号が大きくなるにつれて、細くなります。

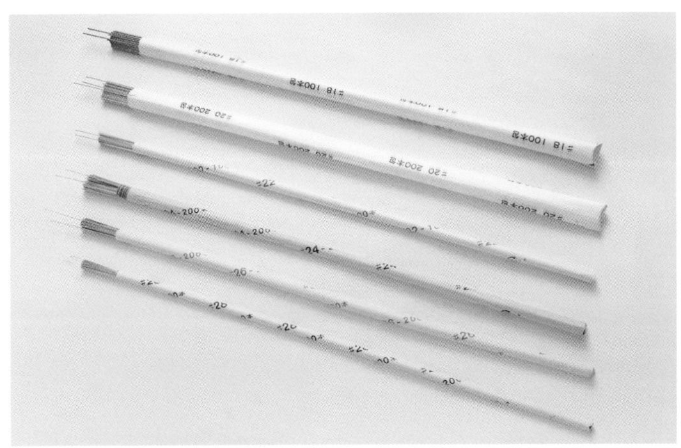

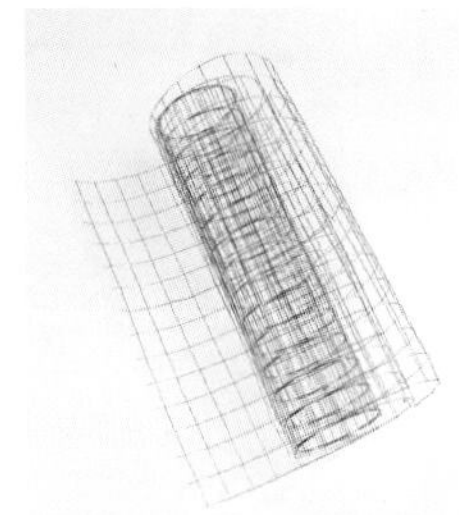

ワイヤネット
アレンジメントやリースの土台に用いる。デザインの一部として生かすこともできる。

生け花用のワイヤ
枝と枝を１つに束ねるときなどに使う。

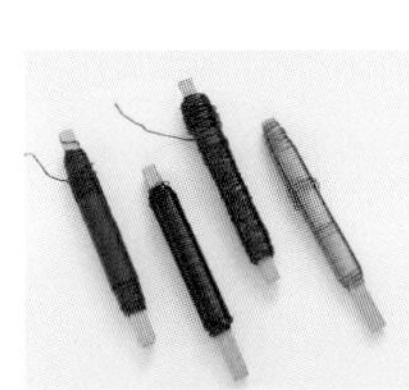

リースワイヤ
主にリースをつくるときに用いる。太いものは主に土台づくりに、細いものは主に土台に枝やオーナメントなどを留めつけるときに使う。

デザイナーズコード
ワイヤの一種で、細い針金を加工してさまざまな色に塗装されている。フラワーデザインのオーナメントとして伸ばしながら巻きつけたり、絡めたりして用いる。

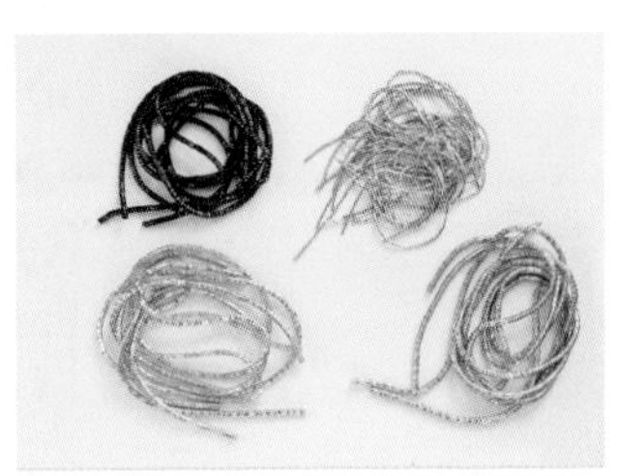

地巻きワイヤ
フローラルテープが巻かれた状態で販売されている。裸ワイヤと同様に太さでナンバーリング表示されている。

フローリストピック、クレイ

フローリストピックは、吸水フォームを器に固定したり、束ねた花や枝などを立てて固定するために用いる。クレイは粘土のことで、フローリストピックを器に固定するために使用する。

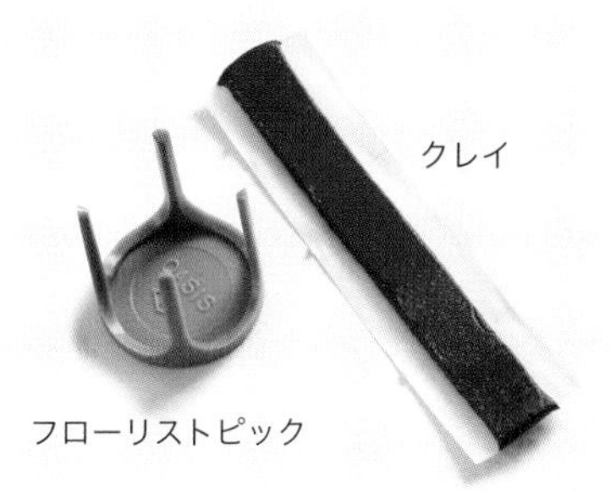

〈フローリストピックとクレイの使い方〉

1　クレイを適当な大きさにとり、やわらかくなるまで練る。

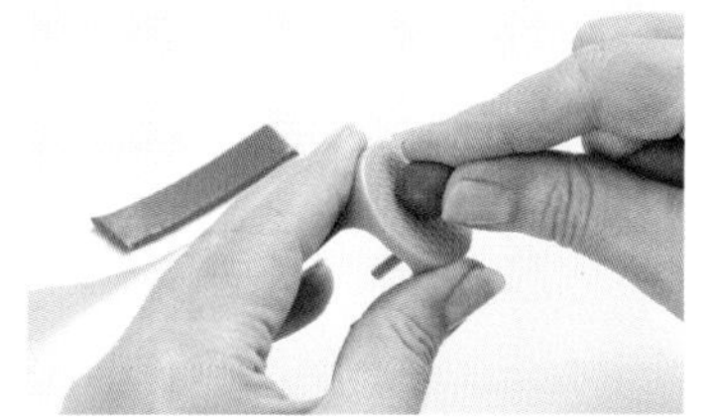
2　丸めてピックの裏につける。

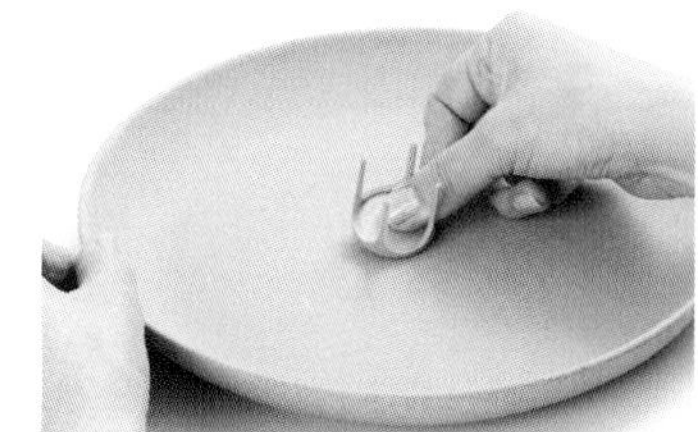
3　器の底にピックをしっかり押しつけて固定する。

4　ピックに吸水フォームを固定し、ベースの完成。

キャンドルホルダー

アレンジメントなどの吸水フォームに刺して、キャンドルスタンドとして用いる。

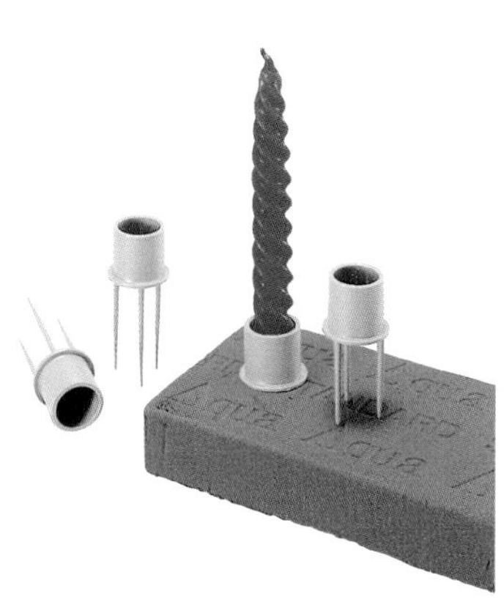

フローラルテープ

クレープペーパーに粘着性のワックス加工をしたテープ。人工的な針金の茎を自然に見せたり、水分を蒸発させないように花を長もちさせるために使用する。引き伸ばしながらすき間なく巻く。引き伸ばすと粘着性が出てスッキリと巻くことができる。引っ張りが弱いと粘着不足ではがれやすくなる。多くの色があるので、目的に応じて使い分ける。

ブーケホルダー

ブーケ制作用に吸水フォームがハンドルの上にセットされている。上向きのもの、角度のついた斜めのもの、サイズは、大、中、小がある。吸水フォーム部分が取り替えられるものもある。

Point!

ブーケホルダーのハンドル部分は、リボンなどで巻き上げて仕上げます（P.76 参照）。

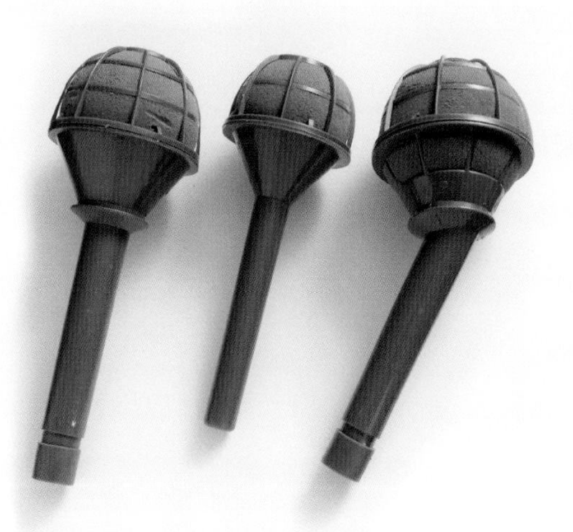

ハンドルカバー

ブーケホルダーのハンドルにかぶせるだけでよいカバーが、市販されている。

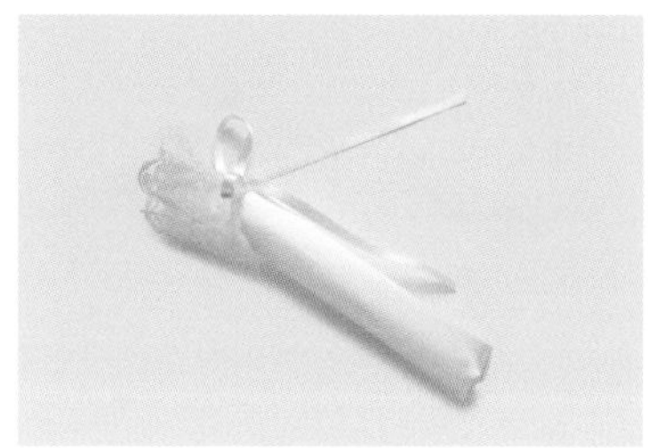

マグネットスティック

コサージを服につけるために用いる。
服に穴があかないなどの利点がある。
ペースメーカー使用者には厳禁。

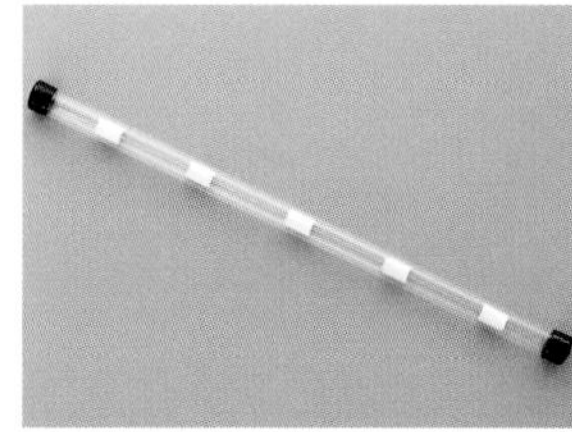

コサージピン

コサージを衣服に留めつけるためのピン。

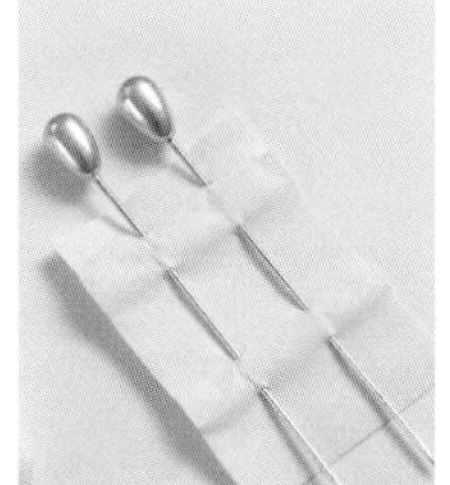

コサージホルダーピン（ウォーターピック）

コサージやブートニアなど、ピックに水を入れ、衣服につける。その他、デザインによってはウエディングブーケなどの花もちをよくするために使用する。

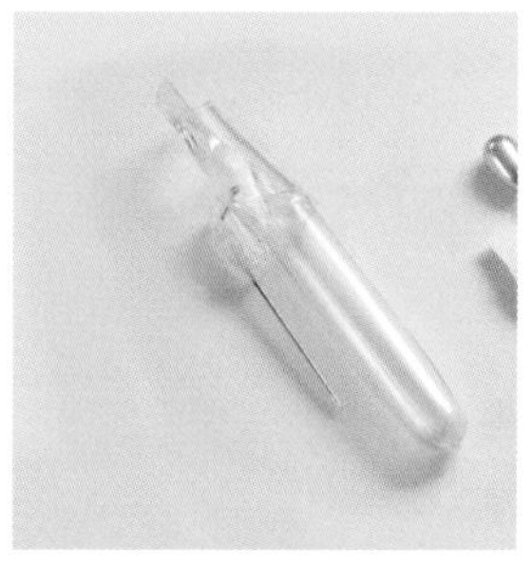

リボン

色、柄、素材、幅など、多種多様。目的に応じて選択する。

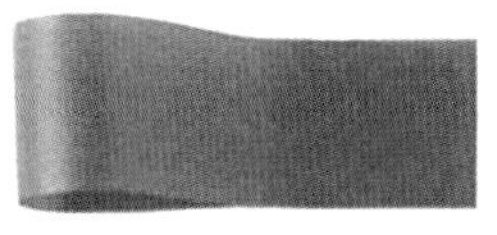

サテンタイプ

オーガンジータイプ

コードタイプ

レースタイプ

ラッピングペーパー

素材、色、柄などさまざまなものが販売されている。英字新聞、包装紙など身近にあるもので代用することもできる。

ラフィア、麻ひも

花束を束ねるときに用いる。ラフィアはヤシの葉でつくられており、さまざまな色がある。装飾の一部として使用することもある。

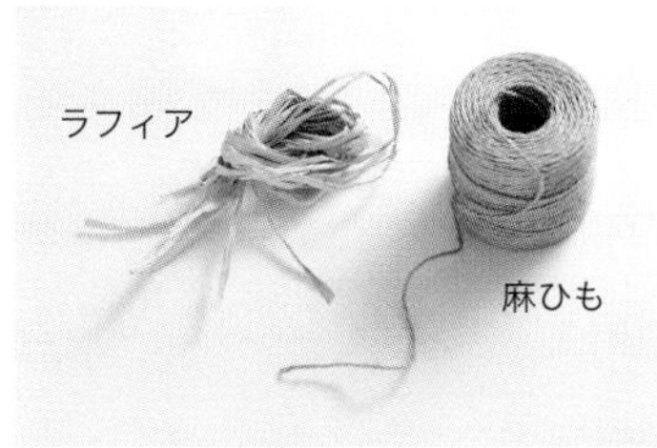

ラフィア

麻ひも

フラワーデザイン用接着剤

花が落下しないように茎の側面につけてブーケホルダーに挿したり、葉を貼ったり、便利に使うことができる。

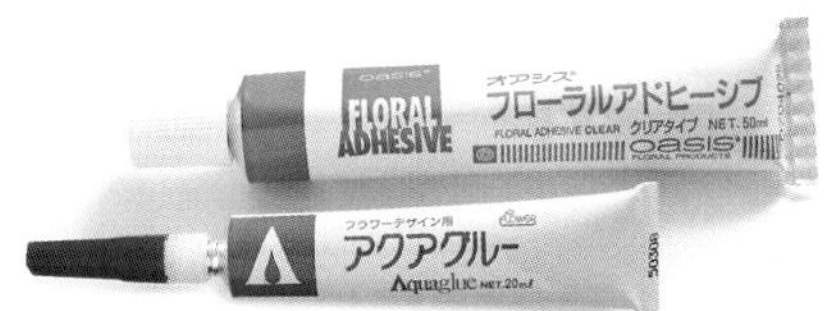

注意！

接着剤が茎の切り口につくと吸水ができなくなるため、切り口につかないよう注意深く使います。

粘着テープ、両面テープ

粘着テープは、吸水フォームを器に留めつけたり、さまざまな場面で固定するために用いる。

両面テープは、葉をつけたり、リボンを貼ったりするときに使う。

粘着テープ

両面テープ

花器

花器とは

花を飾ることを目的としてつくられたものと、別の用途のものを花を飾る器として転用するものの総称です。前者は、「花瓶、花入れ、花いけ」とも呼ばれ、形、大きさ、素材、色や模様などさまざまなものがあります。後者は、コーヒーカップなどの日用品、空き瓶、空き缶、空き箱などです。

花器は、少しの衝撃で倒れないような安定しているもの、作品を引き立てるものであることが大切です。デザインや場所、使用目的に応じた適切なものを使用しましょう。

材質による違い

花器の形状や大きさ、材質によって、作品の印象が異なります。デザインに適した器を選択しましょう。

金属
材質によって印象が変わる。鉄製のものは重厚感のあるデザインに、アルミニウム製のものはモダンで軽快なデザインに適している。

自然素材
竹、木、つるなどの植物素材のもの、大理石など自然石のもの、貝殻などがある。植物素材のバスケットは、自然風なデザインに適している。

ガラス
茎が透けて見えるので、葉をきれいに取り除き、茎のラインにも留意して美しくみせる。

プラスチック、樹脂など
プラスチック製は、軽くて扱いやすく、色や形も多様で、また安価なものが多いので、用途が広い。樹脂製は、透明なものが多く、モダンなデザインに適している。

陶磁器
壊れやすく、また高価なものもあるので、取り扱いに注意が必要。テラコッタなどは、保水性に欠けるので、セロハンやビニールなどで、吸水フォームを包んで使う。

その他（手づくり）
身の回りのものを利用して、デザインに合った花器を制作すると、世界に 1 つだけのオリジナルの作品になる。食器なども役立つ。葉を貼り合わせてバッグ型にした例。

形状による違い

花器にはさまざまな形状、大きさがあります。材質的に壊れやすく、また高価なものもあるので、保管場所を十分に考えてから入手しましょう。

花器をそろえてもちたいときは、使いやすさを考慮して、高さ、幅ともに15cm程度の大きさにし、シンプルな形状のものにします。

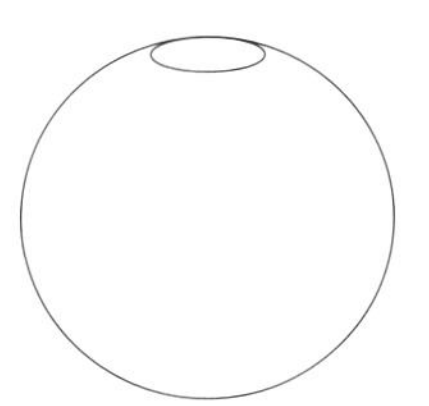

丸型
初心者でも挿しやすい花器。高さを出さずに小さくドーム状にまとめるとかわいいデザインになる。

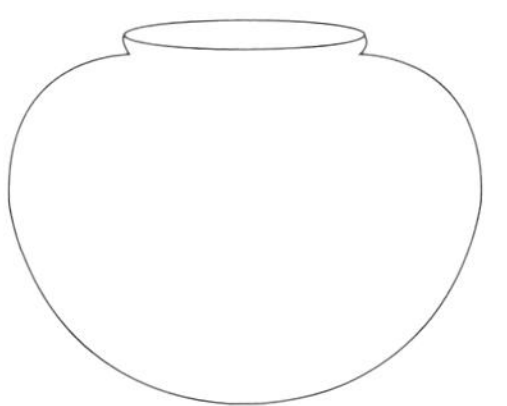

つぼ型
花留めがなくても挿すことのできる花器。高さとボリュームのあるデザインもできる。また、花束の花器としても利用できる。

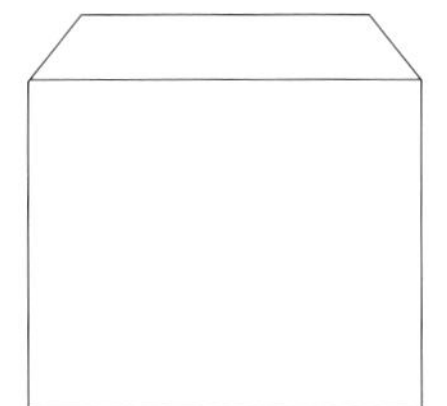

角型
角を利用したデザインに適している。平行に挿したり、少ない花材のデザインにも使える。

筒型
ヴァーティカルなどタテのラインを生かしたデザインに向く。

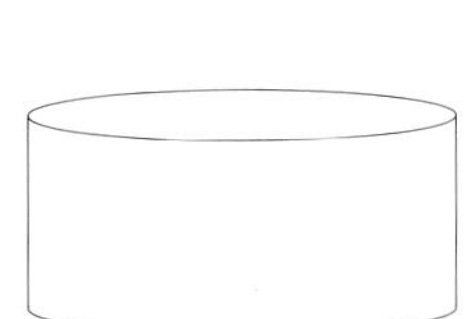

横長
平行に挿すデザインから、横長のデザイン、自然風のデザインなど幅広く使える。

広口
横長のデザインから、大きく広がるデザインに適している。花器のアウトラインにそって、のびのびと挿すと優雅なデザインになる。

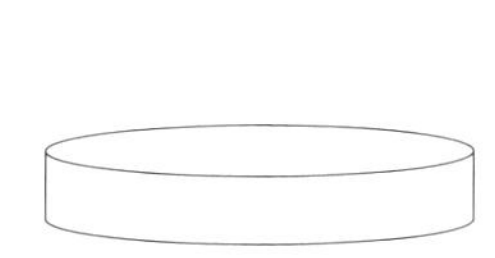

浅型
テーブルアレンジメントなどの背の低いデザインや、自然風のデザインに優れている。

脚つき
床面からの高さを生かしたデザインが可能。

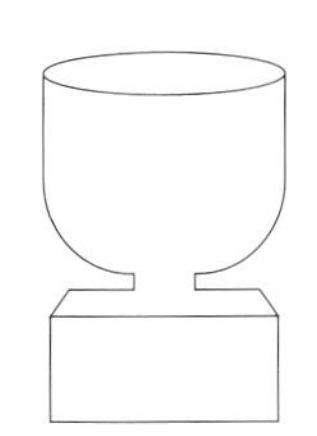

台座つき
クラシックなデザインに合う。

飾りつき
飾りのつき方が花器により異なるので、花器の正面をよく確かめて使用する。

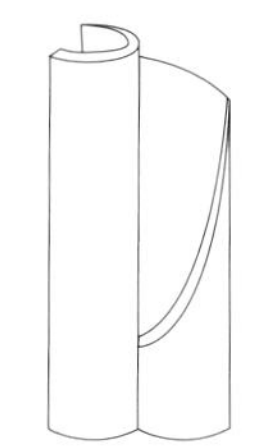

変わった形のもの
花器の魅力を生かし、デザインの一部として作品を制作するとよい。

Column
コンポートって？
コンポートとは、脚のついた花器の総称です。脚の形は、さまざまなものがあります。

色による違い

無地で白い花器は、どのような花にも合います。色の入った花器は花の色や形を選びます。

植物の扱い方の基本

丁寧な準備がよいデザインを生かす

　フラワーデザインのために入手した植物は、そのまま使うのではなくひと手間かけることで、植物の美しさを際立たせ、使い勝手や水もちもよくなり花を長く楽しむことができます。よいデザインをするためには欠かせない作業です。

◇購入からデザインまで

1　花材を購入する

花は生きものなので、花材はよい管理をしていて、花の知識が豊富な花屋さんで購入しましょう。自分で選ぶときは、花びらや葉、茎に異常がなく、色つやのよいものにします。

2　下準備をする

花屋さんで花を買ってきたら、水揚げの前に余分な葉や咲く見込みのない蕾、花がらなどを取り除きます。水揚げがよくなり、水揚げ後の切り分けもしやすくなります。

3　水揚げをする

⇒ P.57 ～ 59

花屋さんから移動するだけで、植物は疲れています。植物に合った水揚げを行い、リフレッシュさせます。

4　整理と切り分け

⇒ P.60

水揚げ後に、再び不要な葉や蕾などを整理し、デザインに合わせて、無駄のないように切り分けます。

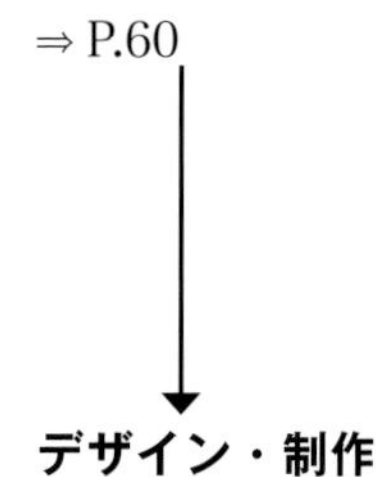

5　デザイン・制作

> *Column*
>
> **よい花材の見分け方**
>
> ・花びらに厚みがある
> ・花びらが変色していない
> ・がくがしっかりしている
> ・葉に傷がない
> ・葉につやがある
> ・水につかっている葉や茎にヌメリがない

水揚げをする

切り花を長もちさせるためには、それぞれの植物に適した水揚げの方法で処理します。また、そのときの植物の状態（切ってから時間が経っているなど）によって水揚げ処理法が異なります。代表的な方法を紹介します。

水切り

植物の茎や枝を水の中で切ること。水中で茎や枝を切り、道管に空気が入るのを防ぎます。吸水面が広くなるように、よく切れる刃物で斜めにカットします。水圧を利用し、なるべく水の深いところで切ります。すべての植物に適します。

主な花材：ほぼすべての植物

深水につける

新聞紙などで包み、花首くらいまで深水につけ、水圧により水が揚がりやすくします。その後、浅水につけます。

主な花材：ガーベラ、バラなど

切り戻し

茎や枝の根元を数センチ切ります。鋭角的に斜めにカットし、切断面を広くして水が揚がりやすくします。

水の中で折る

主にキク類に用い、水中で茎を手折りします。断面がささくれて水を吸い上げやすくなります。ハサミは使いません。

主な花材：キク類、リンドウ、ユキヤナギ、マーガレット、マトリカリアなど

1　不要な葉を取り除き、水中に枝や茎を入れる。

2　水中で枝や茎を折る。

湯揚げ

切り口を湯で煮たり、熱湯につけたりします。花に湯気が当たらないように新聞紙で包み、小さめの鍋を使って80℃前後の湯の中に茎や枝の先端を20～40秒ほどつけます。茎や枝から小さな気泡が出て中の空気が抜け、バクテリアも死滅します。湯から引き上げたらすぐに深めの水につけます。

主な花材：アジサイ、カスミソウ、ニゲラ、バラ、ライラック、ストック、デルフィニウム、アンスリウム、カンガルーポーなど

焼く

切り口が炭化するまで焼きます。焼くことにより湯揚げと同じ効果があります。高温で熱するため茎や枝の中が真空になり、焼くことでバクテリアの繁殖を抑え、炭化させて水を吸収しやすくします。焼く前に花や葉の乾燥を防ぐために新聞紙で包み、水でぬらし、切り戻しをし、茎や枝の先端を２～３㎝くらい焼きます。

主な花材：ポインセチア、ユーフォルビア類、ブルースター、マーガレット、マトリカリアなど

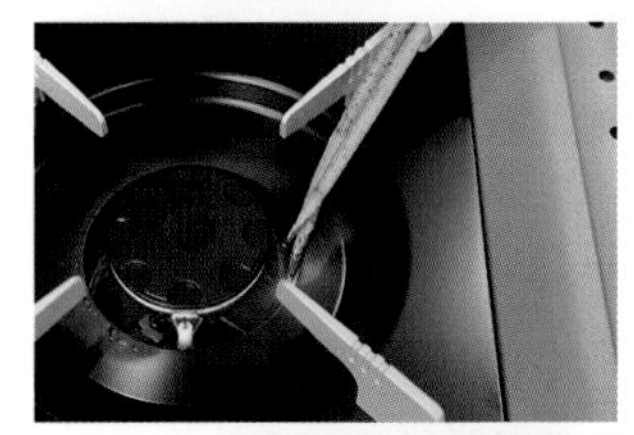

水につける

野草などは水が下がりやすいので、水切り後、水の中に全体をつけます。

主な花材：アイビー、ジャスミン、野草など

逆さ水を打つ

逆さまにして水をかけたり、葉の裏側に霧吹きで水分を補給することで水分の発散を防ぎます。花にかからないように注意します。

主な花材：キク類

水の注入

茎が中空のものはポンプやノズルつき容器（鶴首スポイト）などで水などを注入します。

主な花材：ハス、コウホネ、オモダカなどの水生植物

たたいて砕く

枝ものによく用いる水揚げ法です。茎や枝の切り口部分をたたいて砕きます。茎や枝が硬く水揚げの悪い植物に適しています。繊維が壊れて道管がむきだしになり、または断面積が中まで広がることで水が浸透しやすくなります。

主な花材：テッセン、アジサイ、ユキヤナギ、スモークツリー、ナツハゼ、センリョウ、コデマリ、キキョウ、ダリア、バーゼリアなど

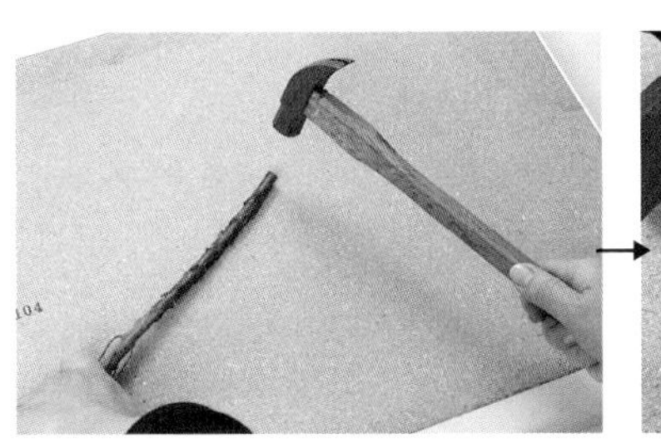
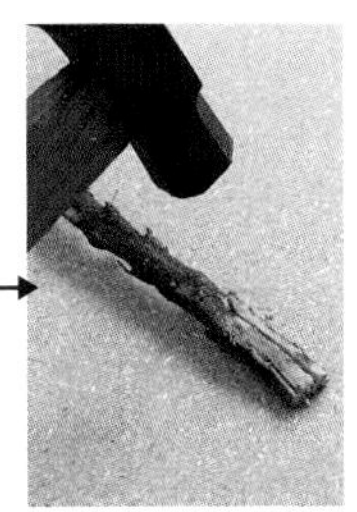

タテに割る

特に枝ものに用い、根元部分をタテ割りまたは十字に割ります。

主な花材：サクラ、ツバキ、モクレン、カエデ、ドウダンツツジなど紅葉した花木（葉の裏側に逆さ水を打って乾燥を防ぐ)。

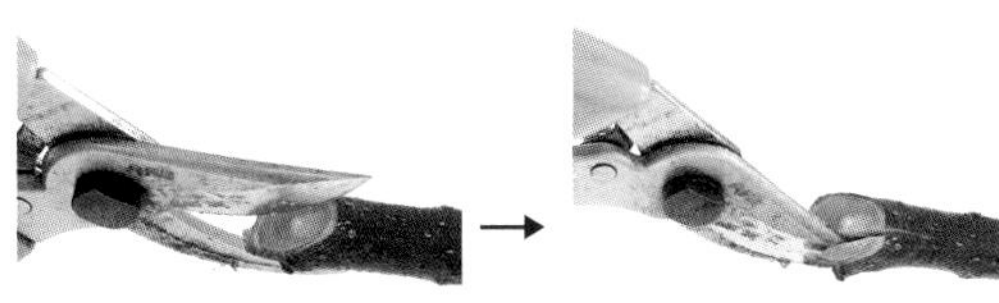

表皮を削る

茎や枝の表皮が硬く、割りがいれられない場合、表皮を削ります。先端数センチの樹皮にぐるりと切り込みを入れ、切り込みより下の部分の樹皮を剥ぎ取ります。

主な花材：サクラ、ライラック、ナナカマドなど

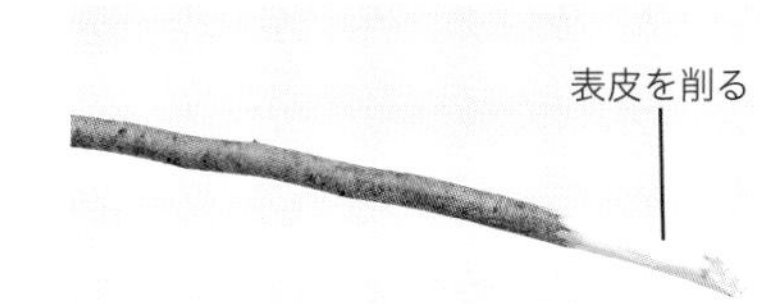

Column

その他の水揚げ

酢

殺菌効果があります。30秒～1分程度つけます。

主な花材：ダンチク、ススキ、キンメイチクなど

塩

殺菌効果があります。切り口に塩をすり込んで、水に浸した新聞紙で包み、1～2時間おいて水につけます。

主な花材：ハゲイトウ、ツバキなど

水に糖分を加える

切り花に養分を与えます。

主な花材：植物全般

アルコール

表皮を削って、アルコールまたはお酒に2～3分つけます。

主な花材：フジ、カエデなど

焼きミョウバン

ミョウバンを切り口にすり込みます。

主な花材：コウホネ、スイレン、ハスなど

切り花延命剤や洗剤を加える

花器の水のバクテリアの繁殖を抑えます。

主な花材：植物全般

整理と切り分けのポイント

水揚げが終わったら、不要な蕾や葉、デザインしたときに水に触れるような葉は取り除き、整理します。過剰な葉や蕾は花の劣化を早め、葉が水中にあると腐敗して菌が増殖しやすくなります。

整理が終わったら切り分けです。デザインにどのように使うかを判断し、花材の姿や形をよく観察して、枝や茎の長短や曲がり方など形状を見極めて切り分けます。

切り分けのコツ

・メインにしたい花を最初に切り分ける。
・茎はできるだけ長く残すようにする。
・葉は少し残しておき、不要なら使うときにとる。

Column

バラのトゲ

花屋さんによって、バラのトゲの処理はまちまちです。下から上まできれいに処理している、手に持つ部分だけとっている、なにもしない、に分かれます。トゲが残っている場合は、ナイフで下から上にとっていきます。バラのトゲとり用の器具も販売されていますが、茎を傷めやすいので注意が必要です。

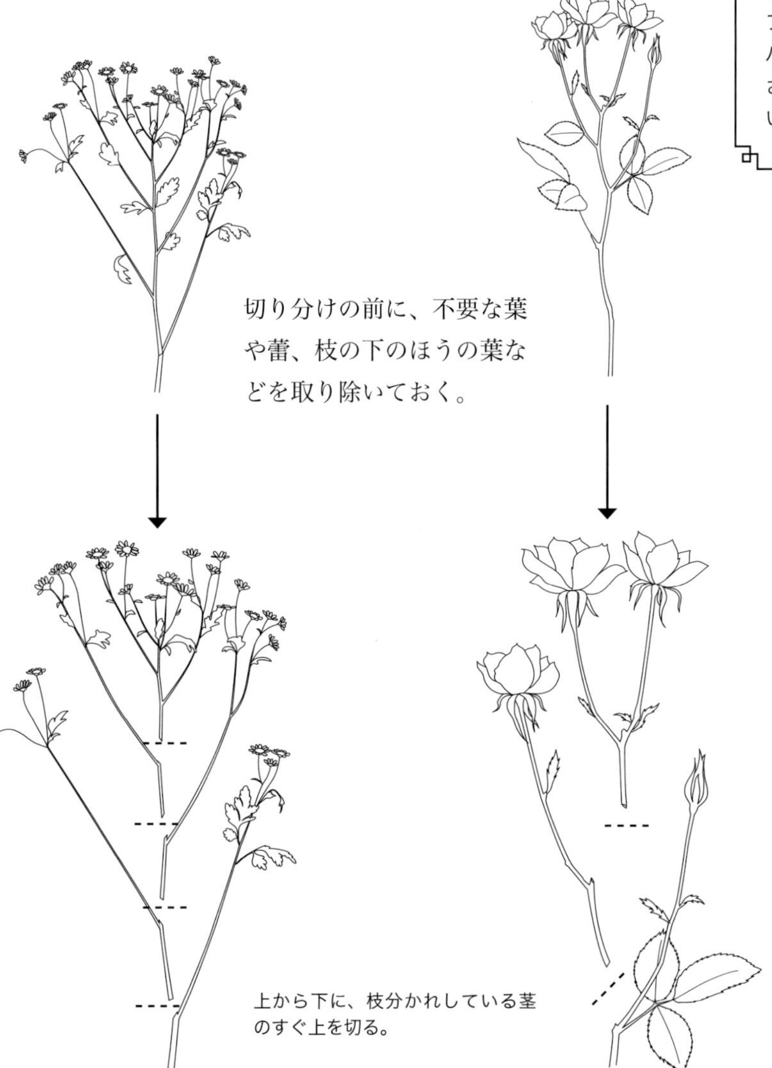

花留めの基本といろいろ

花留めは、土台となる部分なので、土台がしっかりとできていれば、デザインも決まりやすくなります。花留めで一般的なものは、吸水フォームや剣山ですが、そのほかにもさまざまな花留め法があります。

自然素材を使って

一文字／十文字

最も一般的な花留めで、花器の口が筒状のものに最適です。

こうがい留め

「こうがい」という名称は、日本髪のまげに挿すこうがいの姿に形が似ていることに由来します。枝の根元を2つに割り、その間にこうがいを挿すように花材の枝を挿し込んで器に留めます。

折り留め

使用する枝の根元近くを折り曲げて留める方法です。

又木留め

自然の又（また）になった枝を使った花留めです。

刺し留め

使用花材の茎に竹串などを刺し、それを支えにして留める方法です。

石で留める

花留めの中で、最も古くから使われています。使用する枝を折り、石で留めます。ほかの花留めと併用することもあります。

逆さ枝

自然の草木の枝分かれを使う方法です。

小枝を束ねて

同じ寸法に切りそろえた小枝を束にして器に入れます。枝と枝のすき間に花材を挿して留めます。枝の寸法を長くして高くセットし、デザインの一部とすることもあります。

込み藁

稲藁の外の葉は取り除いて芯のみを、水につけてアク抜きをして使います。藁をそろえて器の深さに合わせてひもできつく結び、小束をつくります。器の口径に合わせて小束をひもでまとめて使います。使用後は、小束に戻して、水洗いして陰干しで乾燥させると何度でも使用できます。

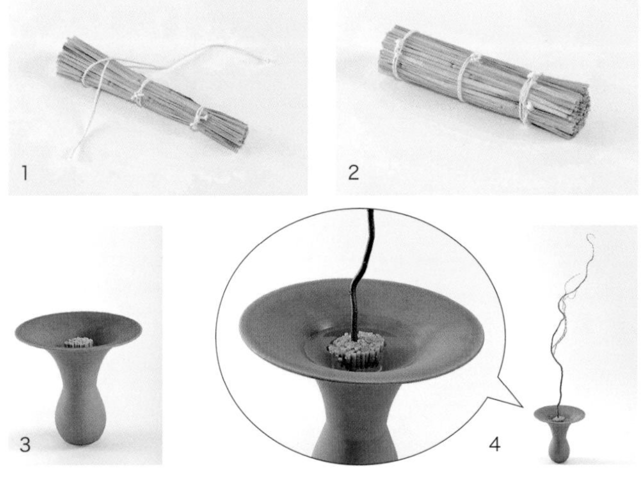

込み藁のつくり方と使い方

1　稲藁は葉を取り除き、芯のみを水につけ、アク抜きし、器の高さに切りそろえ小束をいくつかつくっておく。

2　器の口径に合わせて小束を適当な数だけ1束に束ね、きつく縛る。

3　器にセットする。

4　稲藁のすき間に花材を挿して使う。

剣山を用いる
主にいけばなで、枝ものなどを留めるのに使用されます。

ワイヤで留める
3～5mmくらいの太めのアルミワイヤを丸めて器に沈めて使います。

陶製の花留め：バウポット
18世紀、ジョージ王朝時代に考案された、花留めがセットされた磁器製の花器です。

〈使い方〉

粘着テープで花を留める
セロハンテープなどを器の口に格子状に貼り、花留めにします。

金属製魚型花留め
カニや亀の形が多く見られます。内部にワイヤの花留めがあります。水盤に入れて使います。

〈使い方〉

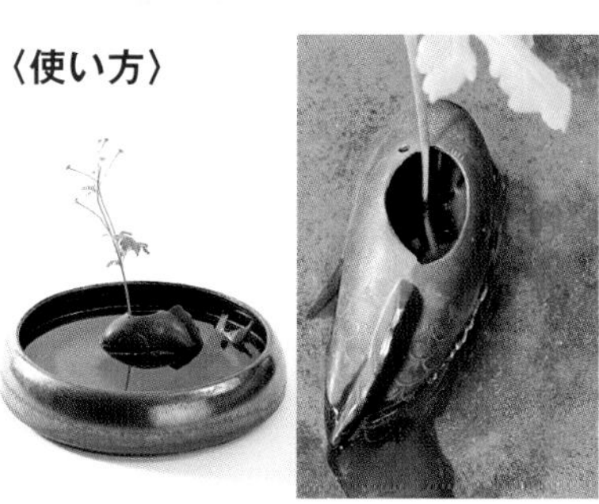

ローズボウル
ヴィクトリア朝時代に考案され、広口の花器に沈めて使います。

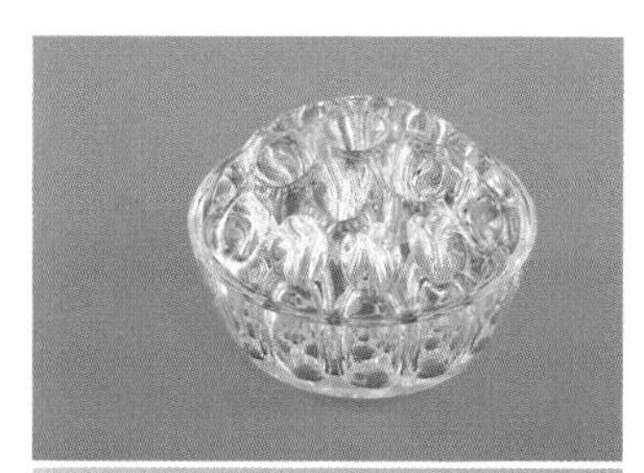

〈使い方〉

ゼリーの花留め
ゼリーの素(もと)を水につけてふやかし、器に満たし花を入れます。器の口まで水を入れるとゼリーが見えなくなるので、七分目程度まで水を入れます。

植物素材を花留めに

ドラセナの葉をくるくる巻きにして

ドラセナの長い葉1枚を巻いて小さな器に入れ、花留めとして使います。

花材：ドラセナ、セキチク、ネメシア

→

枯れ枝を束にして

枝を輪ゴムで束ねて器にセットします。枝と枝のすき間に細い茎を挿し入れて留めます。

花材：ナズナ、マーガレット、ワイヤープランツ

→

ヤマブキの枝をまとめて

ヤマブキの枝を横にして器にセットすると、垣根のようで自然な感じを与えます。枝と枝の間に花を挿してアレンジします。

花材：ヤマブキ、ツバキ、バラ、ネメシア、カロライナジャスミン

→

ツバキの葉を重ねて

ツバキの葉をきれいに重ねて、葉と葉の間にツバキの一輪を挿し入れます。

花材：ツバキ、ツバキの葉

吸水フォームの上手な使い方

吸水フォームとは

　吸水フォームは、アレンジメントのベースとしてとても便利な資材です。目的にかなった使い方をしましょう。吸水フォームの表面は、造形のテーマに合わせて、コケ、砂、小石、植物素材などでカバーします。

　カラーの吸水フォームは、デザインの1つの要素として生かします。

　吸水フォームは使う分だけ水につけます。なお、一度使った吸水フォームは再利用しないようにします。

Column

ベースとは

　アレンジメントを構成する場合の土台を意味します。造形テーマに適した方法で、吸水フォームを必要なサイズにカットし、しっかりと固定します。

吸水フォームのセット方法

〈広口の器にセットする〉

1　吸水フォーム、吸水フォームカッター、フローリストナイフ、広口の器を準備する。

2　吸水フォームを使用する大きさにカットする。

3　吸水フォームを水につけ、自然に沈むまで待つ。

4　広口の器の口径と形に合わせて吸水フォームをカット。

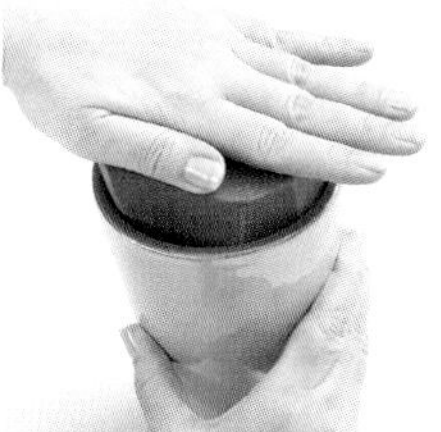

5　器の口から吸水フォームが2～3cm上に出るように、手のひらで器に押し入れ、しっかりと固定する。

6　器から出ている吸水フォームの四方をカットし、形を整える。

7　セット終了。

〈保水性のないものを器に使う場合〉

1 器の形と大きさに合わせて吸水フォームをカットし、水につける。

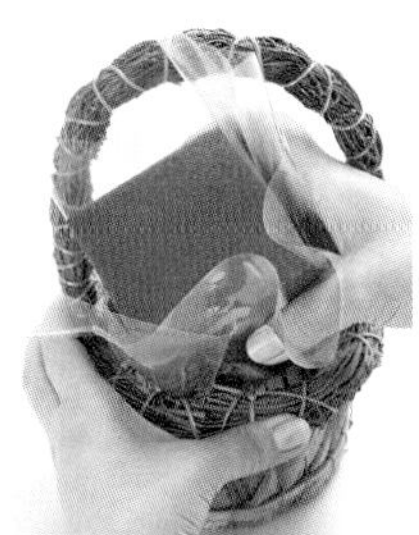

2　器の大きさに合わせてセロハン（またはビニールシート）を円形にカットし、吸水フォームの水分が漏れないようにカバーし、手のひらで押し込むようにして器にセットする。

3　器から出ている吸水フォームの4辺をカットし、器から出ているセロハンを切り取る。

吸水フォームへの植物の挿し方

吸水フォームは同じ場所に何度も花を挿すことができません。一度挿すと挿し跡が空洞になるので、そこに花を挿しても固定できません。また、空洞部分では茎や枝が吸水できないため、植物がすぐにしおれてしまいます。

吸水フォームに花を挿す目安

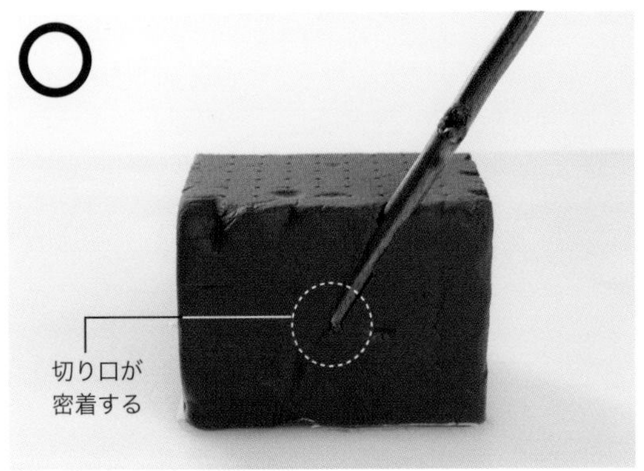

〈よい例〉切り口に吸水フォームが密着するように挿す。

〈悪い例〉挿し跡が空洞になり、吸水されない。

吸水フォームに垂直に挿すコツ

茎の長い花材を垂直に挿すには、コツがあります。

〈よい例〉
吸水フォームの挿す位置を決めたら、花の上と下に手をそえ、目線は花を見て垂直に挿す。

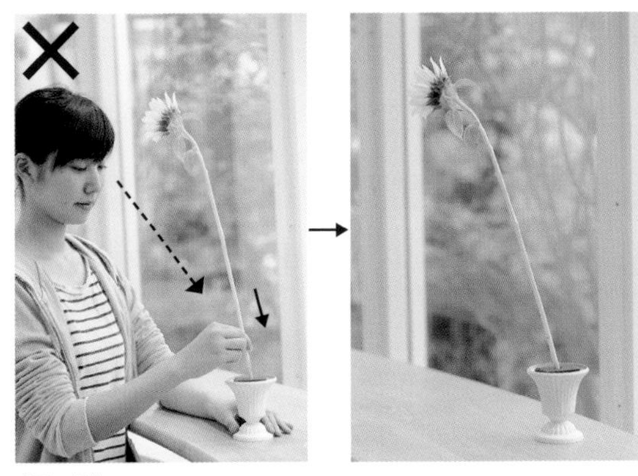

〈悪い例〉
挿し口を見ながら挿すと斜めになってしまう。

枝ものや大きな花の挿し方

枝ものは、V字形にカットして、しっかりと挿す。

中程度の草花の挿し方

茎を鋭角に斜めにカットし、吸水フォームにしっかりと挿す。

吸水フォームに挿すための茎の処理

基本は鋭角的に斜めにカット

鋭角的に斜めにカットすることで道管の吸水面を広くし、挿しやすくする。

枝ものなどはV字にカット

V字のカットは安定しやすく、樹皮を除いているので吸水作用が盛んになる。

茎が強く空洞の植物

ガーベラなど茎が比較的強く空洞のものは、水平にカットする。

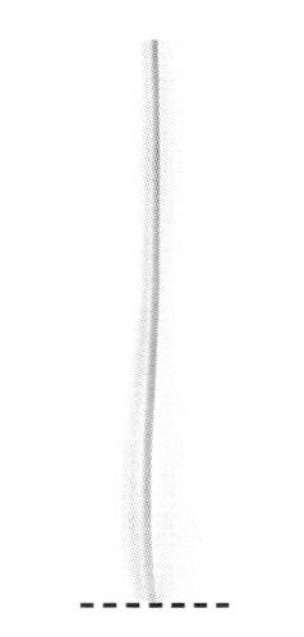

茎が弱い空洞の植物

アマリリスなど、茎が空洞の植物は、空洞に竹ぐしなどを挿入して補強する。

茎が細くやわらかい植物

茎が細くやわらかい植物は、細いワイヤを茎に差し入れて、吸水フォームに挿す。ワイヤを使うことで、挿しやすくなり、しっかり留まる。

茎は水平にカットし、ワイヤを差し入れ補強する。

茎のやわらかい植物

カラーなど茎のやわらかい植物は、挿し口部分の茎をセロハンテープで補強し水平にカットする。

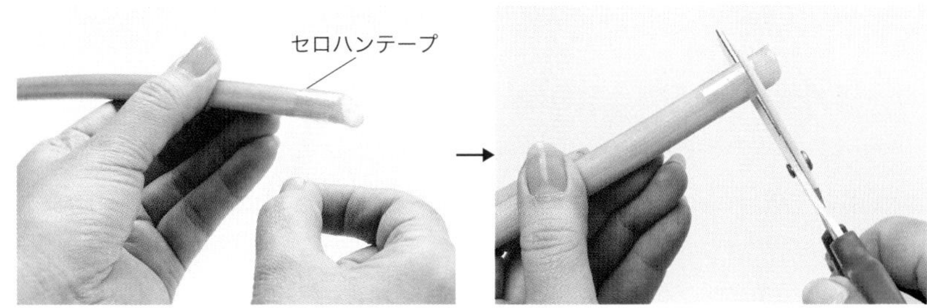

茎の中心に綿状のものがある植物

アジサイなど、茎の中心に綿状のものがある場合は、ナイフなどでこそげて取り除く。

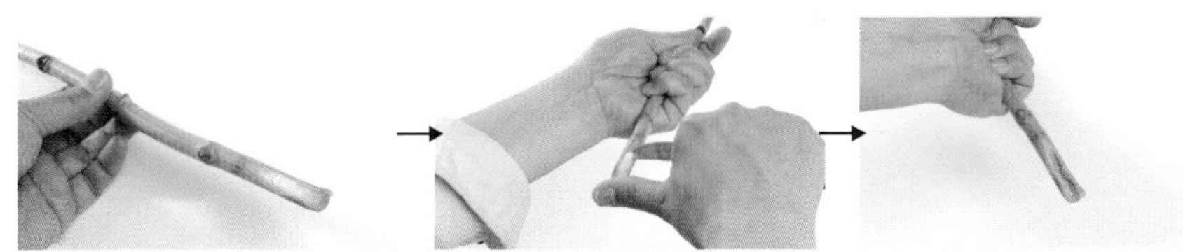

切り口から乳白色の液が出る植物

ブルースター、ユーフォルビアなど切り口から乳白色の液が出る植物は、カット面をよく洗ってから挿す。

吸水フォームを使って、半球形（ドーム型）に挿してみましょう

葉から挿す方法　葉ものの取り合わせ次第で、花数が少なくても花の形や色を引き立てられます。

1　吸水フォームを器にセットする。

2　形や色のさまざまな葉ものを、半球形の底辺と高さのアウトラインを形づくるように、高低差をつけながら挿す。

3　吸水フォームが隠れるように、大きさ、形、色合いなどさまざまな葉ものを低く挿す。

4　半球形のアウトラインにそって花を挿す。

完成　高低差を多少つけながら、半球形のアウトラインを形づくって仕上げる。

花から挿す方法　花をメインに挿して仕上げます。デザインのアウトラインがつくりやすい方法です。

1　吸水フォームを器にセットする。

2　底辺と高さのアウトラインを形づくるように花を挿す。

3　高低差をつけて中間部分に花を挿す。

4　花や葉ものを低い位置に挿す。

完成　吸水フォームが隠れるように、バランスよく葉ものを挿して仕上げる。

ワイヤリング・テクニック

ワイヤを使いこなせると、作品の幅が広がる

ワイヤリングは、花をデザインするときに欠かせないテクニックです。花材の使用目的に応じて針金で植物をまとめたり、留めたり、支えたり、または人工的な茎や枝をつくったり、茎や枝を補強します。植物素材の自然な姿、形や動きを損なわないようにし、デザインに適した太さのワイヤを選択します。

Point!
作品完成時、原則としてワイヤ部分は見えないように注意します。通常、ブーケホルダーを使用する場合以外は、ワイヤをフローラルテープで巻きます。

ツイスティング・メソード〈巻き留め〉

花、葉、小枝に針金を巻きつけて、人工の茎をつくる方法。

ワイヤを茎などに巻きつけて使用する。

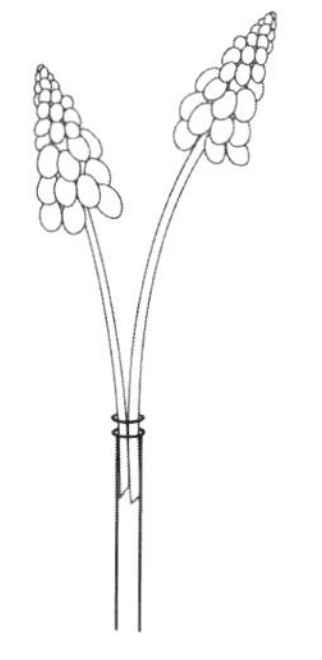

1　ワイヤをヘアピン状に曲げ、2、3回巻きつける。

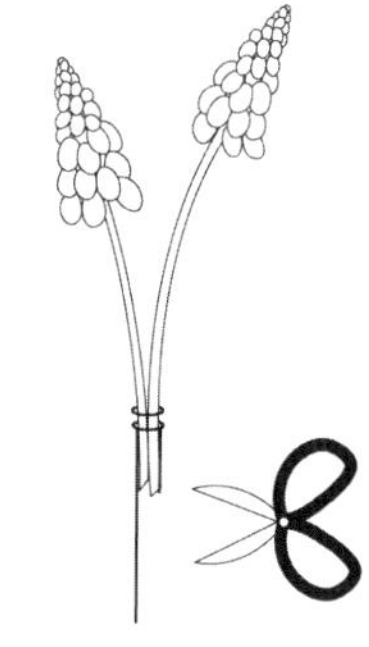

2　余りのワイヤをカットし、残りのワイヤも目的に合わせた長さにカットする。

ヘアピン・メソード〈U字留め〉

主に葉に用いる技法。葉の中央の葉脈をワイヤで小さく縫うように刺し通し、ワイヤの中央で折り曲げヘアピン状にし、茎をつくる。

通常、片方のワイヤでもう一方のワイヤと葉柄を一緒に巻き下ろす。

葉の大きさや反りなどにより、葉の1/3～1/2の位置をワイヤで縫う。

左：葉の表　右：葉の裏

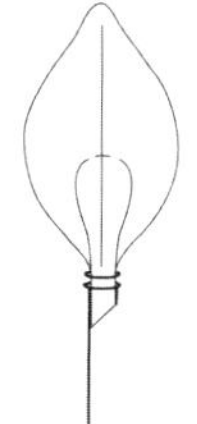

葉脈を一針縫ってワイヤをヘアピン状にする方法。

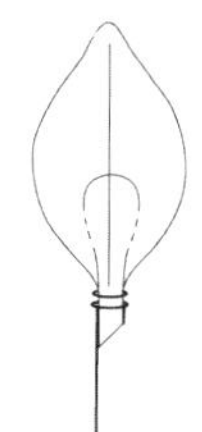

ヘアピン状のワイヤを刺し通す方法。

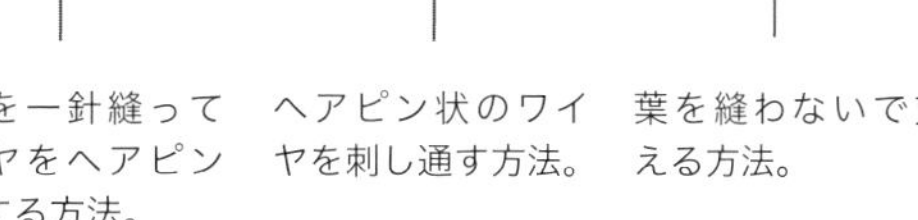

葉を縫わないで支える方法。

ピアス・メソード〈横刺し留め〉

子房、がく、茎などに対して直角にワイヤを刺し通し、茎にそってワイヤを折り曲げ、ワイヤの茎をつくる。

1　子房の下2cmほどで斜めに茎をカットし、バラの子房（しぼう）のつけ根付近に真横にワイヤを刺し通す。

2　左右のワイヤを茎にそって折り曲げ、ワイヤをがくのすぐ下から茎と一緒にテーピングする。

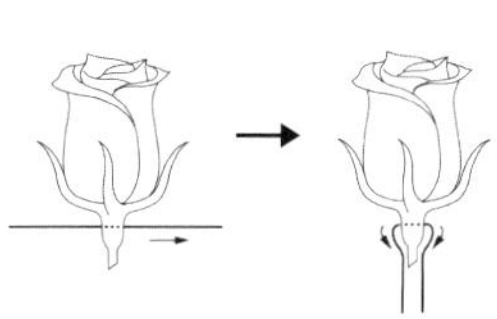

ワイヤを素材に対して直角に刺し通し、折り曲げて茎をつくる。

クロス・メソード〈十字留め〉

子房（しぼう）、がく、茎などに２本のワイヤを直角に交差させて刺し通して、折り曲げ、茎をつくる。

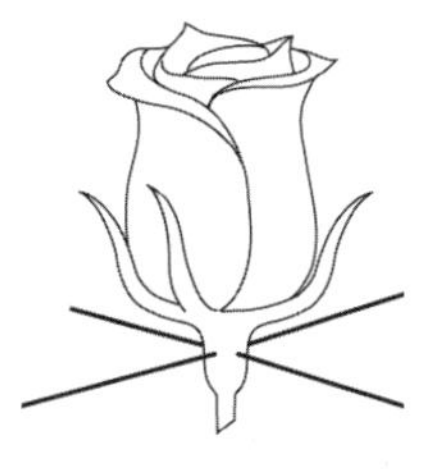

1　２本のワイヤを十字に交差させて刺し通す。

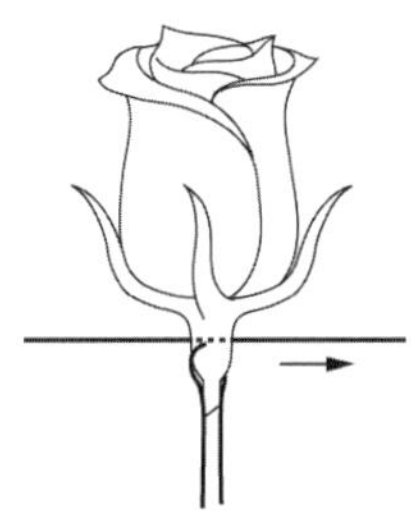

2　１本目のワイヤを折り曲げる。

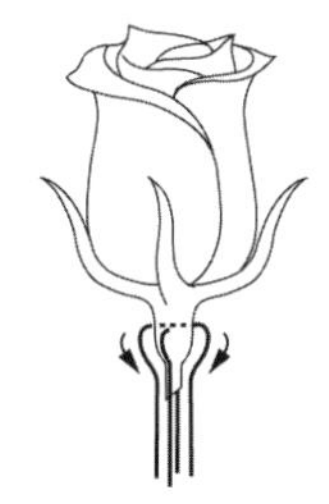

3　さらに２本目のワイヤを折り曲げ、茎をつくる。

インサーション・メソード〈刺し留め〉

茎が細くやわらかい花材の場合、吸水フォームに挿しにくいので、茎にワイヤを挿し入れ補強して使う。また、茎を曲げたいときにも役立つ方法。

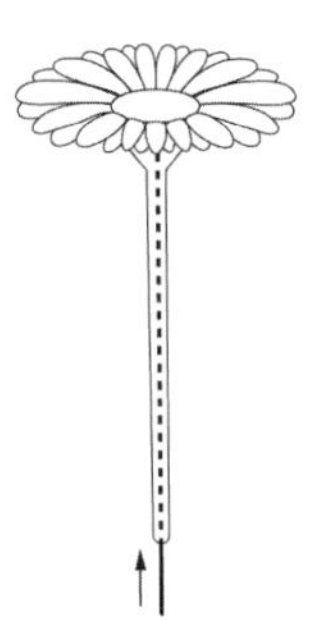

茎がやわらかいので、注意深く茎にワイヤを挿入する。

フッキング・メソード〈かぎ留め〉

ガーベラ、マーガレット、キク類などに用いる。ワイヤの先端をかぎ型に曲げて引っかけて留める方法。

1　茎の下からワイヤを刺し通す。最初に先端をかぎ型に曲げておき、花芯のほうから茎に刺し通す方法もある。

2　ワイヤの先端をかぎ型に曲げる。

3　ワイヤを茎のほうに引き戻す。

4　ワイヤの先端を花芯の中に引き込む。

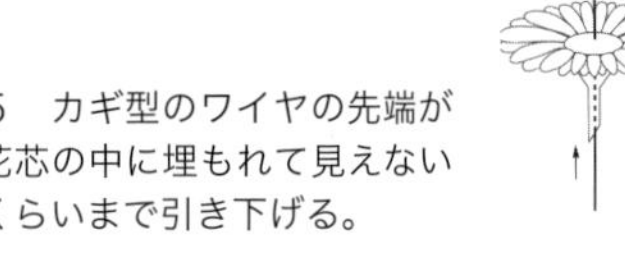

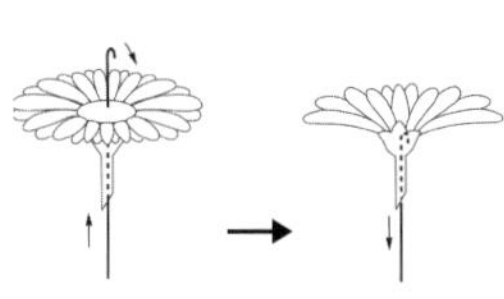

5　カギ型のワイヤの先端が花芯の中に埋もれて見えないくらいまで引き下げる。

セキュアリング・メソード〈補強法〉

茎が弱かったり、茎を曲げる場合、補強するために茎にワイヤを絡ませる方法。

1　茎にそってらせん状にワイヤを巻きつける。

2　がくの部分にワイヤの先端を刺し入れる。

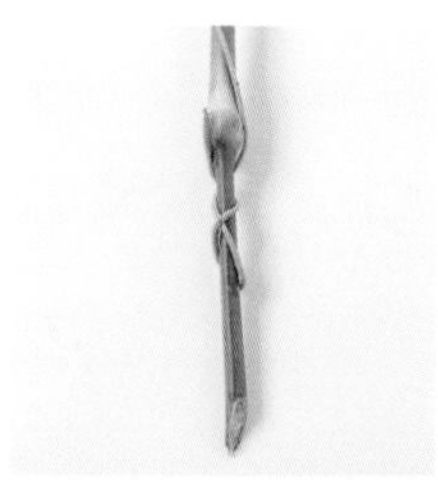

3　巻き下ろして、茎の末端でワイヤを８の字状に巻き込む。

〈参考〉

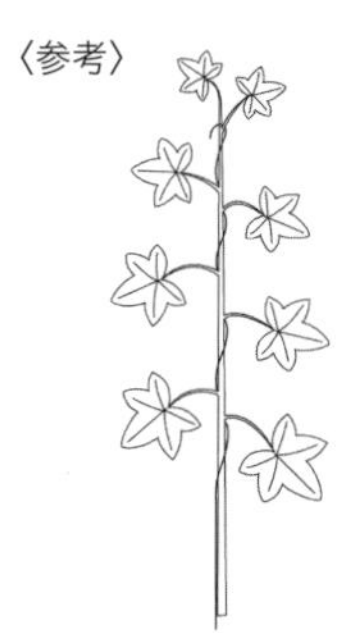

ソーイング・メソード
〈縫い留め〉

細長い葉、花びらを、ワイヤでタテや横に２針以上縫うように刺し通して、茎をつくる。

花びらにワイヤを２針以上縫うように刺し通して茎をつくる。

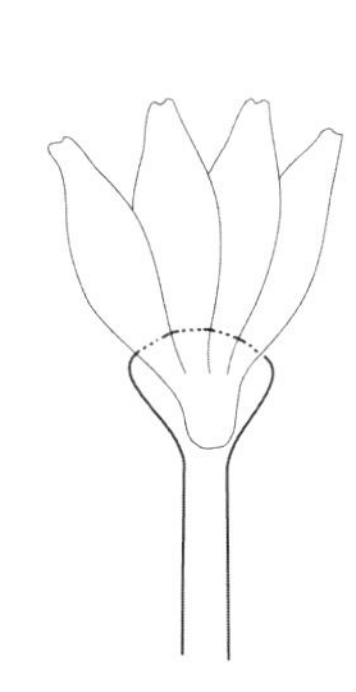
花びらなどを縫って留める。

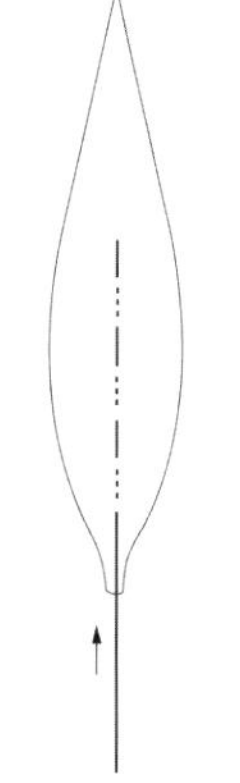
細長い葉などはタテに縫う。

ルーピング・メソード
〈輪留め〉

ワイヤの先端を輪にして、筒状の花の上から挿し込み、茎をつくる。ヒヤシンスやフリージアのような筒状の花に用いる。

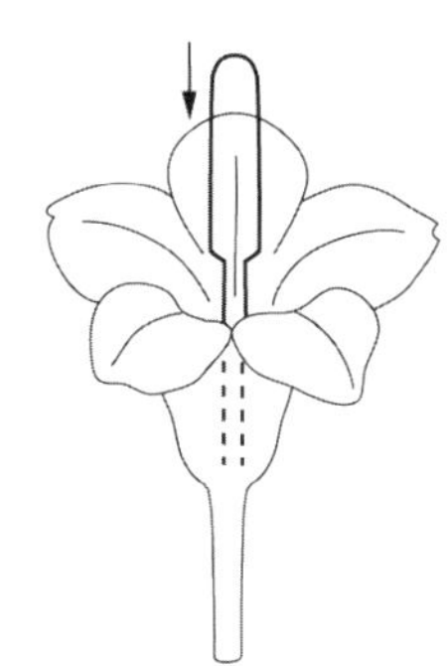
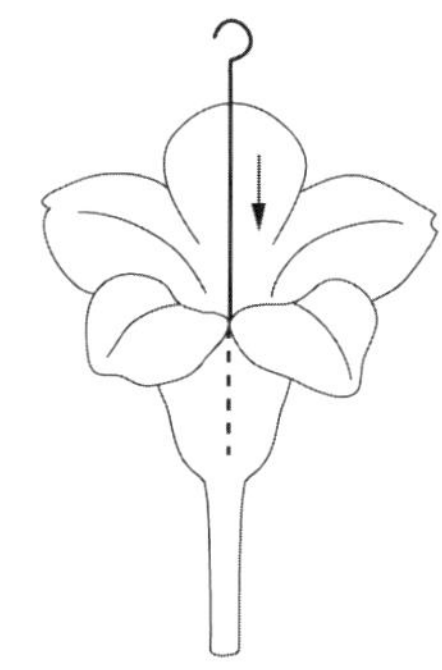
ワイヤの先端の輪は花の大きさに合わせてつくり、ワイヤを上から挿し込む。ワイヤの先端は、花の大きさに合わせてつくる。

そえのワイヤ

茎を自在に曲げたいときは、茎にワイヤをそわせ、テーピングして使う。

1　曲げたい部分の茎の両わきにワイヤをそえる。

2　フローラルテープでテーピングして茎に密着するようにワイヤを固定する。

3　ゆっくりと目的の角度に茎を曲げて使用する。

フェザーリング

カーネーションなどの花の花びらをいくつかに分け、ツイスティング・メソードで小さな花をつくるテクニックです。ガーランドやブーケ、コサージをつくるときに役立ちます。

1　花びらをがくからはずす。

2　花びらを必要な分量に分ける。

3　分けた花びらにワイヤを巻きつける。

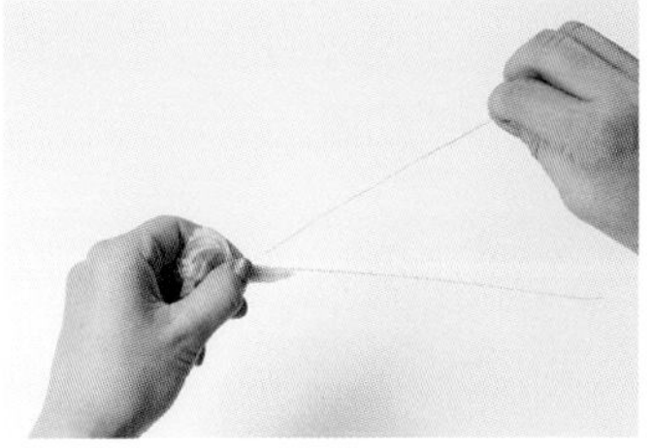
4　ワイヤを巻き下ろす。

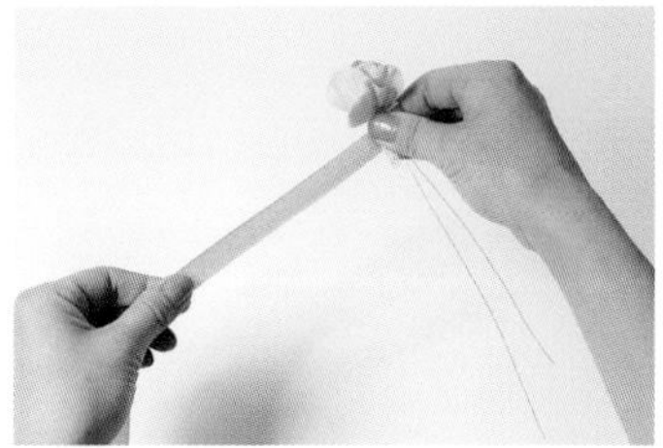
5　ワイヤを巻いた花びらの根元にフローラルテープをしっかり巻く。

6　フローラルテープを引き伸ばしながら、しっかりと巻き下ろす。

テーピング

ワイヤリングした花や葉、またはガーランドなどをつくるときに、花材やワイヤにフローラルテープを巻きつけるテクニックです。早く、しっかり、しかも美しく巻くことが重要です。

1　フローラルテープを引っ張って、よく伸ばす。

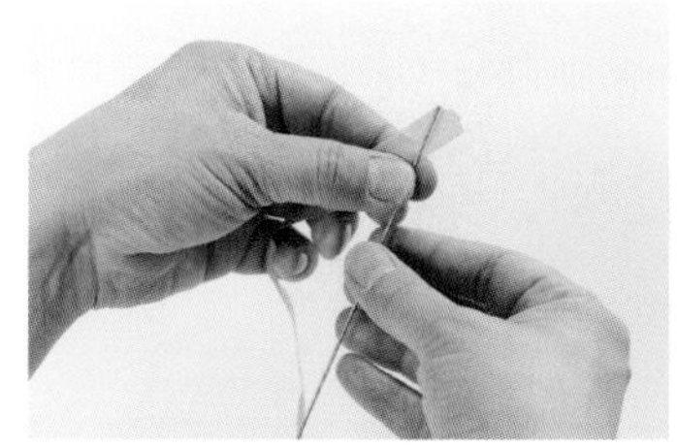
2　茎やワイヤにフローラルテープを斜めに当てる。

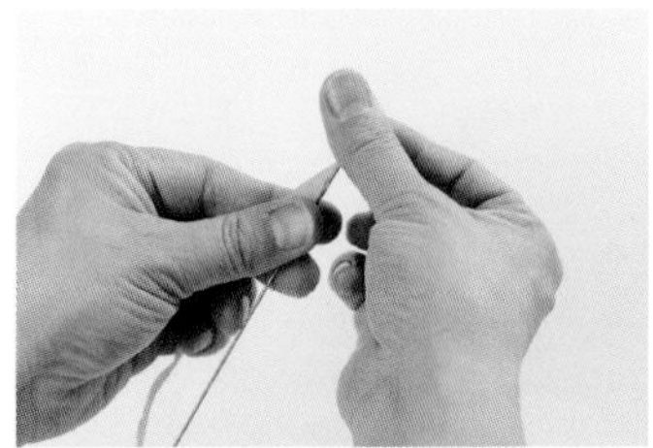
3　フローラルテープを引き伸ばし、フローラルテープを持つ手をワイヤにそえて、もう一方の手の親指と人さし指で茎やワイヤを回転させながら巻く。

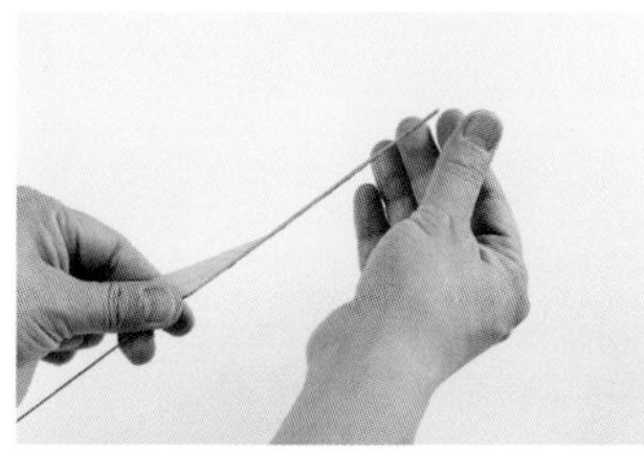
4　フローラルテープは、しっかり引き伸ばすことで粘着力が増し、なめらかに巻くことができる。

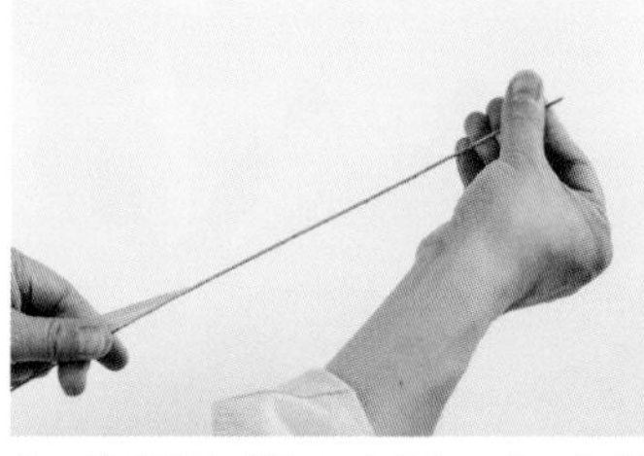
5　巻き残しがないように、均一に巻き下ろす。巻き終わりは、フローラルテープを指で押さえ、強く引いて切る。巻き終えたテープを上から指でしごいてなめらかにする。

リボンワーク

リボンワークとは

花束やブーケづくりに欠かせないテクニックです。花束やブーケの大切な引き立て役としてのリボンの結び方を習得しましょう。

Point!

ストリーマー（streamer）とは

英語で「流れるもの」。リボンの流れる部分を指し、「飾りのリボン」の意味もあります。

基本のリボンワーク

完成　ストリーマーをまっすぐに切りそろえ、ワイヤをそろえる。

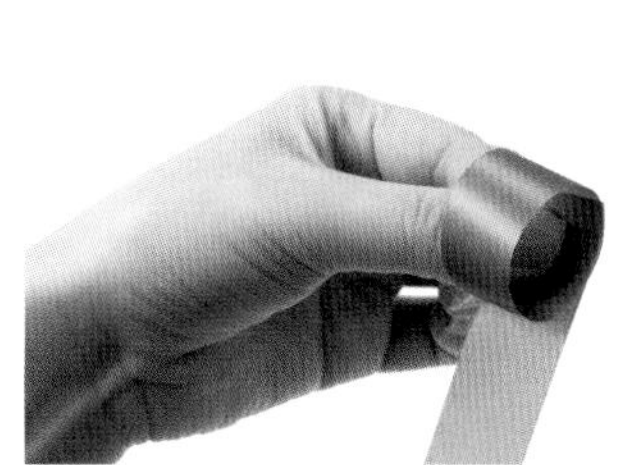

1　親指の周りにリボンをひと巻きする。

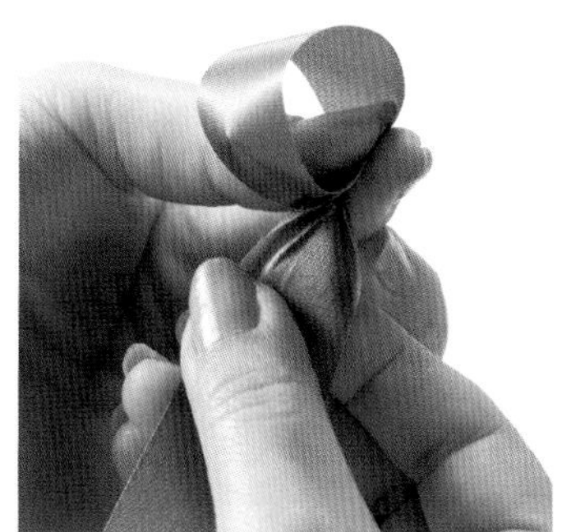

2　リボンの表が出るように 180 度ひねる。

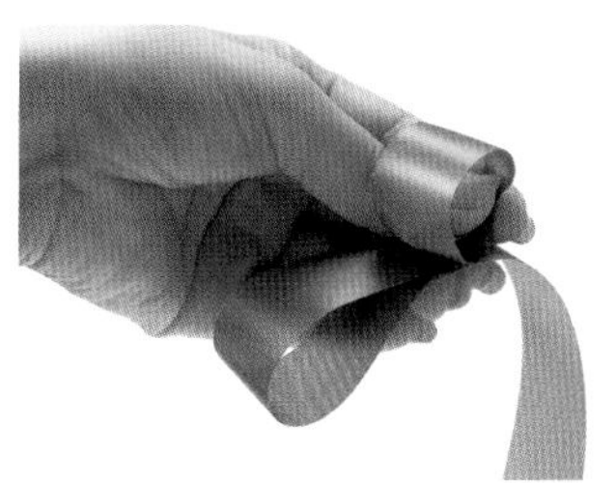

3　ループをつくる。

4　また、リボンの表が出るように 180 度ひねる。

5　3と同じ大きさのループをつくる。

6　表が出るように 180 度ひねる。

7　少しずらしてやや大きめのループをつくる。

8　同じく 180 度リボンをひねる。

9　7と同じ大きさのループをつくる。

10　リボンの表が出るように180度ひねる。

11　左右の中心部分に大きなループをつくる。

12　11の大きなループのセンターを斜めにカットし、ストリーマーをつくる。

13　リボンの結束部分をテーピングしたワイヤで留める。

14　ワイヤをねじって、結束部分をしっかり留める。

Point!

リボン作製の注意点

常にリボンの表側が出るように180度ひねりながらループをつくります。基本のリボンワークでは左右2個のループですが、この手順を何度も繰り返すと、華やかなリボンがつくれます。

Point!

留めつけ方

コサージやブーケには、リボンを完成させたワイヤで留めつけるか、別のリボンを要の位置に通してくくり、結びつけます。

ストリーマーから始めるリボンワーク

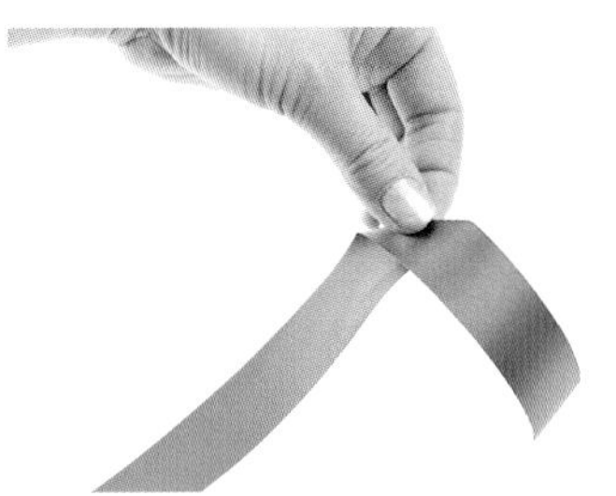

1　ストリーマーの適切な長さの部分で、リボンを 90 度折る。

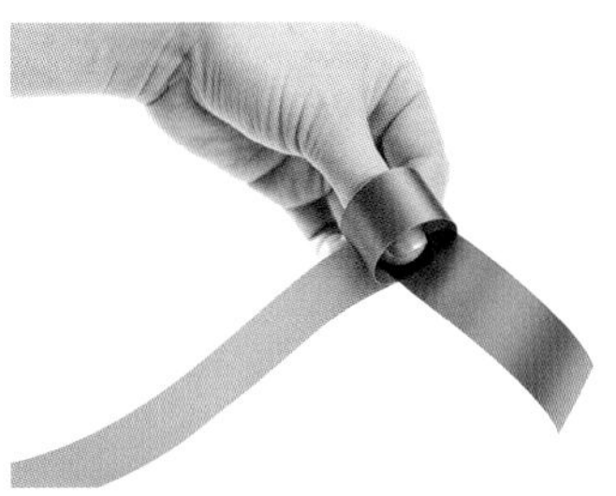

2　ストリーマーでないほうのリボンを親指の周りにひと巻きする。

完成

3　リボンの表が出るように 180 度ひねってループをつくる。

4　反対側にもループをつくり、また 180 度ひねってリボンの表を出し、少しずらして大きめのループをつくり、さらに 180 度ひねり反対側に同じ大きさのループをつくる。

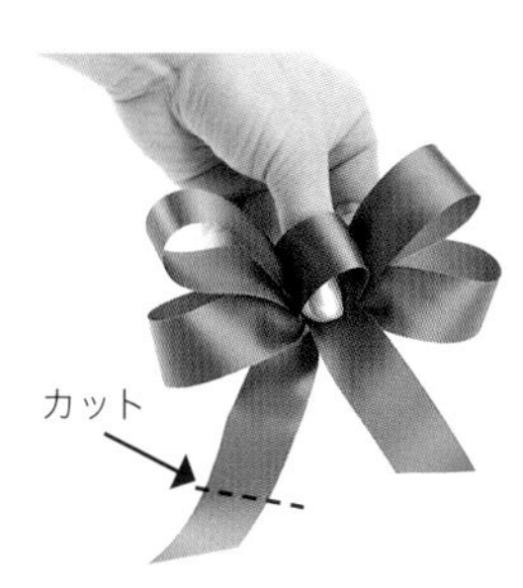

5　もう片方のリボンを最初のストリーマーの長さと同じくらいの長さでカットして、もう一方のストリーマーをつくる。

6　リボンの結束部分にテーピングして U 字形にしたワイヤをかけてねじってしっかり留め、ストリーマーを切りそろえて完成。

Point!

リボンの素材にはさまざまな種類があるので、目的に応じて選びます。(P.53 参照)

ブーケホルダーの扱い方

ブーケホルダーに素材を挿し留める

ブーケホルダーはブーケをつくるときに便利な資材です。吸水フォームがついているため、水もちの悪い花材でも安心です。

茎の長いものや重たい花材を挿し留めるコツ

1　ツイスティング・メソードでワイヤリングした花材をブーケホルダーの吸水フォームに挿す。

2　ワイヤの突き出た部分を 1 cm ほど残し、余分なワイヤをカットする。

3　残ったワイヤを押し曲げてフレームに引っかける。

4　ワイヤを吸水フォームの中にかぎ型にして押し入れる。

リボンを巻いてハンドルをカバーする方法

ブーケホルダーのハンドルは必ずリボンなどでカバーして仕上げます。

1　ハンドル部分に、タテに両面テープを貼る。

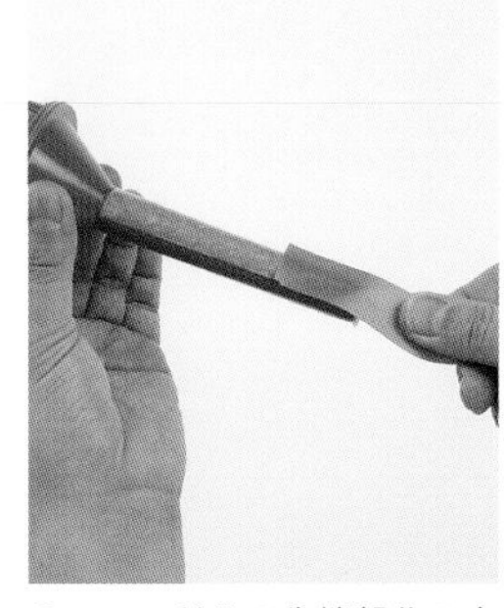

2　ハンドルの先端部分の少し上にリボンをかける。

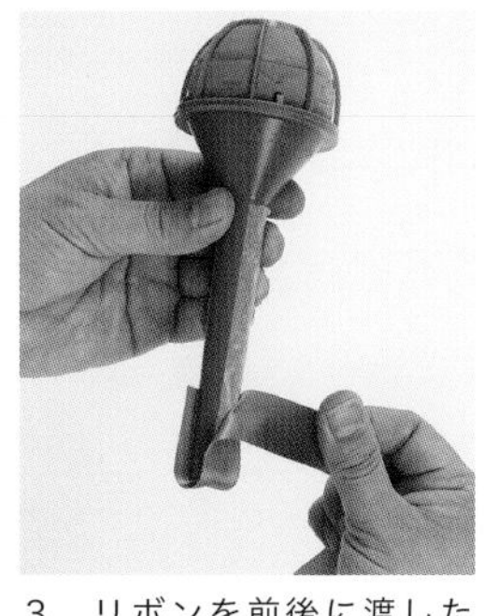

3　リボンを前後に渡したら、ハンドルにそうように折り返す。

4　折り返したリボンをしっかり巻く。

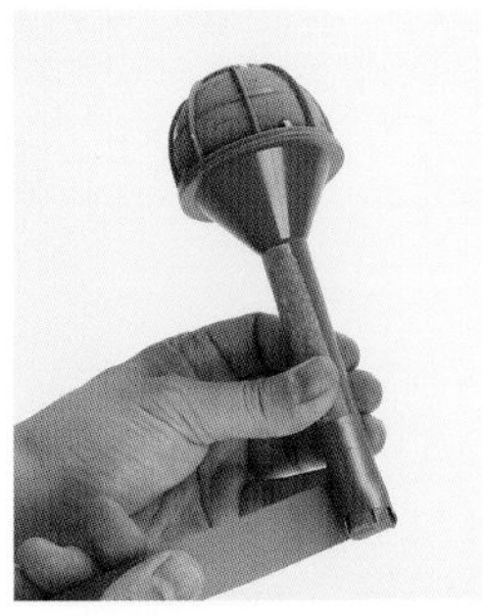

5　ゆるみがないように、先端に向かって巻き下ろす。

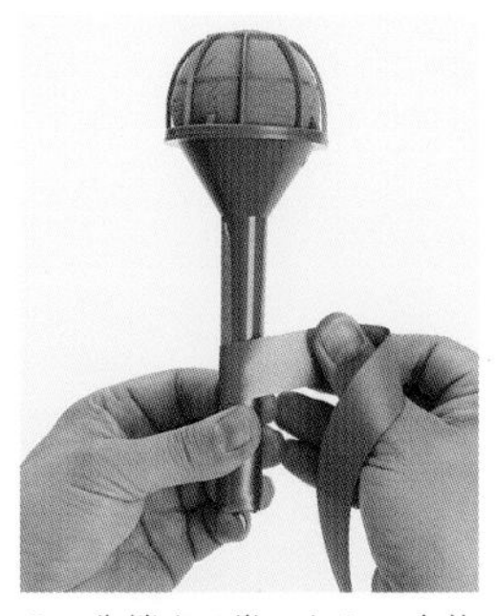

6　先端まで巻いたら、本体に向かって巻き上げていく。

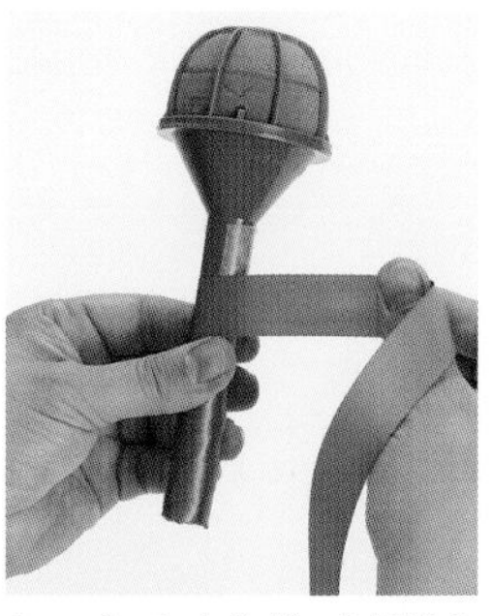

7　ブーケホルダーを回転させながら、しわがないようにしっかり巻く。

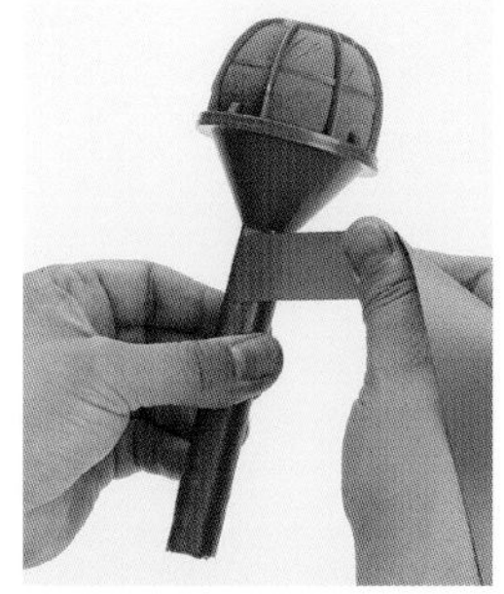

8　持ち手の最上部まで巻いたら、接着する分を残してリボンを切る。

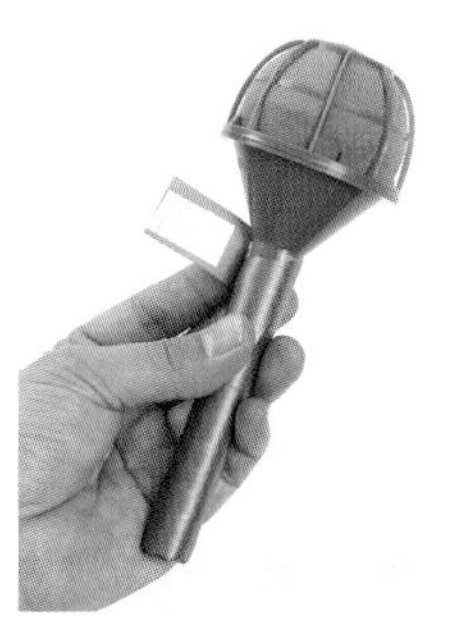
9　接着する部分に両面テープを貼る。

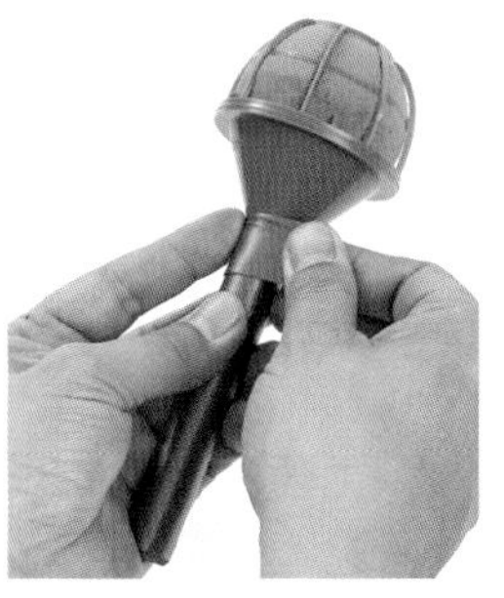
10　しっかりと接着する。

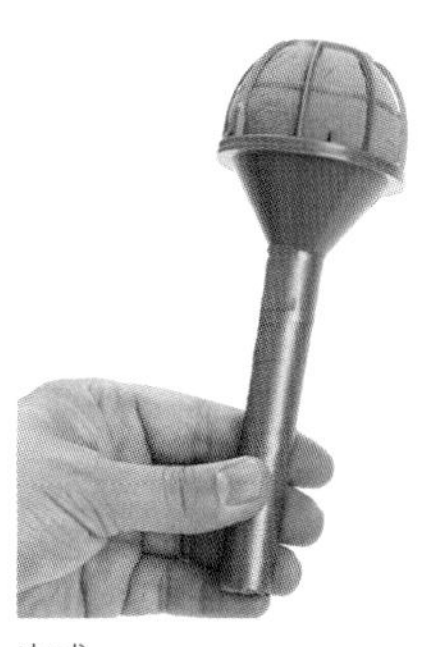
完成

Point!
リボンの表裏

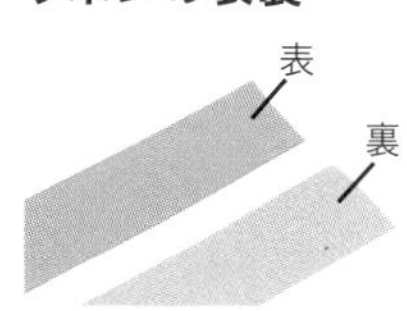

リボンには表と裏があります。特別な意図がない限り、リボンの裏側は見えないようにします。

ハンドルカバーで仕上げる

ブーケホルダー用の既製品があります。ハンドルにかぶせるだけなので、簡単で便利です。(P.52 参照)

Point!
軽い花材、短い花材を挿し留めるコツ

花材の挿し口の茎の側面に植物用接着剤をつけて、吸水フォームに挿します。断面に接着剤がつくと吸水しなくなるので、十分に注意してください。

ブーケホルダーのバック処理

ブーケホルダーの裏面のプラスチック部分は、葉ものなどでカバーします。

大きさが同じくらいの小さめの葉を選び、裏面のカーブにそわせるように貼るとよい。

Column
一番人気の丸いブーケ

このブーケはワイヤリングテクニックでつくられています。花の一輪ずつ、葉の一枚ずつにすべてワイヤがけをして、中心から外側に向けて同心円状に束ねます。

身につける花をつくりましょう

コサージは花の宝石

コサージは元来、ウエスト付近に飾る花のことでしたが、近年では女性が衣服や身体を飾る小さな花束の総称となり、多くは胸に飾って楽しみます。生花でつくるコサージは、その短命さゆえにぜいたくな装いといえます。

飾る場所によって、髪＝ヘアコサージ、肩＝ショルダーコサージ、手首＝リストレット、足首＝アンクレットなどと呼ばれます。その他、装いに合わせて帽子、ハンドバッグ、靴などに飾ります。

〈用途〉ヘア、ショルダー、ウエスト、腕、胸など

〈主な構成方法〉ワンポイント、ツーポイント、スリーポイント、ノーズゲイ、ヴィクトリアン、タジマジ

〈主な形態〉ラウンド、クレセント、ホガース、トライアンギュラー、フリーフォーム

〈つけ方〉一般的には相手側から見て茎は見えず、花が少し上を向いているほうがきれいに見えます。ただし、茎は上向きでも下向きでもよく、作品と着ているもののバランスを見て判断します。ピンで留めつける方法が一般的ですが、最近はマグネット式の留め具のマグネットスティックもあります（ペースメーカー使用者には厳禁、P.52 参照）。

Column

ヘアオーナメントをウエディングで使う場合

ブーケと同じ花材を使うと統一感がでます。花嫁の顔つきやベールのデザインによって、ヘアオーナメントのデザインや大きさ、つける位置を考えます。

丸いコサージ

和風のコサージ

トライアンギュラー・コサージをつくる

デンファレを主役にして、三角形のコサージをつくります。

素材：デンファレ（1本）、アイビー（大小7枚）、カスミソウ(適宜)、ワイヤ、フローラルテープ、リボン

完成　1のリボンをつける。

1　細めのリボンで5ループのリボンをつくる。

2　アイビーをヘアピン・メソードでワイヤリングし、テーピングする。

3　カスミソウをツイスティング・メソードでワイヤリングし、テーピングする。

4　デンファレをフッキングとインサーション・メソードでワイヤリングする。

5　2を2本、3を1本、デンファレの蕾を少しずつずらしてフローラルテープでまとめ、ガーランドをつくる。

6　5の裏面。

7　5をベースにその他の花材で三角形に構成する。

8　フォーカルポイントにデンファレを配置し、バランスよくカスミソウを加える。

ブートニアをつくる

ブートニアは男性がつけるもので、花婿の胸飾りに使われます。花嫁のウエディングブーケからメインの花を1種類選んでつくります。

素材：バラ（1本）、アイビー（5本）、ダスティーミラー（2本）、ワイヤ、フローラルテープ、リボン

完成　リボンをつける。

1　細めのリボンで5ループのリボンをつくる。

2　バラはクロス・メソード、アイビーはヘアピン・メソード、ダスティーミラーはツイスティング・メソードでワイヤリングする。

3　メインのバラの後ろにダスティーミラーをそえる。

4　バラの手前にアイビーをそえてワイヤでまとめリボンで巻き上げて仕上げる。

フローラル・アクセサリーのいろいろ

人間には、美しいもの、愛らしいもので飾りたいという本能があるようです。衣服、髪、腕、バッグや靴に花を飾りワンポイントにすることができます。

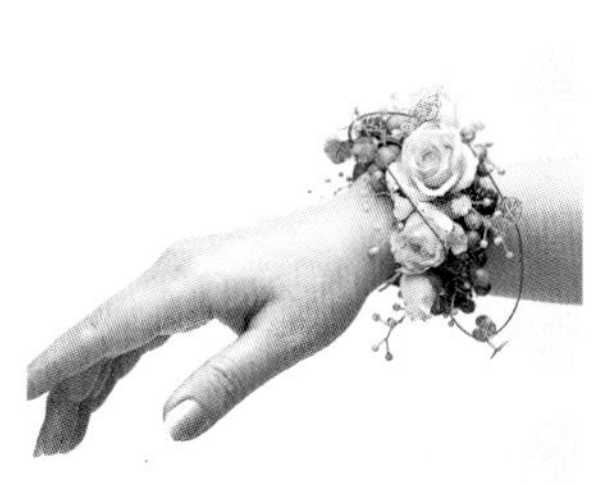
リストレット

ヘアオーナメント

ネックレスとピアス

ラッピングをしてみましょう

ラッピングの役割と基本

ラッピングは、ギフトのデザインの仕上げとして商品に付加価値を加える装飾と、商品を保護する役割を担っています。

用途やデザイン、花の色彩などによって、調和する材質を選択し、形状、たとえばシート状か袋状か箱型かを決めます。

カラーコーディネートは、トーンや色相を考え、また質感のコーディネートにも気を配ります。最初は、同じ質感でそろえるのが無難です。

ラッピングの資材

素材もテクスチュアもさまざまですが、水漏れに強いというのが第一条件です。リボンやひも類も、結びやすく切れにくいものを選びます。

また、専門の資材でなくとも、身の回りの英字新聞やクロスなどを使うことができます。

紙類

包装紙

不織布ペーパー

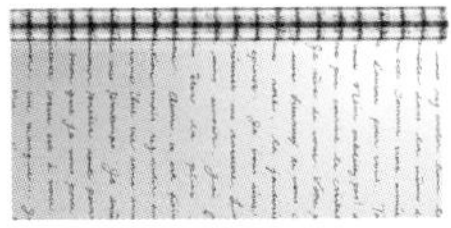

セロハン

クレープペーパー

布類

チュール

ラメ入りネット

ひも類

ラフィア

麻ひも

保水の方法

保水は運搬時間を考えてしっかり行います。一般的な方法としては、茎の切り口にステムティッシュやティッシュペーパー、コットンを巻き、水分を含ませ、アルミホイルやビニール袋、セロハンでカバーして、水がしみ出ないようにします。

1　花束の茎の切り口を包み込むようにステムティッシュでカバーする。

2　包んだステムティシュを十分水で湿らせる。

3　水分がしみ出さないように、ビニール袋などをかぶせる。

4　ビニール袋の口をセロハンテープなどで閉じる。

丸い花束のラッピング

水濡れと通気性に注意します。

1　ラッピングペーパーの対角線の交わるセンターに、保水処理をした花束を置く。

2　花束の茎の束を包み込むように、ラッピングペーパーにヒダを寄せながら包む。

3　2枚目のラッピングペーパーは、花束と同じような細かい花柄を選び、明るくかわいい雰囲気を効果的に高める。

4　同じようにヒダを寄せながら茎の束にそわせ、束ねの部分をセロハンテープで留める。

5　リボンを結び留める。

6　さらに重ねてリボンを結び留める。

7　ストリーマーをきれいに整える。

8　花束の顔がよく見えるように、内側のペーパーの余った部分を外側に折りホチキスで留める。

9　外側のペーパーも同じように折り込んでホチキスで留める。

完成　ラッピングペーパーは使用する花の色や材質感と相性のよいものを選ぶ。

ワンサイドの花束のラッピング

材料：サクラ、ラッピングペーパー（和紙２種）、ティッシュペーパー、ビニール袋、麻ひも

1　切り口をティッシュペーパーでカバーし、水に浸してビニール袋でおおい、口をセロハンテープでしっかりと閉じる。

2　ラッピングペーパーにサクラの花束の正面を上にして置き、ヒダを寄せて枝の束にそわせる。

3　外側のラッピングペーパーで同じくヒダをたたんで包む。

完成　束ねた部分をひもで結んで仕上げる。

Column あまった和紙を利用したラッピング

和紙などの端材を残しておくと、ラッピングのワンポイントに利用できます。

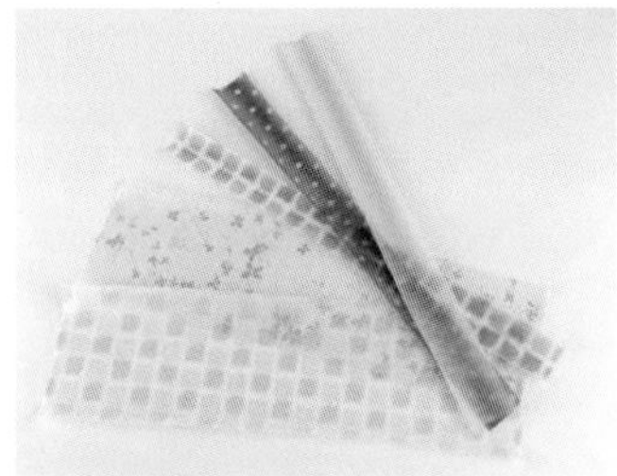

1　和紙などの切れ端をとっておき、利用する。

2　和紙の切れ端を少しほぐし、センターで二つ折りにして留める。

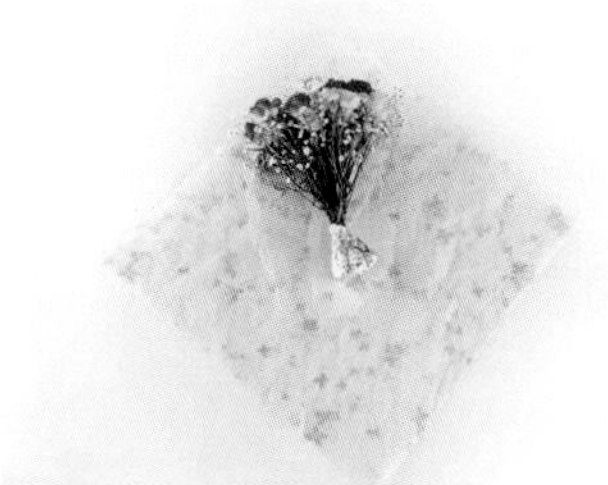

3　ラッピングペーパーのセンターに保水した花束をセットする。

4　花束の上に和紙の束を置く。

5　手前のラッピングペーパーを花束の上に折りたたむ。

6　茎の部分を包んでセロハンテープなどで留める。

セロハンでラッピングを仕上げる

1　セロハンの上にラッピングした花束を置く。

2　左右からセロハンをたたみ込むようにして包む。

3　茎の束ねのポイントでセロハンと一緒に束ねる。

4　束ねの部分にリボンを結び留め、セロハンを上下にピンと伸ばす。

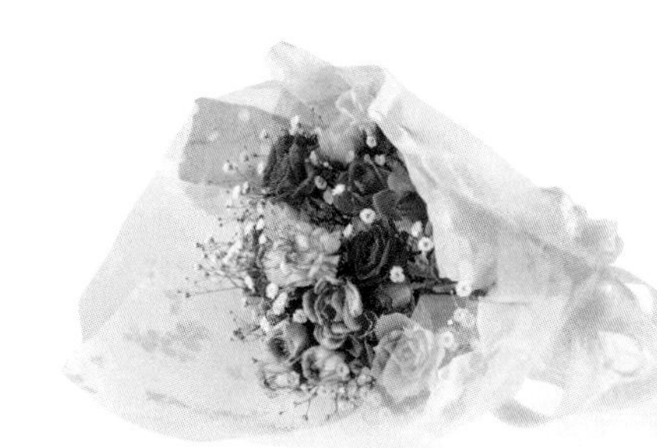

完成　セロハンをカットして仕上げる。上部は花束の形にそって丸くカットする。

鉢もののラッピング

原則は花束と同じです。水濡れと通気性に注意します。

1　適度に鉢と葉が隠れる大きさに切ったラッピングペーパー（2枚）、適度な大きさに切った防水用のセロハンの上に、ラッピングしたい鉢ものを置く。

2　ラッピングペーパーにヒダを寄せながら鉢の側面にそわせていく。

3　鉢ものの口の部分をしぼり、セロハンテープなどで軽く留める。

4　鉢ものの口の部分にあらかじめつくっておいたリボンを結びつける。

完成

ラッピングのいろいろ

ラッピングは本来、花束や作品などの保護のためのものですが、ラッピングを工夫することで、作品をより自分のイメージに近づけたり、足りない色を補ったり、商品価値を高めたりできます。

植物にあまり見られないブルーのラッピングで、花色のピンクを生かし、モダンな感じにしています。

花束のカバーグリーンの葉にそろえて、中に織り込むようなラッピングで、デザインを統一しています。

花の濃淡の色に合わせたラッピング。質感の違う紙を２種類使い、花束に深みを出しています。

花束とラッピングを、同じような雰囲気でまとめると、落ち着いた感じになります。

花束をピンクの紙でラッピングすると、だれが見てもかわいい感じになります。

単調になりがちな白の花束を、茶系の英字新聞の紙で巻き、都会的な雰囲気を演出しています。

ピンクに茶色のラッピングペーパーをプラスすることで、かわいい花束になります。

コチョウランはもともとゴージャスですが、ラッピングすることでより豪華な感じを演出します。

リースをつくりましょう

リースとは

リースは英語で「wreath」と書き、「花輪、花冠、冠、輪状のもの」の総称です。意味は「永遠の平和」。ローマ時代には、祭事の冠として身につけられました。祭事で使用されるリースは威信の象徴であり、花や枝、つる、月桂樹の葉などでつくられ、結婚式など特別な行事の際によく使われました。

本来、リースとは幅の比率が1：1.6のものを指します。ただし、冠などには比率の決まりなどは特にありません。

Point!

リースの幅の比率は目安です。色彩、素材、デザインによって見た目のバランスのよいリースにまとめます。

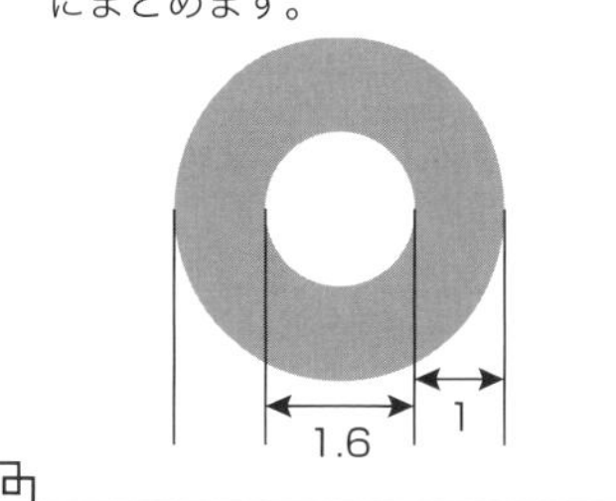

リースの土台のつくり方

素材：コニファー、ヒムロスギ、#18ワイヤ、リースワイヤ、新聞紙

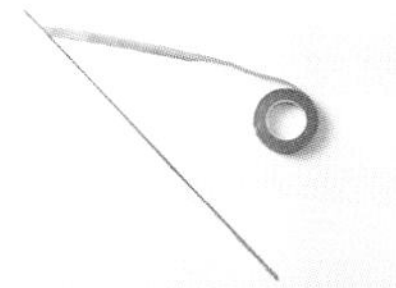

1　#18ワイヤを2本束ね、テーピングする。

2　ワイヤでリングをつくる。

3　新聞紙をテープ状に3cm幅にカットし、リング状のワイヤに巻きつけていく。

4　新聞紙を適度な太さになるまで巻きつける。

5　反時計回りにコニファーやヒムロスギを数本ずつリースワイヤで巻き留める。

完成　リースの比率に合致する太さになるまで均一に小枝を巻き留め、カットして整える。

Column

クリスマスリースとは

クリスマスリースは常緑樹でつくられたリースのことです。リースが「輪」であることから「はじめも終わりもなく、永遠に続く神の愛」と、常緑樹を使うことから「永遠の生命」、「農作物の繁栄」を表しています。

そのほかにも、リースにつける飾りにはさまざまな意味があります。

ヒイラギの実の赤色は、「太陽の炎」、「キリストの流した血」、ヒラギのとがった葉やリボンやベルなどは「魔よけ」、マツカサやヒメリンゴの実などは「収穫」「神への捧げもの」の象徴とされています。

リースの作例

葉っぱのリース

シルバーリーフを同じ方向に貼り合わせ、葉の美しさを強調したリース。動きのあるグリーンがアクセント。
花材：シルバーツリー、クラマゴケ、アイビー

香りのリース

クチナシを主役にした香りのよいリース。グリーンが花を引き立てる。
主な花材：クチナシ、トルコギキョウ、ビバーナム、アジサイ、バラ、ダスティミラー、サンザシ、レザーリーフファン、サンキライなど

テーブルリース

リース型吸水フォームを使ったテーブルに置くリース。土台が見えないように、花材をバランスよく挿す。
主な花材：スプレーカーネーション、アキレア、スターチス、ツキヌキニンドウ、アイビー、ミリオクラダスなど

簡単壁かけリースのつくり方

市販のリースベースを使って、簡単におしゃれなリースがつくれます。

完成

材料：マツカサ、ドングリ、ラフィア、つるリースベース、接着剤、リースワイヤ

1　マツカサのすき間にカットしたリースワイヤを差し込み、ねじって留める。

2　ワイヤリングしたマツカサを大小取り混ぜてバランスよくリースベースに取りつける。

3　さらにアップダウンをつけてマツカサを取りつけ、リースのボリュームをだす。

4　ドングリは小さくて軽いので接着剤をつけてから、マツカサの間に配置して仕上げる。最後にラフィアをつける。

プリザーブドフラワー

プリザーブドフラワーとは、生花や葉を特殊な液に浸して生花の水分と液を入れ替え、長期間、生花のようなみずみずしさを保つように加工した素材のことです。「Natural preserved flowers and foliage」という言葉から、日本では「プリザーブドフラワー」が通称になっています。

〈主な長所〉

・水を与える必要がない。
・ドライフラワーにはないみずみずしい質感とやわらかさがあり、軽い。
・保存環境がよければ、長期間形を維持する。
・花粉アレルギーの心配がなく、入院の際の見舞い花として利用できる。
・ウエディングブーケとして利用できる。

〈主な短所〉

・加工しているので、価格が高い。
・湿気に弱く、生花より破損しやすく、紫外線で退色する。
・布などに長期に接していると花の染料が色移りする。同様に色が濃い花と薄い花が長期に接していると薄い色のほうに色移りする。
・デザインに制約がある。
・引火しやすい。

プリザーブドフラワーの寄せ花
数種類のバラの花びらを組み合わせてつくる。

プリザーブドフラワーのブートニア
バラ一輪で制作する。

プリザーブドフラワーのリース
水やりの必要がなく、日光や湿度に注意すれば、壁などにかけて2～3年楽しめる。

プリザーブドフラワーのBOX フラワー
軽くて水がいらないので、持ち運びが楽で紙の箱でも安心。ギフトに適している。

プリザーブドフラワーを使った主なワイヤリング・メソード
1 ローズ：＃ 22 インサーション + ＃ 24 ピアス
2 ローズ：＃ 22 インサーション
3 カーネーション：＃ 24 ピアス
4 マム：＃ 22 フッキング
5 ガーベラ：＃ 22 フッキング
6 アジサイ：＃ 24 ツイスティング
7 リーフ：＃ 24 ヘアピン

プリザーブドフラワーの再構築

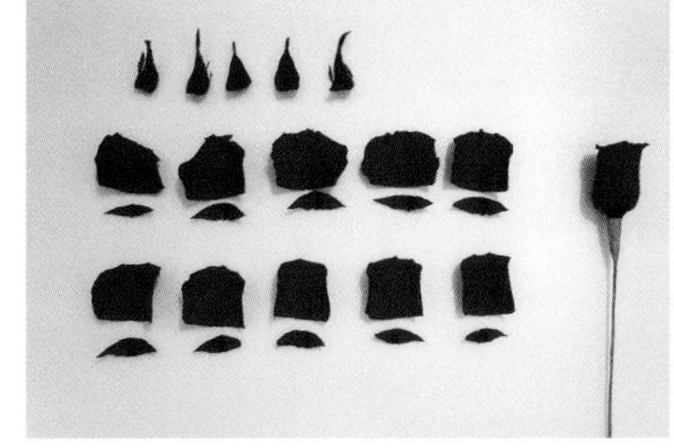

準備　1 輪のバラを分解し、花びらのつけ根の部分をカットする。

1　カットした花びらのつけ根の部分に接着剤をつける。

2　小さな花びらから順番にバラの芯に貼っていく。

3　貼り終えたバラを裏から見て確認する。

完成　元のバラより、開いた（咲いた）感じになる。

その他の素材

フレッシュ（生花）な花材以外にもあつかいやすくデザインが楽しくなるものがたくさんあります。水を必要としないことを利点に、さまざまな作品に利用できます。用途や目的に応じて使い分けましょう。

アーティフィシャルフラワー（造花）

本物の植物に似せてつくられた造花の総称。材質、品質、形態はさまざまで、本物に忠実につくられたものから、デフォルメされたものまである。
シルクフラワー、ホンコンフラワー、リボンフラワー、アメリカンフラワー、ビーズフラワー、パンの花などの名称で流通している。

ドライフラワー

ドライフラワー（dried flower）は、花や草を乾燥させてつくる。日本では、「乾燥花」と呼ばれていたが、1965 年ごろにドライフラワーの名称が一般化した。市販品を購入するか、温風乾燥の機械のある業者に依頼する。自作もできる。なお、ドライフラワーは、梅雨をすぎると退色しやすくなるので、湿気を避けて、紫外線の当たらない場所で管理する。

CHAPTER

2

フラワーデザインの色彩学

フラワーデザインの作品は、
色彩なしには考えることができません。
色のもつ特質が、作品に大きな効果を与えます。
また、色彩は個人の感受性の違いや、
時代背景とも大きく関係します。
色彩理論を学ぶことによって、基本的な配色法を理解し、
その時代や作品制作の意図に合った
色合わせに役立てましょう。

色彩学の基礎知識

色とは

人が目でとらえている事象は、すべて「光」によってもたらされています。光には「波長」があり、その中でも人間に見える光を「可視光線」と呼びます。可視光線は赤から始まり紫で終わり、380 ～ 780nm（ナノメートル＝ 10 億分の 1 m）という範囲の電磁波であることがわかっています。

赤の波長よりも長いものを「赤外線」、紫の波長よりも短いものを「紫外線」といいます。

可視光線は、以前は 7 色とされてきましたが、連続的な変化であるため、現在の色彩学では、藍と青を 1 つにして 6 色で表現されています。

色が見える仕組み

物体が「見える」のは、物体に当たった光が反射しているからです。それぞれの物体は、特定の波長を反射し残りの波長を吸収します。反射する波長の長さによって色が変わります。

たとえば、赤いチューリップが赤く見えるのは、赤い光の波長を反射し、それ以外の波長を吸収しているため、人間の目に赤く見えるのです。

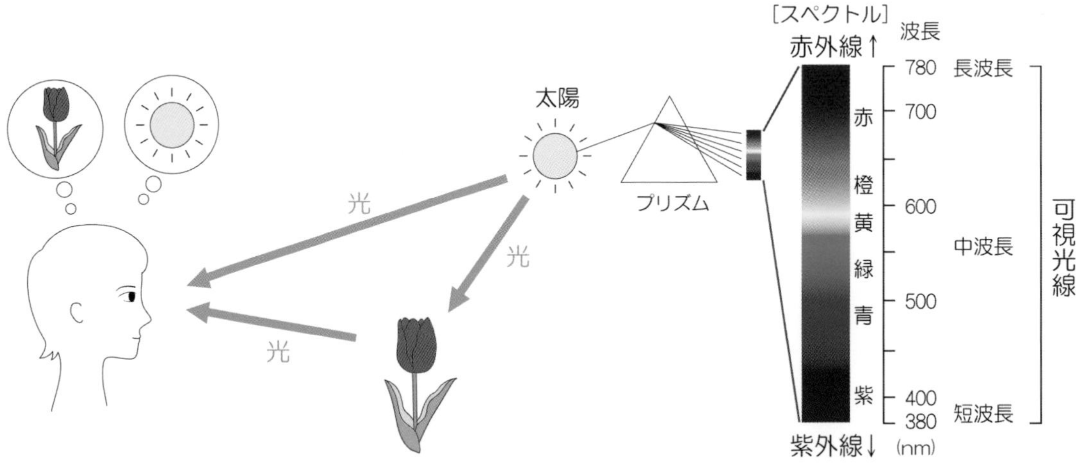

色の分類

有彩色：有彩色には、色相（色合いの違い）、明度（明るさの違い）、彩度（鮮やかさの違い）の３つの属性があり、すべての色は、この組み合わせでできています。

明度と彩度を一緒にし、色の調子＝トーンとして二次元で考えるとよりわかりやすくなります。

無彩色：白、黒、グレーのような色味のない色のことです。

色の仕組み

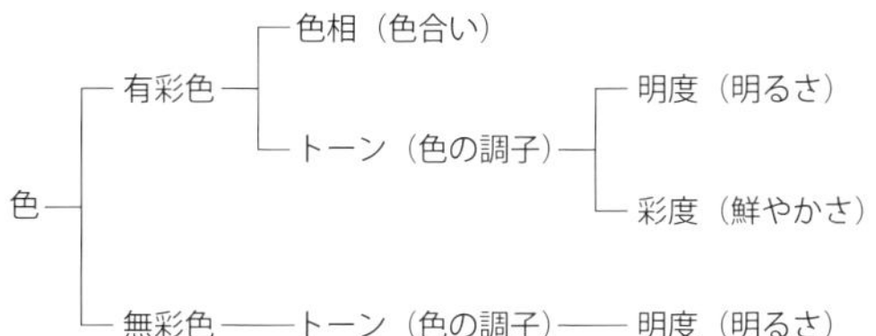

色の３属性

色相：色合い、色味の違いを表します。

明度：色の明るさのことです。白が最も明るく、黒が一番暗い色になります。

明度が低いと暗い　明度が高いと明るい

彩度：色の鮮やかさの度合い、色味の強弱を表します。最も彩度が高い色を「純色」といいます。彩度が低くなるということは、白みやグレーみや黒みが多くなることです。ですから、色が薄くなったり、濁ったりします。

彩度が低い　彩度が高い

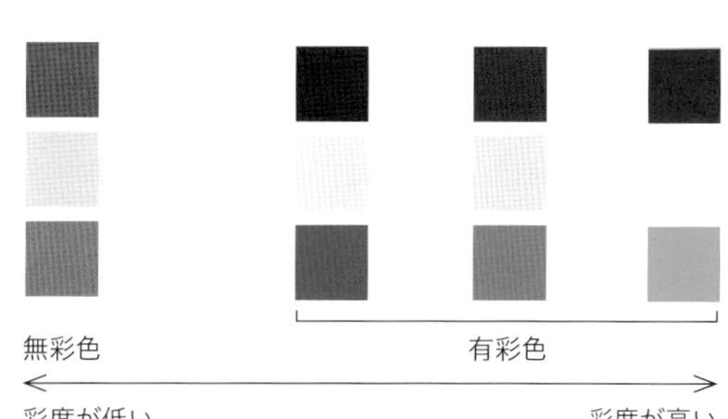

色のトーン

日本色彩研究所の配色による概念で、明度（明るさの違い）、彩度（鮮やかさの違い）で表現されます。表の右に行くほど彩度が高く純色に近づき、左に行くと彩度が低く濁った色味になります。上下は明度を表し、上へ行くほど明るく白に近づき、下に行くと暗く黒に近づきます。

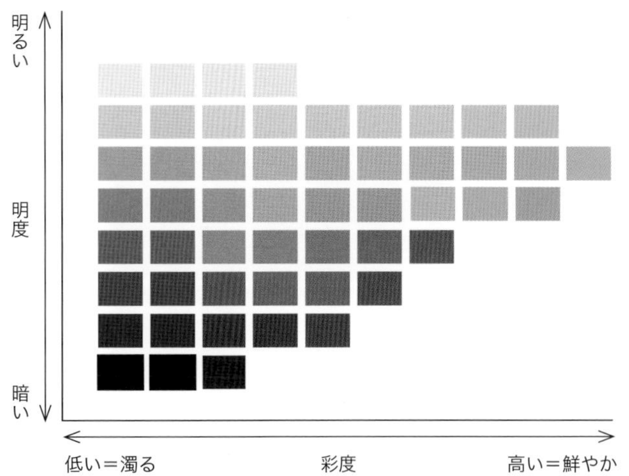

色彩から感じる心理的な傾向は、重い＝低明度の色、軽い＝高明度の色、硬い＝低明度の色、軟らかい＝高明度の色、派手＝高彩度、地味＝低彩度、強い＝中明度・高彩度、弱い＝高明度・低彩度または中彩度などです。

単色から感じる色のイメージと色を合わせることによって生まれるイメージは異なります。また、合わせる色の分量によっても違った印象になります。

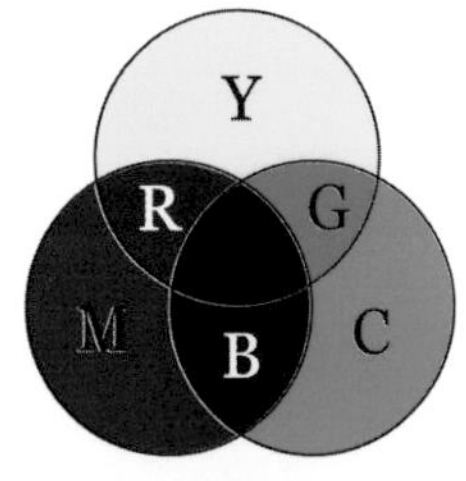

減法混色　物体色の三原色

植物の色と光の色

植物の色は光を受けて見える色で、「物体色」といわれています。一方、光の色は光自体の色で、「光源色」といわれています。テレビやコンピュータのモニターの色は光の色です。

原色とは、すべての色のもとになる色のことです。

物体色の三原色（色料の三原色）は、C（シアン＝青）、M（マゼンタ＝赤）、Y（イエロー＝黄）です。

光源色の三原色（色光の三原色）は、R（レッド＝赤）、G（グリーン＝緑）、B（ブルー＝青）で、この３色を混合することによって、ほぼすべての色を再現できます。

なお、物体色の三原色であるC、M、Yを混合すると黒にな

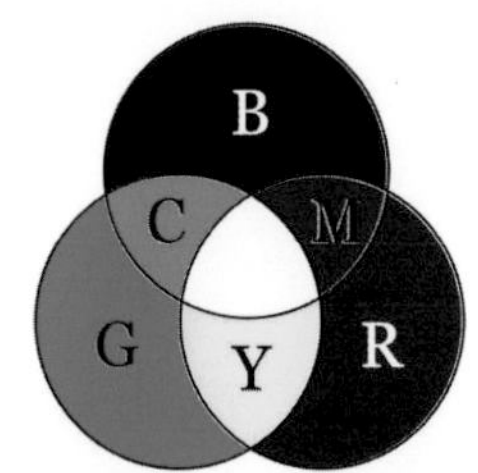

加法混色　光源色の三原色

り、これを「減法混色」といいます。

一方、光源色の三原色であるR、G、Bを混合すると白になり、これを「加法混色」といいます。

色相環

赤、黄、緑、青などといった色合いの違いを円に配置してわかりやすくしたもので、自然界の光の波長の長さの順（虹の色の順）になっています。日本でよく使われているマンセル体系では、10色相が基本となっています。英語の色名の頭文字R（Red＝赤）、Y（Yellow＝黄）、G（Green＝緑）、B（Blue＝青）、P（Purple＝紫）の5色相をもとに、その中間をYR、GY、BG、PB、RPとしています。

花の配色を考える場合、失敗しない配色法には次のような配色の考え方があります。

・色相環の単色の濃淡の調和＝同一調和
・色相環の隣り合う色の配色の調和＝類似調和
・色相環の反対側の180°離れた色を補色といい、その配色の色調和＝対比調和
・色相環の隣り合う色と反対色の3色の配色の調和＝スプリットコンプリメンタリー
・色相環の120度以内の色相のランダムな配色＝連続多色の配色

以上の考え方の具体例は、後に詳しく述べています。

マンセル体系の10色相環

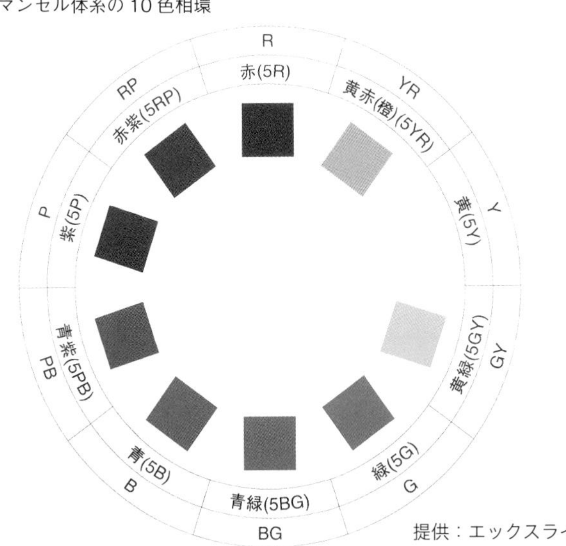

提供：エックスライト社

Column

マンセルカラーシステムとは

アメリカのアルバート・マンセル（1858～1918）によって考案されました。

色を合理的に表現したいと考えたマンセルは、1898年に研究を始め、1905年にその成果として『A Color Notation』（色彩の表記）という本を著しました。これを1943年にアメリカ光学会（OSA）が視覚評価実験の結果をもとに修正したものが、現在のマンセルカラーシステム（マンセル表色系）の基礎になっています。

マンセルカラーシステムは、美術、デザインの分野でよく使われています。

その他の色相環（PCCS の色相環）

マンセル色相環以外では、PCCS の色相環などがあります。PCCS（日本色研配色体系：Practical Color Coordinate System）色相環とは、日本色彩研究所が、カラーハーモニーをよりシステマチックに解決するために開発したカラーシステムです。

配色のための色相環は、２色、３色、４色の配色が規則的に選びやすいように、２、３、４を約数として含む 12、または 24 分割が適しています。そのため、PCCS の色相環は 24 色相環としています。

PCCS の色相環の中で、16:gB、24:RP、8:Y の３色は、物体色の三原色（色料の三原色）であるＣ（シアン＝青）、Ｍ（マゼンタ＝赤）、Ｙ（イエロー＝黄）の色相に相当します。また、光源色の三原色（色光の三原色）を色票で表すのは無理ですが、3:yR、12:G、19:pB の３色がそれらに近い色としてあげられています。

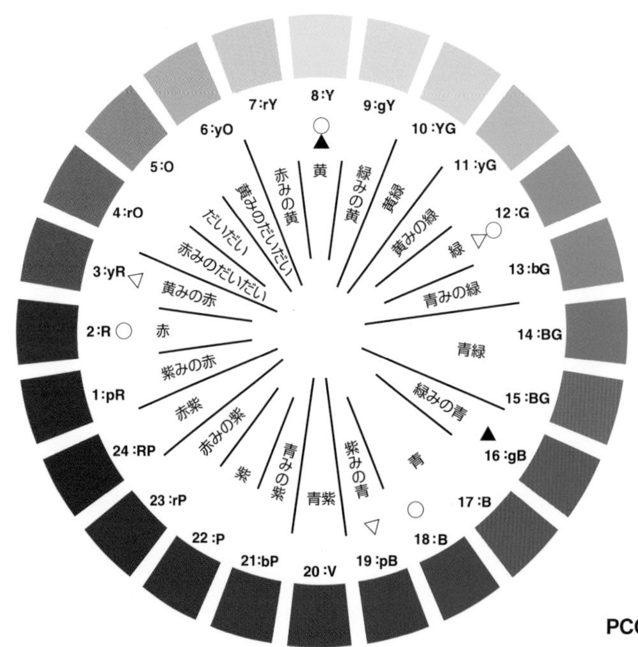

PCCS の色相関

○：心理四原色（赤・黄・緑・青）
▲：色材の三原色（C・M・Y）
△：色光の三原色（R・G・B）

画像提供：日本色彩研究所

色のイメージ

人は、色に対してさまざまなイメージをもっています。色のイメージを意識することによって、作品のイメージを色に置き換え、よりインパクトのある表現が可能になります。

暖色系

温かみ･かわいらしさ･豊かさなどのイメージ。

赤・オレンジ・黄色の色系統で、気分を高揚させる効果。膨張し、飛び出して見える。

淡い色

上品･安心･やわらかい･ほんわかしたイメージがあり、やわらかい印象で、女性に好まれる。

白・ベージュの色系統。

暗くて濃い色

重い・深い・落ち着いたイメージ。

低明度・低彩度の色。

暗い色

落ち着き・大人・高貴などのイメージ。

低彩度・中明度色。

明るく濁った色

やわらかい･落ち着いた･心静かなイメージ。

高明度・低彩度の色。

寒色系

涼しさ・知性・静けさ・落ち着いたイメージがあり、気分を鎮め、落ち着かせる効果。

青・紫の色系統で、白・グレー・黒も寒色系に入る。収縮し、後退して見える。

明るくて濃い色

明朗・快活・元気なイメージ。

中明度・高彩度の色。

明るい色

明朗・快活などのイメージ。

高彩度・純色よりやや高明度の色。

鮮やかな色

元気･明朗･快活･ハツラツとしたイメージ。

中明度・高彩度の色。

暗く濁った色

重い・重厚なイメージ。

低明度・低彩度の色。

色合わせのテクニック

花を楽しむための色合わせの基本

フラワーデザインの色合わせで注意しなければいけないことは、植物には「葉」や「茎」があるため、「緑」や「黄緑」が常に存在すること、同じ種類の花でも個体差があること、絵の具や印刷のような均一の色はないことなどです。

色を強調したデザインの作品を制作する場合は、茎や葉が見えないように工夫する必要があります。

花色を楽しむ作品をつくるには、色合わせの基本を知っておくと便利です。

同系色でまとめた配色（同一調和）

同じ色相の色だけを用いる配色は、まとまりやすく、失敗しにくい表現です。

たとえば「青」と「青に白を加えたブルー系」の色は、同一色相なので、何色合わせてもよくまとまります。

ただし、同系色の色合わせは変化に乏しく単調になりがちです。トーンのコントラストを取り入れるとよいでしょう。

ピンクの同系色

類似色相の配色（類似調和）

色相環で隣り合う2色の組み合わせです。色合いから受ける印象が共通した、色相差の近い色同士の配色です。

色相に適度な共通性と変化が感じられる組み合わせで、バランスのとりやすい配色です。

ただし、選択する色相の幅が狭く、単調になりやすいので、トーンのコントラストによって変化をつけると、メリハリの利いた印象となります。

黄色と緑の類似色相

補色（反対色）色相の配色（対比調和）

色相環で180度反対に位置する色の配色です。たとえば、赤と青緑、橙と紫などの関係です。

難易度の高い組み合わせですが、上手に組み合わせると互いの色が引き立ち、コントラストの強い、立体感のある作品になります。ポイントは、色の分量を均等にしないことです。アンバランスな分量にすることで、主張色（基調色）が生じ、落ち着いた配色になります。

黄色と紫の補色

分裂補色（スプリットコンプリメンタリー）

配色の基本ともいうべき、よく使われるパターンです。スプリットとは、「２つに分けた」「分離したと」いう意味で近似色相の２色を指し、コンプリメンタリーは「補色」の意味です。ある色Ａと、その色の補色Ｂ、そしてＢの隣の色Ｃの３色相の配色です。たとえば赤と、赤の補色の緑、緑の近似色相の青の組み合わせです。

近似色相の面積を大きくし、補色色相はアクセントカラーとして少量の面積にすることがハーモニー（調和）のコツです。変化と華やかさが演出でき、現代的な感覚の配色になります。補色関係のみより調和がとりやすく、失敗の少ない色合わせです。

連続多色の色相

色環上の約 120 度程度ぐらいまでの連続した色から数種を選び配色する色合わせです。色数が増えてもまとまりのある配色になります。たとえば右図は、赤＋橙＋黄＋黄緑の連続する色相です。

色相順に色を並べないように注意します。

グラデーション

少しずつ色が変化する色調で、日本語で「漸変（ぜんぺん）」といいます。グラデーションには、色相のグラデーション、明度のグラデーション、彩度のグラデーションがあります。

12 色相環を使った配色の関係

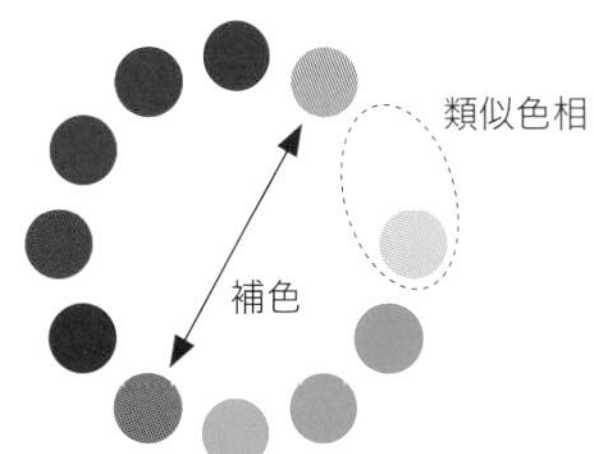

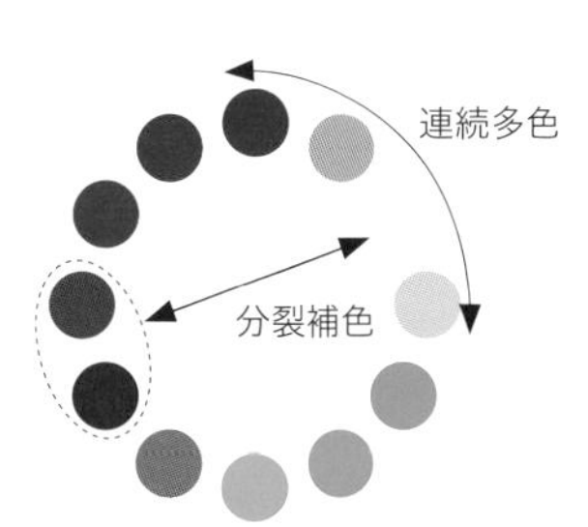

青と紫の類似色相と、補色の黄色

赤＋橙＋黄＋黄緑の連続多色

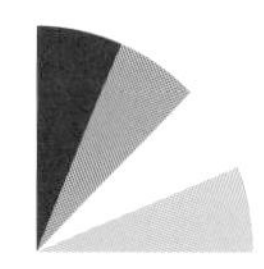

グラデーションを取り入れた花束。

グラデーションのバリエーション

　グラデーションは順序よく色が変化することで、リズム感を生み出すなどの効果があります。グラデーションには種類があります。

1　色相のグラデーションの例　色相環の順に変化する組み合わせ

色相のグラデーションA（黄、黄橙、橙、赤橙、赤）

色相のグラデーションB（緑、青緑、青、青紫、紫）

2　明度のグラデーションの例　明度の高い色から低い色へ変化する組み合わせ

明度のグラデーションA（紫の色相）

明度のグラデーションB（青の色相）

3　彩度のグラデーションの例　彩度の高い色から低い色へ変化する組み合わせ

彩度のグラデーション（赤の色相）

トーンによる調和

トーンとは

「明るい」「暗い」「鮮やか」「くすんだ」「濁った」などの色の調子、つまり色調を「トーン」と呼びます。トーンは「色の明るさの度合い」と「色味の強さの度合い」によって決まります。明度と彩度をひとまとめにして、直感的に色の印象を表したものがトーンです。

色相に関係なく、明度（明るさの違い）と彩度（鮮やかさの違い）から感じる印象を形容詞で表現しグルーピングしたもので、色相が違ってもトーンが同じであれば、同じような印象になります。

> **Point!**
> **純色とは**
> それぞれの色相で、最も彩度の高い色のこと。

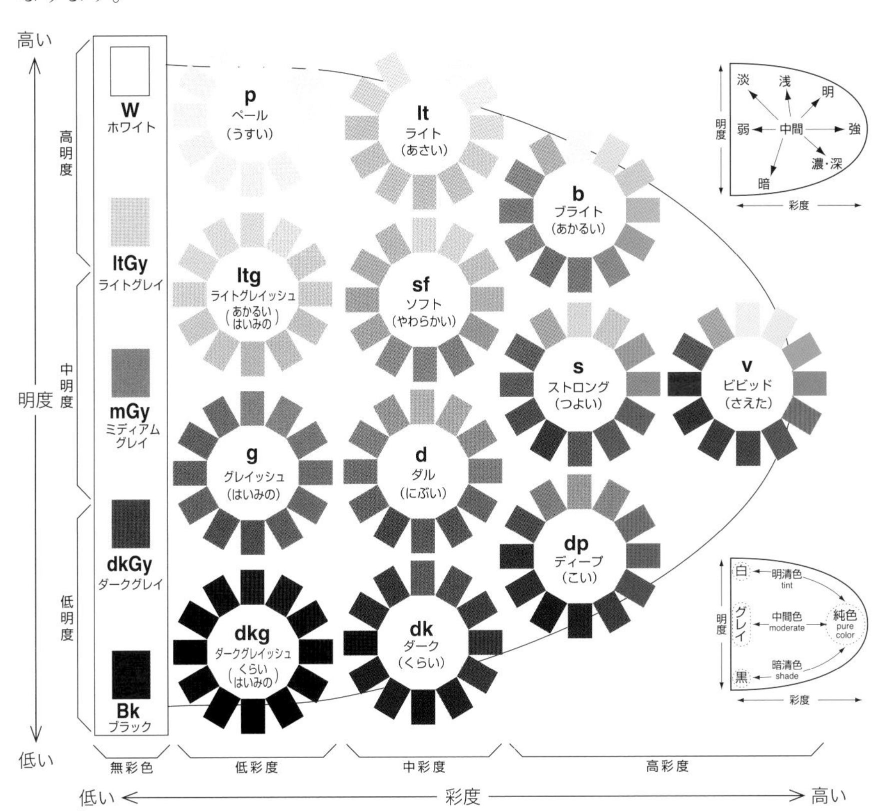

PCCS のトーン
画像提供：日本色彩研究所

トーンの分類

明るくやわらかい色のトーン＝白が混じった色（A）
ペール、ライト、ソフト。やさしさ、やわらかさ、かわいらしさ、ロマンチックなどの印象。

スモーキートーン＝グレーが混ざった色（B）
グレイッシュ、ライトグレイッシュ、ダル。おだやかさ、エレガントなどの印象。

暗く深い色＝黒が混ざった色（C）
ダークグレイッシュ、ダーク、ディープ。重厚、落ち着いた、モダン、男性的、高級感、都会派などの印象。

鮮やかで強い色＝純色、または純色に近い鮮やかな色（D）
ブライト、ストロング、ビビッド。元気、華やか、明るさ、エネルギッシュなどの印象。

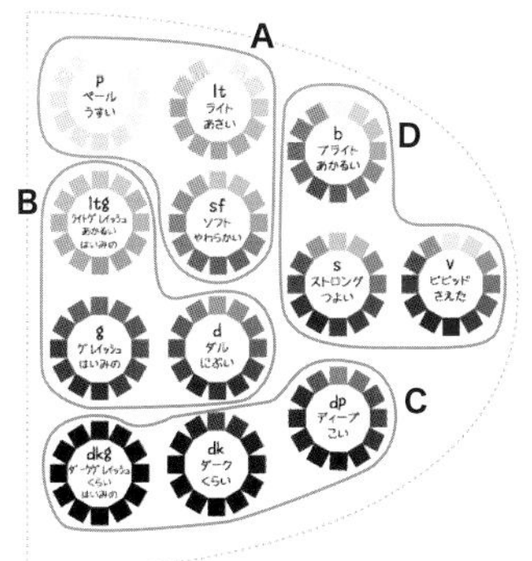

トーンによる配色（ドミナント・トーン配色）

トーン（色調）とは、「明度と彩度の複合概念ともいえるもの」で、日本色彩研究所が「カラーハーモニーをシステマチックに解決する」ために、トーン分類図にまとめました。トーン分類図は「明度と彩度が似ている色を集めてグループ化」したものといえます。トーンを理解し使えるようになると、配色がしやすくなります。

「ドミナント」は、「支配する」「優勢な」といった意味で、ドミナント・トーン配色とは、トーンで統一された３色以上の配色の総称です。なお、色相でまとめることを「ドミナント・カラー配色」といいます。

配色の基本には、「同一トーンの配色＝同じトーンの中から色を選ぶ組み合わせ」「類似トーンの配色＝隣り合ったトーンから色を選ぶ組み合わせ」「対照トーンの配色＝かけ離れたトーンから色を選ぶ組み合わせ」の３つがあります。

同一トーンの配色

たとえば基準がsfの中の色であれば。sfの中の色で組み合わせる。色のイメージが合いやすい。

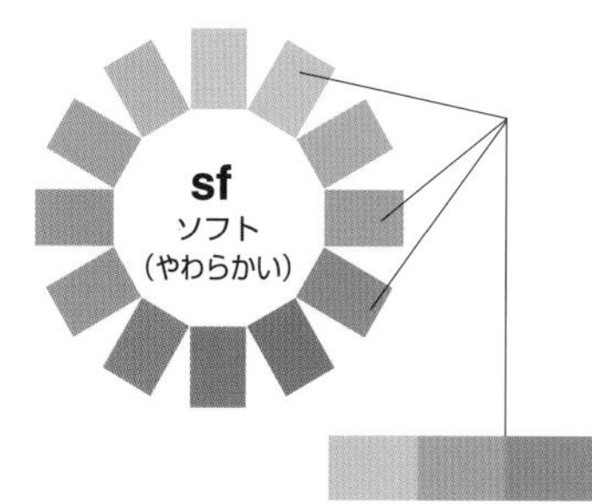

類似トーンの配色

たとえば基準がsfの中の色であれば、sfの周囲のトーンの中の色と組み合わせる。分類表の上下、左右、斜めの組み合わせがある。一般的には、上下か左右で配色を考え、大きくイメージを変えずに、明度や彩度を変化させた配色ができる。

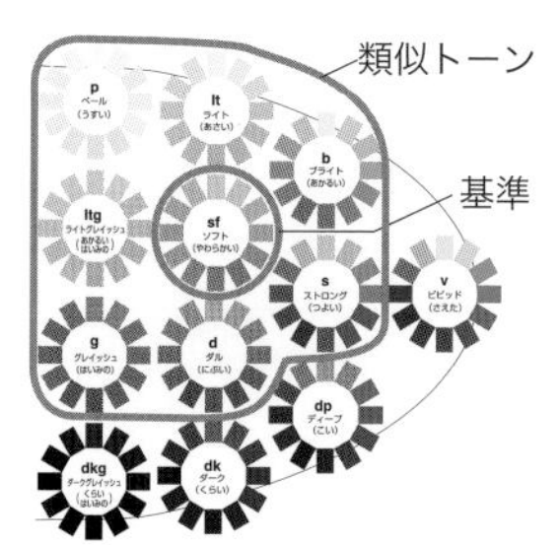

対照トーンの配色

分類表の離れたトーンでまとめる配色で、上下（明度）の離れたトーンと左右（彩度）の離れたトーンから選ぶ。コントラストが強くなる。

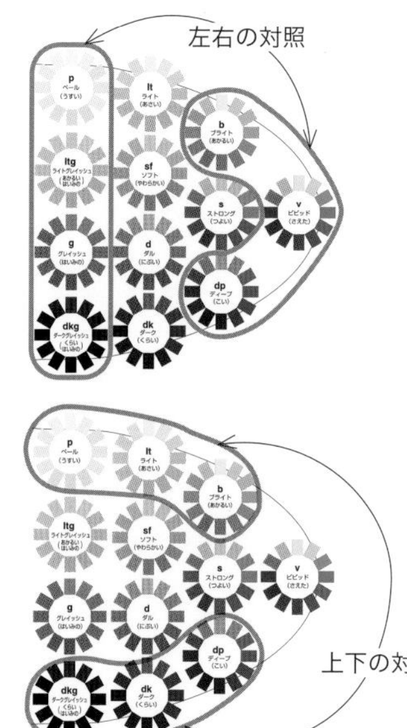

トーンオントーン配色

同一色相または類似色相で、明度の異なる色の配色です。同系色の濃淡による配色なのでおだやかで落ち着きますが、単調になりやすいので注意します。

同一色相

暖色系

寒色系

類似色相

暖色系

寒色系

トーンイントーン配色

同一トーンまたは類似トーンで、明度差の小さい多色の配色となります。トーンのイメージが作品のイメージにつながります。

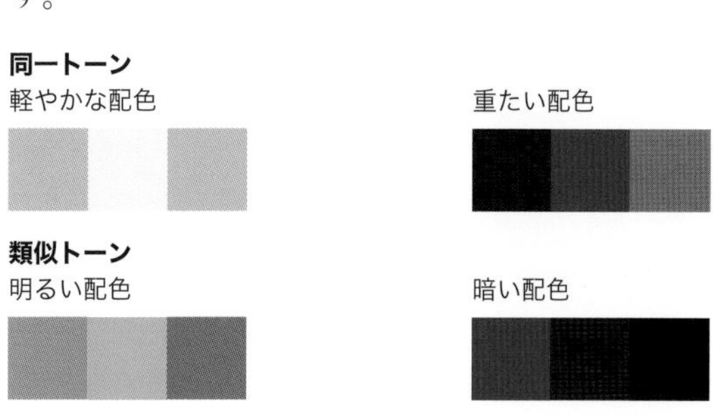

トーンの配色レッスン：花材を使ったトーンイントーン配色

実際の花の色を見ながら色合わせをしてみましょう。ドミナント・トーン配色は、分類表の色に近い色の花材を選ぶだけなので、慣れるとだれにでもわかりやすい配色法です。

ライトトーン
おだやかな色調のライトトーンの組み合わせは、透明感のあるロマンチックな雰囲気になる。

ライトグレイッシュトーン
ライトトーンの明るさと、グレイッシュな落ち着きを併せもつおしゃれな配色。

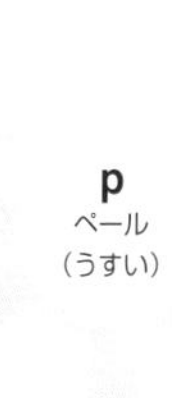

ビビッドトーン
鮮やかで強い発色のビビッドトーンの色合わせは、元気ではつらつとした印象を与える。

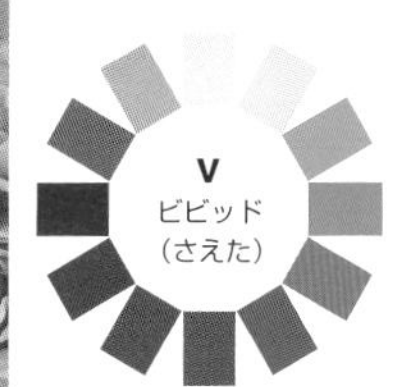

ダークトーン
深みのある、落ち着いたダークトーンの色合わせは、大人っぽく冷静で重厚な感じを与える。

対照トーン配色の例
ブライトトーン × ダークトーン＝高明度・高彩度 × 低明度・低彩度

イメージによる色合わせ

言葉のイメージと配色

言葉のイメージを花色に置き換える、アレンジメントなどの配色のコツを紹介します。

ロマンチック

ピンクを中心とした、淡いペールトーン、ライトグレイッシュトーンでまとめたやさしくソフトなイメージ。小型から中型の花で、花びらの質感がやわらかいものや、花の形が丸いものを選びます。ピンクに青系や紫系の花をアクセントに加えると効果的です。

例）オールドローズ、スイートピー、スプレーバラ、トルコギキョウ、ニゲラ、ブルースター、マーガレット、マトリカリア、ミニバラ、ムスカリなど

プリティー

明るいライトトーン、ブライトトーンの色合わせです。陽気な雰囲気にします。ローズピンク、黄、ライムグリーン、オレンジ、サーモンピンクと白を組み合わせます。小型や中型の花を使うとより雰囲気が出ます。

例）アルケミラ・モリス、ガーベラ、スプレーバラ、チューリップ、パンジー、ビオラ、ラナンキュラスなど

カジュアル

比較的入手しやすい一般的な花材を中心に、メリハリの効いた、さえたビビッドトーンやアクセントカラーやブライトトーンの色調で明るくカラフルにまとめます。

例）アネモネ、ガーベラ、ジニア、スプレーバラ、ダリア、ヒメヒマワリ、ヒメリンゴ、マムなど

ナチュラル

花の色のコントラストをつけず、色相よりもライトグレイッシュなトーンで、おだやかな雰囲気にまとめます。野草やハーブなど土の香りを感じさせる花材を使うと、雰囲気が出しやすくなります。

例）アストランチア、クリスマスローズ、山野草、スモークツリー、ハーブ、ピットスポルムなど

クール

寒色の青系の花材を中心に、さわやかさ、清楚さ、涼しさを表現します。ライトグリーンと白、レモンイエローなどを合わせても雰囲気が出ます。

例）アガパンサス、アルケミラ・モリス、デルフィニウム、ブルースター、ブローディア、ムスカリなど

エレガント

ペールトーンとライトグレイッシュトーンの色合わせで、上品で優雅な雰囲気を出します。

例）ダリア、トルコギキョウ、バラ、ラナンキュラスなど

モダン

現代的で、カッコイイ、洗練されたという意味です。ソフトな色合わせの場合はシックなイメージになり、また，黒、白、グレー、紺色などの対比の強い色合わせの場合はシャープな感じにもなります。

例）クルクマ、スグリ、シロタエギク、トウガラシ、ユーカリ、白牡丹（多肉植物）など

ゴージャス

深みのある色を合わせると雰囲気が出ます。特殊な花材やサイズの大きな花、高価な花を使って豪華でぜいたくな感じに仕上げます。

例）アマリリス、オンシジウム、カトレア、ダリア（大輪）、バンダ、ユリ‘カサブランカ’など

ダイナミック

ビビッドトーン、ディープトーン、ブライトトーンなど色の選択の幅を広くしてメリハリの効いた色合わせと個性的な形の花材を使って、大胆なデザインに仕上げます。

例）アーティチョーク、アリウム・ギガンチウム、アンスリウム、ダリア（大輪）、プロテアなど

色合わせ・花合わせ　実践編

植物の色は繊細

植物を使って色合わせするときに気をつけたいのは、花の色は絵の具のようにはっきりしているものではなく、もっとデリケートなものだということです。なぜなら、花それぞれがもっている質感（テクスチュア）により、同じ花でも品種や個体差で色の感じが違って見えるためです。

類似色を、質感の異なるものでまとめてみよう

色のバランスだけではなく、質感（テクスチュア）の異なるものを加えると、全体に変化が出ます。

質感の異なる素材が加わると、作品に変化が出る。

メインの花の色から、ほかの花を選ぶ

メインになる花をよく観察し、その中にひそむ色を明らかにすることから始めます。

たとえば、オレンジ＝赤と黄の混色→赤の近似色と黄の近似色の中からほかの花を選択すると、色合わせは、まず失敗することがありません。

例）メインの花は、左のミックスの大輪のバラと中央のサーモンピンクのクラシックなバラ

メインの花材の色を分析してからほかの色を考えると、失敗が少なくなる。

白を使ったアレンジ

白は無彩色なので、有彩色の使い方で大きく変化します。

白＋ライトグリーン
さわやかな空気に包まれたような心地よいアレンジになる。同じトーンの花を集めている。

白＋ダークグリーン
トーンに差があるため、白い花が浮き上がって見える。

反対色のアレンジ

同じ系統の色の反対色でも、色の濃淡により作品の印象が異なります。

明るい色合わせ
作品にメリハリが出る。

淡い色の色合わせ
トーンに差がないため、反対色であってもやさしい感じになる。

グリーン（葉）の使い方

対比調和など、強い色の組み合わせのときにグリーンを入れると、作品が落ち着きます。

白い花の使い方

人の目は多少すき間があるほうが軽やかに感じるので、対比調和の強い色使いや色がすき間なく埋まっているような作品の場合、白い花を入れるとスッキリとしたイメージや軽やかな感じになります。逆に、作品にインパクトを与えたり、重厚な作品にしたい場合は、白い花を使わないようにします。

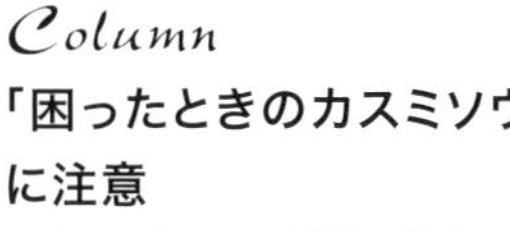

「困ったときのカスミソウ」に注意

色のバランスが悪い場合、白を入れるとバランスがよくなることもありますが、注意が必要です。思慮なくカスミソウなどを入れると、せっかくの素敵な作品の色合いがダメになることがあります。

基準のアレンジメント

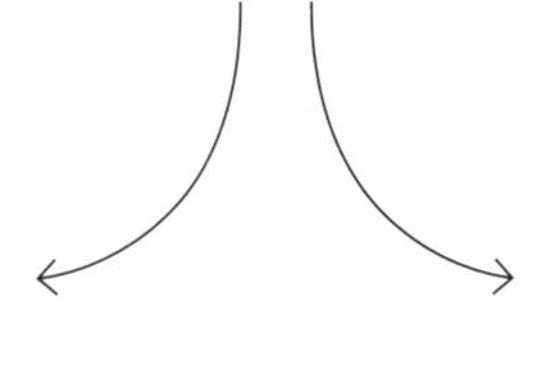

グリーンを加えた例
グリーンを加えると作品が落ち着く。明るいグリーンでさわやかにした。

白を加えた例
白が入ることで、印象が軽やかになる。

〈濃い色の使い方〉

濃い色は短く、淡い色は長く使うと立体感が出て、失敗が少なくなります。濃い色を使うと、全体的に作品が引き締まりますが、逆に、やわらかい、ほんわかとしたイメージにしたいときは、濃い色の花は入れないようにします。

濃い色を加えた例。

Column

はじめてでもできる、スマートフォンでもOK！
「作品写真」のきれいな撮り方　井上孝明（カメラマン）

自然光での理想的な状態

コンテストに出品するにしろネットに掲載するにしろ、同じ作品でも写真のできしだいで、評価は大きく異なります。撮影のコツがわかれば、だれでもきれいに作品が撮れます。

開口部の多い室内は、光の方向が選べるので理想的。

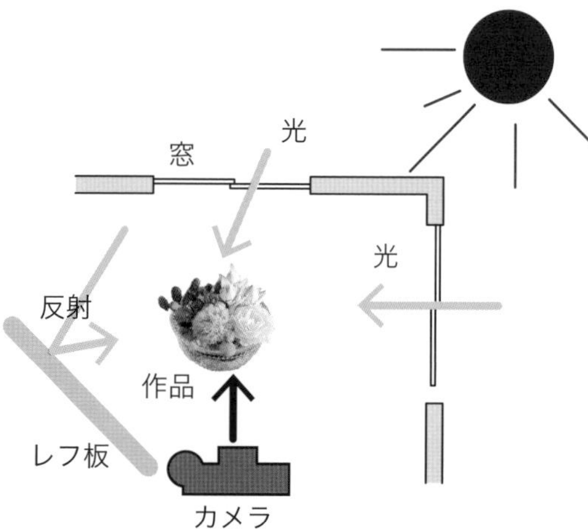

作品を写真に残しておく

フラワーデザインは生花を使用するので、つくったときに撮影しないとその姿をとどめられません。そのため「作品写真」は、デザイナーにとって欠かせない記録になります。

理想はプロのカメラマンに撮影を依頼することですが、お金や時間がかかります。とはいえあきらめることはありません。自分や家族、友人が撮れればよいのです。デジタルカメラの普及により、撮影がフィルムのカメラに比べて容易になっています。

作品写真は、作品を正確に写すことを目的とし、できるだけシンプルな写真を目指しましょう。はじめは芸術的な写真にすることなど考えず、「よい作品ですね」と言われることが目標です。光さえ上手にとらえられれば、だれにでもよい写真が撮影できます。

なお、作品撮影の原則は、デジタル一眼カメラでも、コンパクトデジタルカメラでも、スマートフォンのカメラでも同じです。また、このコラムでははじめての方向けに、内蔵ストロボやフラッシュの使用、撮影後の画像の加工は考えないものとします。

自然光で撮ろう

お花は自然のものなので、自然光（太陽の光）を使うと、簡単でナチュラルに、場合によっては見た目以上にきれいに撮影できます。ただし、自然光とはいっても直射日光は避けます。明るい光が入る昼間の室内が基本です。

作品をきれいに撮るには、４つのポイントがあります。

◇ポイント１　自然光を得る

自然光が多く入る部屋で、窓際に机などを置いて撮影します。晴れの日がベストですが、雨天や曇りでも問題ありません。直射日光が入る場合は、日光の当たらない場所に移動するか、白いレースのカーテンなどで日光を遮って光をやわらかくします。

よい光のとらえ方の例

1、バックライト
真後ろではなく、斜め後方からの光がよい。

2、サイドライト
横から光を当てることで、立体感がでる。

3、ミックスライト
バックライトとサイドライトをミックスさせると、より複雑な表現ができる。

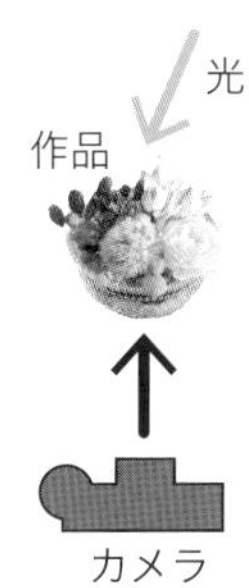

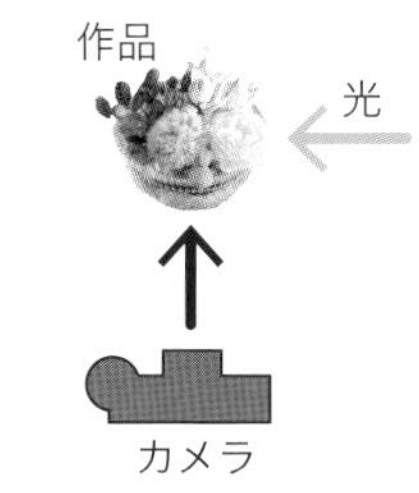

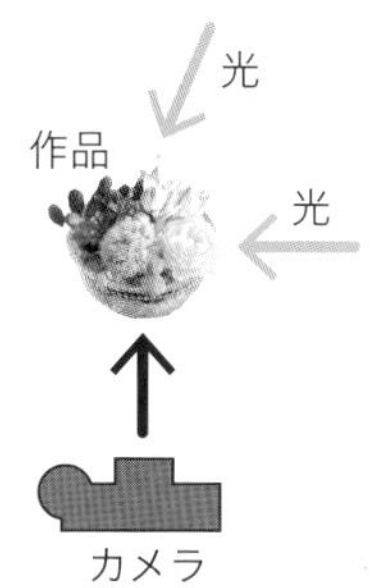

◇ポイント２　光のとらえ方が大切

次に、光の方向と作品、カメラの関係を考え、光が横から入る位置（サイドライト）、もしくは作品の少し斜め後ろから入る位置（バックライト）に作品をセットします。

なお、光が入る窓を背にしての撮影（フロントライト）は、作品に均一に光が当たる半面、立体感のない絵になりやすいので、要注意です。

◇ポイント３　構図はシンプルに

作品の形に合わせて、タテ写真にするか横写真にするか決めます。最初は、カメラを斜めに構えたり余白を多くとる写真は避け、1、作品全体がわかりやすい、2、作品のポイントになる部分に目が行く、ことを目指します。作品が写真の中心にくる撮り方（いわゆる「日の丸写真」）から始めましょう。

◇ポイント４　背景に気をつける

プロとアマチュアの違いの１つに、背景への気配りがあります。背景はなるべくシンプルにして、作品の見栄えがよくなり、見る人が作品に集中できるものを選び、余計なものが写り込まないように気をつけます。白いテーブルや壁などを利用するか、白か薄いグレーの模造紙を敷くとよいでしょう。作品より鮮やかな色のものや、コントラストの強い柄のものはできるだけ避けます。

シャッターを押す前に、ファインダーをのぞいたときや液晶画面で余計な写り込みがないかをチェックし、撮影後にプレビューして確認します。

自然光のない場所での撮影の注意

窓のない部屋や夜間の撮影の場合、内蔵ストロボを使って上手に撮影するにはテクニックが必要なので、最初は使わないようにします。カメラを三脚に固定するか台などの上に置き、発光禁止にしてセルフタイマーで撮影します。部屋の照明器具を使って、よい光の状態をつくりだしてみます。クリップランプなどがあると調整しやすくなります。内蔵ストロボを使うと次ページの失敗写真のようになりやすいので注意します。

✕ 悪い光のとらえ方の例

1、真後ろに強い光源
作品の正面が陰になってしまう。

2、強い順光
陰影がなく、のっぺりとした仕上がりになる。

3、内蔵ストロボの使用
内蔵ストロボを工夫せずに使うと、不自然な写真になる。

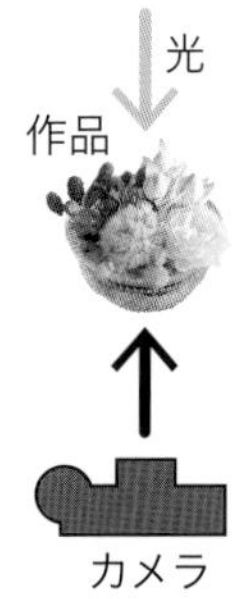

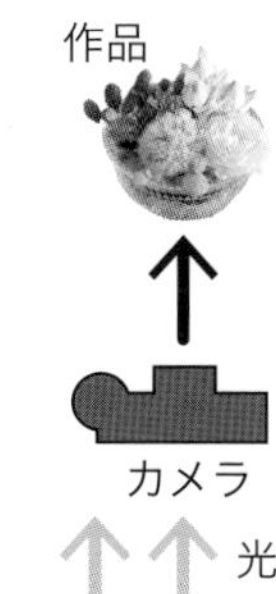

カメラの種類別の注意点と撮り方のコツ

カメラ、スマートフォンなどの撮影機器は種類別に特性があります。なお、画像処理用のソフトを使用すれば、撮影後に画像を調整できますが、知識と経験、器機やソフト、時間が必要です。

Ⅰ　デジタル一眼レフカメラ、デジタルミラーレスカメラ

レンズ交換式のカメラです。撮影表現に合わせたレンズが選べ、機能の細かい設定ができます。

1、三脚を使用する

三脚を使うことで、手振れがほぼなくなります。

2、構図を決める

標準ズームレンズを使用する場合は望遠側にします。なお、レンズは室内の広さに応じて撮影可能な焦点距離のものにします。

背面の液晶画面やファインダーを見ながら、三脚を前後左右、上下に動かして、構図を決めます。

3、カメラの設定

大変な場合はすべてオートでもかまいませんが、以下の設定で、ひと味変わります。

a、「ISO 感度」を 100 または 200 にする。
b、「ストロボ発光」を禁止する。
c、「セルフタイマー」を使用する。
d、「ホワイトバランス」を撮影時の光の種類に合わせる。
e、「露出制御」を絞り優先（Av か A）にし、「F 値」を 8 か 11 にする。

※背景のボケを生かしたいなら F 値を小さくし、ピントの合う範囲を広げたいときは F 値を大きくします。同じ構図で 3 段階くらい変えて撮影し、あとで選ぶとよいでしょう。

4、シャッターを切る

撮影した画像を背面液晶などで確認します。

・写真を明るくしたければ、露出補正をプラスにし、暗くしたければマイナスにして再撮影します。
・作品に影が強く出ている場合は、白レフ板（なければ白い厚紙）などで光を作品に向けて反射させ、影を薄くします。

※画像を確認し、問題があれば修正して再撮影。

横とタテの関係を明確にする

横に長い作品は横で、タテに長い作品はタテで撮影する。

スマートフォンでの撮影の注意点

○

引いて撮影して切り取った画像。

×

寄って撮影した画像。画像がゆがむことがある。

Ⅱ　コンパクトデジタルカメラ

多くはレンズ一体型で、機種により性能や細かい機能の設定が異なります。

1、三脚を使用する

Ⅰと同じです。

2、構図を決める

ズームレンズを望遠側にしますが、デジタルズームや超望遠などの手前で止めます。

3、カメラの設定

すべてオートでもかまいませんが、カメラの機能に合わせてⅠ−3のａ〜ｅを試みます。

4、シャッターを切る

Ⅰと同じです。

※画像を確認し、問題があれば修止して再撮影。

Ⅲ　スマートフォン

スマートフォンに付属するカメラ機能は、近年、特に性能がよくなっています。気軽に持参し、どこでも撮影できます。

最新機種はコンパクトデジタルカメラと遜色がないほどで、また、手振れやゆがみの補正機能、さまざまな画像調整アプリが充実しています。

撮影に当たっては、ほかのカメラと同じく、「作品のポイントをはっきりさせる」「光を上手にとらえる」「背景に余計なものが写り込まない」ことに気をつけましょう。

色味、明るさ、ボケ感は多少不自然ですが、あとからでもアプリで調整できます。

気をつけたいのは、フィルムにあたる映像素子が小さいので、「大きく引き伸ばしては使えない」「補正した画像なので不自然な場合がある」「光の足りない場所では画像が粗くなりやすい」ことなどです。作品として残すというより、記録や素材として活用しましょう。

なお、旧機種などでは近づいて撮影すると画像がゆがんでしまうことがあります。その場合は、ある程度距離をおいて撮影し、撮影後に画像をトリミングします。

Column

はじめてのスケッチ、
デザイン画の上手な描き方

山田祐照（ディスプレイデザイナー）

対象をよく観察しよう

スケッチはむずかしいと思っていませんか？　画家のように上手に描こうと思っていませんか？　スケッチの上達のコツは、はじめからうまく描こうとしないことです。それよりも、楽しみながら描きましょう。最初から上手に描ける人はいません。たくさん描くことで上達していきます。

まずは描くことより見ることに集中しましょう。情報が少ないと絵があいまいになりがちです。花の構成要素、花弁や蕾、茎、葉をじっくり観察し、より多くの情報をつかむことが大切です。描き始める前に、モチーフをいろいろな角度から観察し、最もよい構図を探し出しましょう。

スケッチの手順

最初から完成図を描こうとしないで、段階を踏みながら完成度を上げていきます。対象物を見て、すぐに絵を描こうとすると、細部にこだわり、最終的にまとまりのないスケッチになってしまう場合があります。

そこで、描く前に以下のような手順を踏むと、イメージをより明確に表現できるようになります。

1、楽な気持ちで始める

はじめからうまく描こうと気負わなくてもよい。楽な気持ちで紙に向かい、人目を気にしないで感じたままに描く。

2、対象物をよく見る

描き始める前に、近づいて対象物をよく観察し、光の当たり具合や影の落ち方、花の配色などをしっかり見て確認する。

3、対象物を離れて見る

全体の構図を把握するために、全体がわかるところから対象物を見る。

少し遠くから見てポイントを探し、絵面（えづら）を決定する。

4、下書きで形をとる

対象物のバランスを見て、配置を決める。

花器の位置、花びらの位置を単純な形で表現し、バランスをとる。点と線をつなぐように、茎や葉の位置を決めていく。

5、明暗をはっきりさせる

光の当たっている方向を確認し、花器や花びら、葉、茎の位置や濃淡を表現していく。

正しい影の描き込みは、絵の完成度を高める。

6、細部を描き込み完成

絵が完成に近づいたら、細部を描写することで素材感や質感を出し、立体感のある絵が生まれる。

鉛筆を使ったスケッチの例

鉛筆を使ってスケッチしてみましょう。鉛筆は濃さが増すほど芯がやわらかくなります。4B 程度がおすすめです。体の力を抜き、リラックスして始めましょう。

1 構図を決める

対象物がよりよく美しく見えるための配置を探し、大まかに位置を簡単な図形で表現し、決める。

2 輪郭線をとる

図形で場所が決まったら、最初は薄く描き、徐々に輪郭線を濃くしていく。ポイントは最初から強く描かないこと。

3 陰影をつける

次は影をつけ、明暗を表現していく。目を細めて見ると、光の当たり具合が確認できる。影の濃淡を確認しながら描き込む。

4 細部を調整し完成

影がついたら、細部を描き込む。最後に、離れたところから絵を見てバランスを確認し、完成。

アイデアを考える方法

アイデアは、特別なことを考える必要はありません。日常生活の中でふと気のついたことを形にしてみましょう。

たとえば、「見立てる」という方法があります。見慣れた景色がいつもと違ったものに見えることがありませんか？

子どものころ、雲を眺めていると、魚に見えたり象に見えたりしたことがあったと思います。同じように、花を何に見立て、器を何に見立てるのか、そんなふうに考えることが、アイデアを生む近道です。

無から生むのではなく、考えるきっかけを探すことが大切です。

生まれたアイデアを具現化する

アイデアを形にするには、最初から絵を描くのではなく、絵を描くための情報を整理しましょう。

1 キーワードを探す

・短い単語で表現してみる。
・連想ゲームのように、思いつく言葉をたくさん書いてみる。

2 資料を集める

・思いついた言葉から、参考になる写真や花の図柄、デザインに当てはまりそうなものなど、資料を集める。

3 ラフスケッチを描く

資料をもとにイメージをふくらませ、形を探っていき、ラフスケッチを描いてみる。

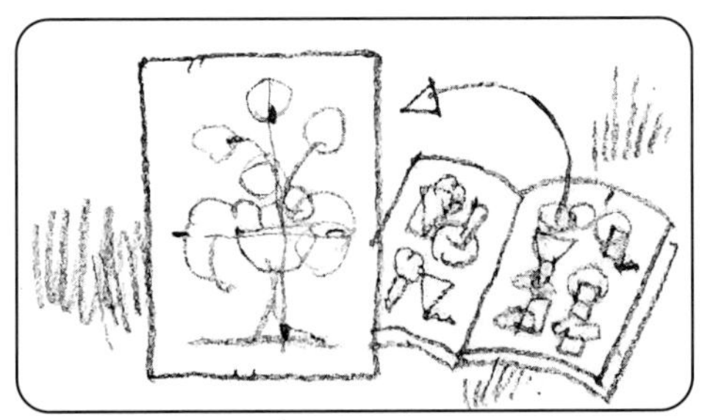

4 構図を決定する

ラフスケッチの中から、気に入ったデザインを選び,再度スケッチを描き、構図を決定する

Column

ドライフラワーのつくり方

ドライフラワーをつくる方法は何種類かあり、代表的なものは、自然乾燥、シリカゲルを使った方法、温風乾燥です。

きれいなドライフラワーを製作するには、花が新鮮なうちに乾燥を始めます。ぎりぎりまで生花で楽しむと、できたときに色あせたり花びらが欠けたりします。

1、自然乾燥させる方法

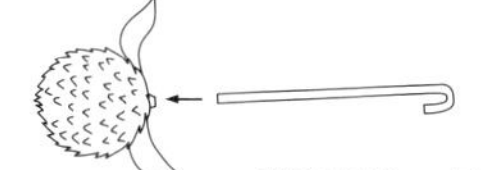

花を切り、ワイヤに通す。

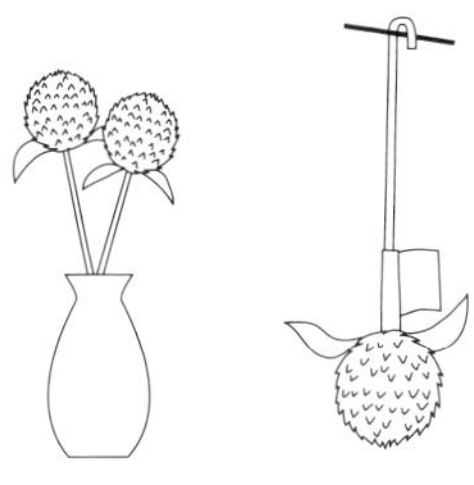

ハンギング法

最も手軽にできる方法。花材の余分な葉をとって束ね、直射日光に当てず、風通しのよい乾燥した場所に花を下にしてつるす。エアコンの効いた室内ではインテリアにもなる。

ワイヤリング法

茎の弱い植物に用いる方法。ムギワラギクなどは、花を切り取りワイヤに通したり束ねたりして自然乾燥させる。ワイヤをテーピングすれば、そのまま花材として使用できる。

水挿し法

器に1cmほどの深さの水を入れ、花を挿して自然乾燥させる方法。アジサイやカスミソウなどに向き、自然な仕上がりになる。

2、シリカゲルを使った方法

シリカゲルを使うと、自然乾燥より色が鮮やかに残ります。

1　密閉容器の底2～3cmの高さにシリカゲルを敷き、花材を並べる。花びらの間にも丁寧にシリカゲルを入れ、花材が隠れるまでシリカゲルを入れて密閉する。

2　4日～1週間で花材が乾燥するので、シリカゲルごとそっと花を流し出す。花が壊れやすくなっているので注意。

3　そのまま2～3分おいてから花首を持ち、片方の手で花を持った手首を軽くたたき、シリカゲルを落とす。筆で払ってもよい。

3、シリカゲルの扱い方

ドライフラワー用のシリカゲルが市販されています。乾燥状態だとブルーで、湿気を吸うとピンクになります。湿気を吸いやすいので、必ず密閉保存します。湿気を吸ってピンクになったら、シリカゲルを電子レンジ対応の容器（皿など）に薄く広げて敷き、電子レンジ（500 ～ 600W）で 2 ～ 3 分加熱します。ピンクが残っていたらさらに 30 秒ほど加熱します。湿気がとれると鮮やかなブルーになり、繰り返し使えます。もしくは、不要になった厚手の鍋やフライパンに薄く敷いてコンロ（弱火）で熱してもよいでしょう。ゴミとして出す場合は、自治体のルールに従ってゴミに出すか、土に戻します（珪石由来なので環境を悪化させません）。

4、ドライフラワーに向く花材

●春　アカシア、アクロクリニウム、アリウム、アルケミラ、アルメリア、オオムギ、カスミソウ、カーネーション、クロタネソウ、コバンソウ、ハハコグサ、バラ、ミツマタ、ムギ、ヤナギなど

●夏　アジサイ、アスチルベ、ウイキョウ、エリンジウム、ガマ、カモミール、クラスペディア、スターチス、セイヨウノコギリソウ、チーゼル、デルフィニウム、ハグマノキ（スモークツリー）、ハス、ヒマワリ、ヒャクニチソウ、ベニバナ、ムギワラギク、ラークスパー、ラベンダー、ルリタマアザミ、ローダンセなど

●秋　アケビ、アマランサス、アワ、イネ、ウバユリ、エノコログサ、オクラ、キセランセマム、ケイトウ、サルトリイバラ、サルビア、ススキ、セイヨウトリカブト、センニチコウ、ドウダンツツジ、トウモロコシ、ニシキギ、パンパスグラス、ヒョウタン、ホウキギ（ホウキグサ）、ホオズキ、ムベ、ムラサキセンブリ、モルセラ、ヤマノイモ、ヤマハハコ、ラグラス、リアトリス、ルナリア、ワタ、ワレモコウなど

●冬　アジアンタム、アスパラガス、カラタチ、カンガルーポー、キウイ、コシダ、ストレリチア、スモークブッシュ、ツクバネ、ツゲ、トリアンドラ、ハナキリン、ハラン、バンクシア、ヒイラギ、フェノコマ、プロテア、ベアグラス、ヘリコニア、ヤシ、ユーカリ、リュウカデンドロン、リュウコスペルマム、ルスカスなど

Column

コラージュ（仏：Collage）とは

フランス語で、「糊づけ」を意味する絵画の技法です。

貼り重ねる技法自体は、日本の平安時代やペルシャにもありましたが、20 世紀初頭にフランス人画家のジョルジュ・ブラックやスペイン出身のパブロ・ピカソらキュビズムの画家が絵画に釘やボタン、新聞の切り抜きなどの異素材を組み合わせるパピエ・コレ（papier collé、貼りつけられた紙）を制作しました。1912 年のピカソの〈籐編み椅子のある静物画〉は、最初期のコラージュの代表作です。

その後、ダダイストやシュールレアリストらがさまざまにコラージュの技法を発展させ、特にドイツ出身のマックス･エルンストは、関連性のないものを組み合わせることで、新たな効果を得ることに成功しました。

現在では、写真や文学、音楽、そしてフラワーデザインでもコラージュの技法が使われています。

CHAPTER

3

フラワーデザインの歴史

フラワーデザインには長い歴史があり、
時代ごとの地域の美意識や生活様式の変遷とともに、
発展してきました。
歴史を知ることで、作品の意味を理解し、
自分の作品に生かすことができます。

フラワーデザイン史概略

花を飾る歴史は古代から存在します。各時代の美術様式、花と生活のかかわり合いなど、過去の歴史を知ることにより、新しいデザインに生かすことができるはずです。

古代エジプト

最も古いと思われるフラワーアレンジメントの記録はプレネブ王の墓に描かれたもので、ニューヨークのメトロポリタン美術館におさめられています。スイレンの花、蕾、葉が単純な形で描かれている古代エジプト時代の代表的なものです。

エジプト人は生活の中で花を楽しみ、上流社会では技術のすぐれた職人に、ブーケ、花環、ガーランドなどをつくらせて、儀式や日常生活に用いました。

エジプト時代の様式で特に目につくのが、植物を３本、５本と束ねるときには、中心を高く大きくし、その両わきに蕾や小さな花を低く、厳格な左右対称に配置しています。

プレネブ王の墓の壁画

ティルソスの杖
ディオニソス（バッカス）の祭礼に持った杖。ツタを絡ませ、先端部はマツカサ。

古代ギリシャ

古代ギリシャ時代になると、祝祭事が多くなり、その数多い儀式にガーランドや葉で飾った杖などがつくられました。花は籠に、くだものや野菜などはコルヌコピア（豊穣の角）に盛られました。神には特定の花が捧げられ、その花でリースがつくられ、神の像の頭にのせたり、頭にかぶるなどしたりして忠誠を表しました。また、祝宴の席では勝利者のためにリースが使われるなど、リースやガーランドは古代ギリシャ人の生活の一部となっていました。

花冠やガーランド、そしてティルソスの杖が代表的です。ディオニソスの祭礼のときに持った杖で、マツカサを先端にすえ、柄に葉ものやベリー、ブドウ、リボンなどが飾られています。

コルヌコピア（豊穣の角）

ローマ時代

ローマ時代になると花の装飾は、より豪奢で華やかになり、宗教的儀式やお祭りには、大量の花が使われました。また、宴会などではバラ、ユリ、ヒヤシンス、スイセンなどがまかれ、その香りにむせかえるほどだったといわれています。この時代になるとバスケットに花がいけられるようになりました。特に好んでいけられた花は、香りが高く色鮮やかなものでした。

この時代で有名なものに、籠に盛られた花のモザイク画があります。古代ローマのアッピア街道沿いのクインティリ・ヴィ

籠に盛られた花のモザイク画
（ローマ時代・２世紀）

ラから出土し、現在はヴァチカン美術館が所蔵しています。

ビザンチン時代

ローマ帝国の首都がコンスタンティノープル(現在のイスタンブール)に遷都し、ヘレニズム美術の伝統、古代アジア、ササン朝ペルシア美術の影響が加わって、独特の文化が発展し、その中でフラワーデザインも独自の変化をしていきます。

背が高く左右対称で先端がとがり、クリスマスツリーを小さくしたようなアレンジメントが登場します。色の取り合わせは東洋的になり、補色などがアクセントに使われるようになりました。

5世紀のローマ帝国の滅亡から13世紀まで、ヨーロッパは混乱の時代になったため、花がどのように使われたのか正確な記録が残っていませんが、ゴシック時代の教会の花飾りの特徴として、花器の2〜3倍の高さにいけられ、その当時のゴシック様式の建物のようにほっそりとした優美さと威厳のある飾りであったといわれています。飾られる花にはすべて宗教的な意味合いがありました。

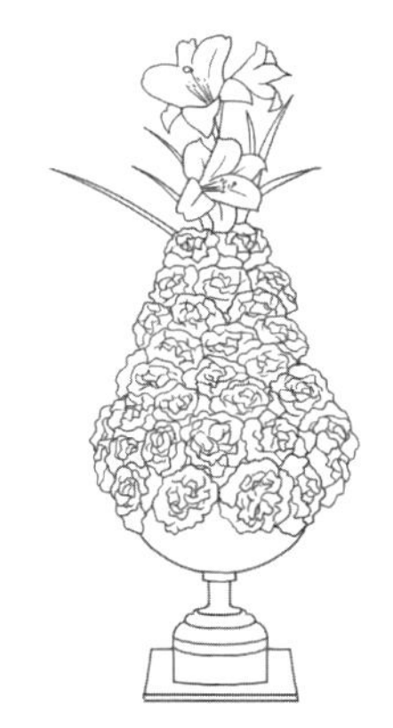

ビザンチン時代のアレンジメント

ルネサンス時代

ルネサンスは「古典への復興」を意味します。フラワーデザインに類することでは、ギリシャ、ローマの伝統であるガーランドがもてはやされた様子が記述されています。イタリアの詩人ダンテには「あの娘が頭に花のガーランドをつけて……」をという一節があり、同じくイタリアの詩人、ボッカチオなども同様の文章を残しています。また、イタリアの画家ドメニコ・ギルランダイオは、絵画のモチーフとしてガーランドを多数描いています。ちなみに「ドメニコ・ギルランダイオ」とは、「花飾りのドメニコ」の意。ルネサンス期には多くの絵画で花が描かれていますが、それらはギリシャ、ローマ、キリスト教などの神話に由来しています。

イタリアの彫刻家、ルカ・デッラ・ロッビアの彩色したテラコッタ。

バロック時代

17世紀の宮廷文化から、誇張的な芸術、バロックが誕生します。そして、ルイ14世の豪奢な宮廷生活に花は大きな役割を果たします。バロック風のフラワーデザインはダイナミックで大胆で、大量の花を使っていました。色彩は暖色系で多色、華麗で優雅さにあふれていました。

Bridgeman Images/PPS 通信社

また、17 世紀オランダは、貿易や植民地の開拓などで全世界に影響力が広がり、裕福な中産階級の商人によって統治されていました。園芸への興味が拡大し、北部では「死は避けられない」という考えや厳しい倫理をもつ新宗教のプロテスタントが受け入れられました。暗く重苦しいオランダの室内を明るくするため、花瓶の生花より、生き生きと描かれた花の絵を飾ることが流行しました。

当時流行した静物画には、花の絵のほかに、朝食、くだもの、鳥獣、魚などの絵があります。花の絵は、裕福な商人が自宅の庭の花を誇示するためや、園芸植物のカタログ用に描かれ、季節の異なる花が 1 つの画面に描かれるなど実際の作品としては存在しえないものでした。

alamy/PPS 通信社

（部分）

フーゴー（ヒューホ）・ファン・デル・グース〈ポルティナーリの祭壇画〉（1475 年）

イタリアのウフィッツィ美術館所蔵のフーゴー・ファン・デル・グースが描いた「ポルティナーリの祭壇画」の一部。
ガラスのタンブラーに挿されたオダマキとマヨリカ陶器の薬つぼに挿されたアイリスとユリの花。オダマキの開花した 7 輪は、聖霊からの 7 つのたまものの知恵、理解、判断、勇気、知識、神への愛、神を畏れる心を表すという。アイリスとユリも聖母マリアに捧げられた花。多くの象徴的な使い方がされている。

ロココ時代

ロココの名称は、フランス語のロカイユ（rocailles: 貝殻状の渦巻き模様）と、まばゆい光と品のよさを醸し出すコキーユ（coquilles：貝殻）という 2 つの言葉から生まれました。この装飾様式は、自然の花や葉、岩や貝殻などの形を取り入れて多くのインテリアの装飾から、芸術全般へと広がりました。

この時代になるとルイ 14 世時代の派手な重々しい威厳が影をひそめ、親しみやすい明るい陽気なムードが好まれるようになりました。この時代のフラワーデザインは、バロック時代よりスケールが小さくなり、花数も少なく、軽やかで繊細になります。色調は、暁の雲、貝殻の内側のピンク、薄い黄色、緑、淡いブルー、紫などが好まれました。この時代、ブザム・ボトルと呼ばれる小さい瓶に花束を入れ、身につけたり手に持ったりしました。

重々しいバロック様式よりも、晴れやかで軽やかなロココ様式は、原則的には非対称で自由でのびのびしており、波頭の動きのようなデザインです。そして、フラワーデザインにおいては、ロココといえば、18 世紀中ごろのフランスのアレンジメントのスタイルを意味します。

Column

「花の静物画」— 200年間の変遷

代表的な花の静物画は17世紀から約200年間、変化しながら描かれています。

17世紀当初はルネサンスの影響が残り、左右対称の構図が多く使われています。代表的な画家にはヤン・ブリューゲル、アンブロジウス・ボスハールト、ローラント・セヴェリーなどがいます。

1620年以降になるとオランダで単色様式（薄茶系または灰色系で色調をまとめる方法）がはやり、鮮やかな花の色の輝きを奪ってしまいました。その結果、オランダの花の絵画は衰退し、花の絵画の中心がフランドルに移りました。

中期にはオランダの線的で緻密な技法とフランドルの色彩豊かで流動的な構図の技法を融合した、動的な構図構成、巧みな光の演出が見られるようになります。代表的な画家にはヤン・ダヴィス・デ・ヘーム、アルスト・ウィレム・ヴァン、ラシェル・ライヒなどがいます。

後期には、牧歌的でやわらかい色彩に変わります。このような雰囲気の絵画は、現実離れした世界を追い求めるロココへと受け継がれていきます。代表的な画家にはヤン・ファン・ハイスム、ポール・セオドア・ヴァン・ブリュッセルなどがいます。

〈開放龕（がん）に置かれた花瓶の花〉（1620年ごろ）
アンブロジウス・ボスハールト
マウリッツハイス美術館蔵

〈大理石の台座の上の壷の花〉（1724年）
ヤン・ファン・ハイスム
ウィーン美術史美術館所蔵

〈花瓶の花〉（1655年）
ヤン・ダヴィス・デ・ヘーム
マウリッツハイス美術館蔵

Column

現代の花の静物画 =「絵のような」

「絵のような」は、ダッチ・アンド・フレミッシュの花の絵からインスパイア（啓発、ひらめき）されてつくられた作品。

アウトラインはゆるやかな楕円形、多種類の花を用いて色彩豊かに、そして豪華に花を使うことが求められます。交差のテクニックを使い、さらに個々の植物の個性も生かすことが求められます。

「花の静物画」は季節を超越した画家の想像の世界を絵にしていますが、「絵のような」は実際の植物素材で絵を描くように表現します。

〈絵のような〉

クラシック復興時代

18 世紀後半、古代ローマの遺跡の発掘によりクラシックの復興時代がおこります。フラワーデザインにも古代ローマ、ギリシャの影響が表れ、英国ではガーランドやスワッグが使われたり、古典を模した花器にバラやシャクヤク、ケシなどが優雅にいけられたり、バスケットにくだものを盛ったりしました。

1830 ~ 1890 年ごろ

歴史は繰り返し、古典の反動として、ロマン主義がおこりました。ヴィクトリア女王は貝やリンネル（リネン、亜麻を原料とした）で花をつくることを奨励したので、造花がはやりました。できあがった作品をガラスの器に入れ、永遠の花として楽しみました。また、この時代にはヴィクトリアンブーケやノーズゲイ、タジマジなどの小さな花束がつくられました。

花束は小指にはめられたリングと鎖でつながっており、ダンスのときに手を離しても落ちない仕組みになっていました。花のいけ方は、大きなマス（Mass）の花と、軽やかで花の空間が大きくあけられたものとの２種類がありました。この時代は花言葉が盛んになった時代でもあります。

食卓の中央に置くイパーン（皿つき飾り台）に花やくだものを飾る。

19 世紀

19 世紀の終わりには、日本の美術がヨーロッパに紹介され、やわらかい色、簡素さ、花、木、動物の自然な描写などが好まれました。フラワーデザインも花を塊として使うマスのいけ方からシンプルで空間のあるいけ方が行われました。

Column
ヨーロッパの人と花

5～15世紀　中世の花事情

中世になると、ヨーロッパでは礼拝の場所、修道院、教会などの神聖な領域に、花が飾られるようになりました。

主に花は修道院などで育てられ、花を栽培する専門職業として庭師が生まれました。シルクロードを通ってアジアから花が入ってくるようになり、花の種類も徐々に増えていきました。

1200年ごろにはお城の庭などに珍しい花や象徴的な花などが栽培され、城中に花が飾られました。さらに、市民も花を育てて楽しむようになります。

14～16世紀　ルネサンスの花事情

王侯貴族が館やヴィラ（別荘）に芸術家などを住まわせていました。公の宴では庭師などが室内やテーブルを花で装飾し、花が大量に消費されるようになりました。

1500年以降、温暖な地域からヨーロッパにさまざまな種類の植物が輸入されるようになり、花が絵画のテーマとして用いられるようになりました。

16世紀末～17世紀　バロックの花事情

教会の祭壇や諸侯の屋敷も花で飾られるようになります。

豪華なテーブル飾りの上を飾ったり、食器や大理石、クリスタル、シルバーなどを花器にしたアレンジメントが登場し、屋敷の玄関などにはフェスツーン（花綱）などが飾られました。

豪華絢爛に花を飾る一方で、高価な花器に飾るときには花首を短くして花器を見せるように工夫していました。

花を飾ることが日常のこととなっていきます。

フェスツーン

17世紀末～18世紀　ロココの花事情

この時代になると、一般家庭でも花を飾るようになります。小さな花束やテーブルクランツ(リース)、ガーランド（花綱）などが室内を飾り、洗練された住文化が始まります。

花束は、少女や婦人が路上で売るようになりました。そのときに花束をバスケットに入れていたため、バスケットが花の装飾要素の1つになりました。

テーブルクランツ

18世紀後半～19世紀　ロマン主義の花事情

フランス革命後、「文明が人間を堕落させる」というルソーなどの思想がもてはやされ、市民が自然の美しさに注目するようになりました。花が詩歌や絵画などに表現され、花言葉などが生まれます。

自然の美しさか注目される一方、人工的につくられた花が近代的（モダン）とされ、さまざまな素材（シルクや金箔、布地など）で造花が製作されました。

また、自然界では入手しにくい、青い花が人々の憧れでした。

イギリスのフラワーデザインの歴史

チューダー朝時代

チューダー王朝は、薔薇戦争に勝ったランカスター家系のヘンリー７世が即位して創始した王朝です。その息子のヘンリー８世の時代に、イギリス国教会を開いてローマ・カトリック教会の権威から独立を果たし、イギリス絶対王政を確立した時代です。

ポプリ、オレンジとクローブのポマンダー、タジマジ、ノーズゲイなどの香りのある花やハーブを、ペストなど病気の予防や不快な臭いを弱めるために用いました。イギリス原産の野生の花を栽培するようになり、数多くの種類の花が当時すでに導入されていました。

タジマジ

ギリシャ・ローマ文化に倣(なら)い個性を尊重し、人間性を解放しようというイタリアのルネサンス思想の広まりにより、学問や芸術への関心が高まっていきます。また、庭園のあるマナーハウス（荘園領主の館）が建てられたのもこの時代です。

ノーズゲイ

ハノーヴァー朝１（ジョージ王朝）時代

四代にわたるジョージ王朝の時代は、フランス革命（1789年）、ナポレオン戦争（1803～1815年）、アメリカ独立戦争（1770年代）と激しい時代にもかかわらず、イギリスはアメリカ独立戦争以外に勝利して繁栄し、優美だったといわれます。

ジョージ王朝初期は、バロック様式で、花の絵画もオランダとフランドル時代の中期に似ています。

18世紀後半は、フランスのロココの優美さと繊細さの影響がありました。摂政時代になると、これらは統一され繊細で抑制された優美さに絞られます。

この時代の花器は、ローズボウルなど穴があいた蓋がつけられたりして､花を支える工夫が施されているものが出てきます。花を形よく飾りたいという意識の表れで、さまざまな花器が用いられました。また、茎を支えるためにコケや砂が使われていました。

ローズボウル

ハノーヴァー朝２（ヴィクトリア朝）時代

ダイニングテーブルの上には、イパーンやマーチ・スタンドが飾られ、花やくだものとともにシダ類やグリーンが縁取りや敷物のように使われました。ポージーやブーケとして手で持ち歩き、ガーランドにしてスカートを飾ったり、コサージや肩飾

イパーン

り、髪飾りなど装身用に花が多く使われ、「ロマンチック・エイジ」と呼ばれた時代です。

外来植物も多数もたらされ、温室栽培されました。また、ドライフラワーも流行しました。このころ好まれた、コントラストの強い色の花を同心円状に配置したポージーをヴィクトリアンポージーといいます。

ヴィクトリアンポージー

エドワード朝時代とアール・ヌーヴォー

ヴィクトリア朝時代にイギリスは絶頂期を迎えますが、1970年代以降のヴィクトリア朝後期になると衰退の兆しが見え始めます。

象徴主義美術の先駆けであるラファエル前派やウィリアム・モリスのアーツ・アンド・クラフツ運動があり、時代は世紀末へと向かいます。ウィリアム・モリスの影響を受けて、フランスとベルギーでは、過去の伝統様式と決別して、植物の曲線を室内家具の構成原理としてアール・ヌーヴォー（新しい芸術の意味）様式が1895年ごろから1910年ごろにかけて、ヨーロッパとアメリカで流行しました。

ヴィクトリアンブーケ

アール・ヌーヴォーの典型的な特徴は、カーブの連続模様のような茎のデザイン、曲がりくねった植物の形態、波打つ女性の髪、やわらかい布のヒダのような様式化されたデザインなど、そして意図的な非対称形のフォルムなどがあります。

これらの影響を受け、アレンジメントのスタイルは、花を密集させたヴィクトリアン・スタイルに対して、葉のついた1種類の花にカスミソウかアスパラガスを使うような、軽やかなアレンジメントに変わります。1種類の花を5～7本使ってシンプルに構成するアレンジメントには、いけばなの影響が見られます。

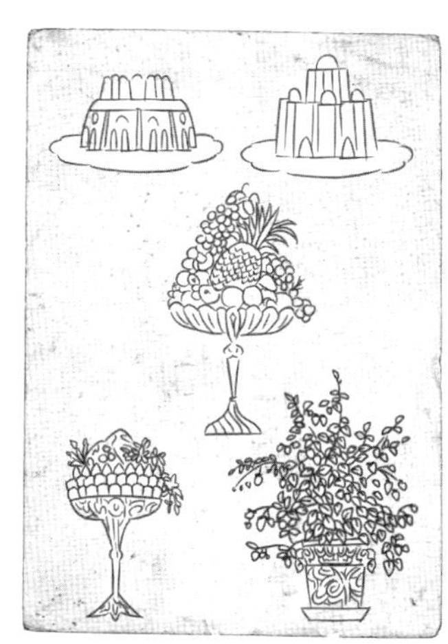

1906年に発刊された『The book of cut flower』(T.N.Foulis著)には、当時の切り花の飾り方の写真が掲載されている。

Column

アーツ・アンド・クラフツ運動

ウィリアム・モリス（1834～1896年）は、産業革命によって安価で粗悪な日用品があふれる状態を批判し、生活と芸術を一致すべきだと訴えました。モリスの思想は各国に広がり、アール・ヌーヴォーやウィーン分離派などの美術運動に影響を与えました。

1920 ～ 1930 年代

第一次世界大戦と第二次世界大戦に挟まれた、現代へとつながる時代です。第一次世界大戦（1914 ～ 1918 年）は女性の社会進出を生み、1920 年代には女性がショートスカートをはき、短いボブヘアーにし、チャールストンを踊るようになりました。1930 年代の経済不況は、第二次世界大戦（1939 ～ 1945 年）へとつながっていきます。

デザインの領域では、幾何学的・直線的で、表面加工技術を駆使したアール・デコ様式が建築や家具、装飾品や花瓶などにも広がり、社会進出した女性の証明ともいえる、化粧用コンパクトやシガレットケースにも影響を与えました。

この時代に花器として利用されたものに、ローズボウル（rose bowl）があります。ローズボウルはヴィクトリア時代に多くつくられた、直径３～４インチ（約 7.5 ～ 10cm）の球形で上部の口が狭い、部屋に香りを立たせるためにポプリや花弁を入れる容器です。素材はガラスや陶器で、開口部のネットはついているものとないものがありました。また、フラワーホルダーとして、剣山のように容器の底にセットして花を留めるフラワーフロッグ（flower frog）も利用されています。

アール・ヌーヴォー様式

アール・デコ様式のフラワーフロッグ

Column

アメリカのフラワーデザインの歴史

新大陸移住初期のアメリカ人の生活は、花をいける時間もないほど厳しいものでした。花は薬用、香料として栽培しているものを、ティーポットや食器に挿したりする程度でした。

後期アメリカ、コロニアル時代（1700 ～ 1780 年）

アメリカの植民地開拓時代です。この時代はフラワーデザインのスタイルということでは、それほど特徴がある時代ではありません。ただ園芸の分野では、チューダー朝時代から大きな発展があり、栽培方法や新しい外来種の発見に関心が注がれ、植物学者やプラントハンターがでています。

植物が「観賞」のみでなく「薬用」などとしても日常生活と切り離せないものだったのです。特に、花や葉を乾燥して保存することに世界中が注目し始めたのも、この時代からです。素朴な花瓶や器に、庭の花をさりげなく飾る程度で、花は「飾る楽しみ」よりも、保存して医薬品や化粧品、香辛料などの「実用品」として用いられていました。

18 世紀になると、ノーズゲイにした小さな花束やドライフラワーが飾られますが、それでも趣味と実益を兼ねてが、この時代の表現です。

アメリカのロマンチック時代（1830 ～ 1900 年）

ヨーロッパのロマンチック時代と同様に、花をマスにたくさん使い優雅ないけ方をしていました。

1850 年アメリカで最初の花屋が誕生し、1862 年にはアメリカのガーデニングクラブが設立されました。1864 年にはアメリカのフローリスト協会が設立され、１つの産業として広まりました。

フランスのフラワーデザインの歴史

紀元前

フランスの花文化は、遠い昔、まだローマの侵攻を受けていた紀元前にまでさかのぼります。王や神をたたえる装飾品として、ガーランド、花冠、花輪や、くだもの・野菜とともにたくさんの花が飾られました。

栄華を誇った時代には、花びらを敷き詰めた絨毯（じゅうたん）、香水を浴びての会食、さまざまな宗教儀式、死者の弔い、婚礼の祭事などで、食卓・寝台・祭壇に多種多様な植物を使い、高い身分の人のみならず、平民や奴隷とされた人々も花冠をかぶり、花びらを浮かべたお酒を飲んでいたと思われます。

中世

時代の移り変わりとともに、花装飾もさまざまに変化します。

戦争が多く芸術的に冬の時代といわれる中世、権力者は禁欲的な厳しい信仰心を民に強要し、ぜいたくを戒めました。

この時代の花装飾は、楚々とした小さな野の花や、畑の花をシンプルに飾ることや、宗教儀式で使うリースが流行します。また薬効成分を期待してハーブを生活に取り入れるようになり、ささやかなぜいたくとしてラベンダーを寝室に敷き詰めたり、洗濯物に香りをつけるようになりました。

中世風アレンジメント

ルネサンス

王侯貴族の力が強くなると、城や館に荘厳な花が飾られ、タペストリーにはさまざまな植物が織り込まれます。そしてイタリアからのルネサンスの大きなうねりとともに、明るく華やいだ生を謳歌する花が好まれます。

イタリア・オランダ・ベルギーの画家が素晴らしい植物の静物画を描き、遅れをとるもののフランスの画家も追随します。中近東からもたらされたチューリップがオランダで品種改良され、発展しました。

ルネサンス風アレンジメント

ルイ14世

太陽王ルイ14世の時代に、花は宮廷装飾としていっそうの輝きを増します。はっきりとしたゴージャスな色使い、リボンや房をたっぷりつけた飾り布やアンティークの装飾品とともに花を飾ります。

このころに、現在の吸水フォームの原形ともいえる、土をコケでくるんで花留めにしたものが誕生し、より動きのあるキャスケードなどのデザインが考案されていきます。

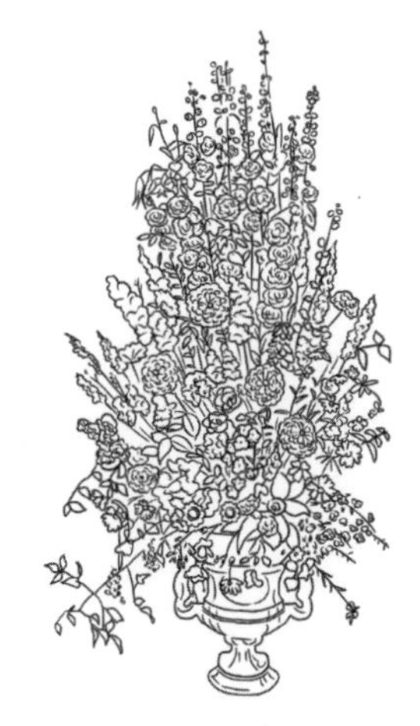

ルイ14世風アレンジメント

ルイ15世

「愛される王」と呼ばれたルイ15世は、1722年に政府と宮廷をヴェルサイユ宮殿に移しました。科学と植物に情熱を燃やした王は、ヴェルサイユの庭園をさらに豊かなものに変貌させ、公妾ポンパドゥール夫人のために、庭園内にプティトリアノンを建造しました。

この時代は、前時代の重々しい装飾様式を捨て、軽やかなデザインや色合いが好まれるようになり、より洗練されました。

ルイ15世風アレンジメント

アール・ヌーヴォー

「新しい芸術」を意味するアール・ヌーヴォーは、花や植物などの有機的なモチーフや自由曲線の組み合わせによる従来の様式にとらわれないデザインが登場しました。

パリ万博では、日本文化がフランスアート界に大きな影響を及ぼし、ジャポニズムとして日本趣味が注目され、日本的な花材、余白の空間美、いけばな風の花も登場します。

こうして宮廷装飾として一気に花開いたフレンチスタイルは、現代においてもエレガントであることは必須条件です。クラシックとモダンの大きな流れの中に、時にはア・ラ・ソヴァージュ（野性的に）、ア・ラ・カンパーニュ（田舎風）、ロマンチックなどの要素を巧みに取り入れながら、今日のフレンチスタイルは、長い歴史的背景とフランス人の素晴らしい美的感覚に裏打ちされ、より洗練された印象的な花装飾となっています。

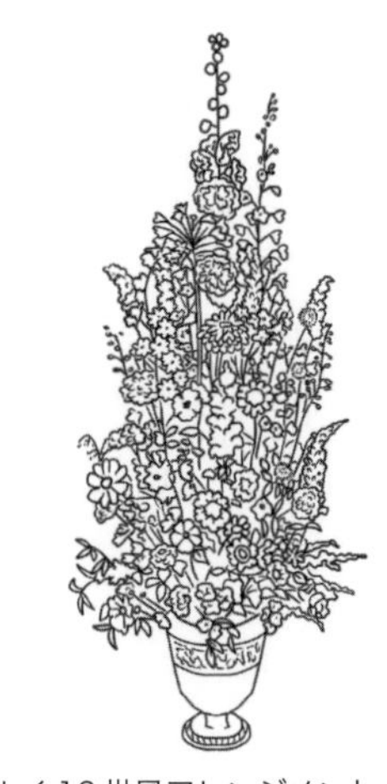

ルイ16世風アレンジメント

シンメトリーに飾った例。

ドイツのフラワーデザインの歴史

19 世紀前半　ビーダーマイヤーの時代の花々

ビーダーマイヤーとは、小説の登場人物の名前からとられています。身の回りのものに目を向け、華美な装飾は避けて簡素で心地よいものを好む市民文化のことです。

市民は家庭の快適さ・家内安全・平穏無事であることが大切にされました。人々は意識して室内に花を飾るようになり、花はシンプルなフォームのものが好まれ、水盤や花瓶が用いられるようになります。

しかし、この時代の花は高価であり、市民が室内に飾れるのは茎の短い安い花でした。そのため。花は首で切ってワイヤがけして花束などに再構築されました。それらが、ビーダーマイヤーシュトラウス（P.134 参照）やテラーシュトラウスなどのフォルムビンデライ（花輪やガーランドなどの定形花束）です。さらに、花がドライになっても作品の形が変わらないように、花と花を密にして、少し窮屈な感じのする花束がつくられました。

一方、この時代になり、花の販売のみを専門とする花屋が登場しています。

ビーダーマイヤーシュトラウス

マカルトシュトラウス

ドイツ風シュトラウス

1870～1880年　泡沫会社乱立時代（グリュンダーツァイト）

普仏戦争がドイツの勝利に終わり、工業化が進むのにともない、好景気で成金の市民が多く現れました。彼らは自分の力を見せびらかすために、室内を豪華に飾り立てました。そのため花もシンプルなビーダーマイヤーよりも豪華に飾り立てる花の作品が好まれるようになります。

建築では瀟洒で豪華なファサードをもつ建物が多く建てられ、室内装飾の分野で指導的な役割を果たしたハンス・マカルトの装飾品を飾るのが、この当時の富裕層のステータスになりました。

なお、過去の様式を現代風にアレンジする手法が用いられるようになり、ノイバロック（ノイ＝新しい）などが行われるようになっています。

1880 ～ 1890 年　グリュンダーツァイト以降の時代

グリュンダーツァイトへの反動で、一部の芸術家たちは芸術に新たな異なる方向性を見いだそうとしました。その中で、一部のフローリストの間で、ワイヤを使用しないドイツ風のシュトラウスが誕生しました。

1890 ~ 1914 年　ユーゲントシュティール

ユーゲントシュティールはドイツ語圏の世紀末美術の考え方で、芸術（美）を生活の中（実用）に浸透させる動きが出てきました。

花の芸術家たちもユーゲントシュティールの考え方に賛同し、素材にふさわしい扱い方をして作品を制作するようになります。

ユーゲントシュティールには浮世絵などの日本文化も強く影響し、また、日本からいけばなが伝わっています。

1914 ~ 1918 年　第一次世界大戦中

花の職人により、花と植物に関する造形理論が考え出されました。

1919 ~ 1933 年　バウハウスの時代

ドイツに設立されたバウハウスでは、モダンスタイルの課題である形態の機能性と量産化を可能にする機能主義のデザイン理論を追究し、その実験を行いました。

建築家のル・コルビュジエは、家具を室内に備える道具としてではなく、室内の生活空間を構成する不可欠な設備要素とみなし、独特の家具論を展開しデザインしました。

1928 年には、はじめての花芸術の教科書が、職業学校に使用されました。

この時代は、造形芸術の分野における機能主義が進化しました。近代建築、室内装飾、日常生活の道具類などで、そのもののもつ機能を最大限に引き出すようにデザインされています。よいフォームは重要でしたが、素材や用途にかなったデザインでなければ、本物とはいわれませんでした。

Column

バウハウス（Bauhaus）

1919 年から 1933 年まで存在した美術学校で、歴史も短かったが規模も小さく、最盛期でも 200 人以下の生徒しかいませんでした。しかし、グロピウス（校長）が創設し、講師陣はカンディンスキー（1866 ~ 1944 年）、クレー（1879 ~ 1940 年）といった有名な芸術家が、自身の芸術家としての最盛期に教壇に立っていました。それだけに、美術界だけでなく、建築やデザインの分野にまで多大な影響を及ぼしました。バウハウスから旅立っていった人々はドイツだけでなく、世界中で活躍し、それは建築やインテリアデザインはもとより、工業デザイン、広告やファッション雑誌のディレクターに至るまで非常に広い範囲に広がりました。

バウハウスは、美術の考え方、計画の立て方、職業としてのデザインをするための基礎的なさまざまな知識と製品のつくり方の技術を教えるだけで、バウハウス的な様式といったものは、存在しませんでした。これは、その時代までの一般的なやり方、美術の教育法とは根本的に違い、大きな進歩でした。この美術教育法こそが、バウハウスの残した最大の功績であるといえます。

日本のフラワーデザインの歴史

フラワーデザイン黎明期

日本にフラワーデザインが紹介されたのは、1897年（明治30）ごろです。ヨーロッパの園芸術とともに輸入されたもので、主に宮中の儀式や宴会の卓上を飾る花として活用され、一般に広まることはありませんでした。

1914年（大正3）、大正天皇の即位の礼の際、カトレア1000株、レリア500株のランの花を用いて華麗な食卓装飾がつくられました。岡見義男氏著『ラン—種類と培養』によると、ロマンチック時代の特徴が見られる、実に優雅で華麗なものであったと書かれています。

一般には1916年、恩地剛氏が米国より帰国し、欧米風の花卉装飾を紹介しました。1929（昭和4）年には、石井勇義氏が雑誌『実際園芸』の中でフローラルリースを紹介しています。1934年には、池上順一氏が同じく『実際園芸』の中で、「本式な花卉装飾の話」を執筆しています。また、永島四郎氏が、中央公論50周年記念文化事業の1つとして、「婦人公論花の店」を開き、婦人に花卉装飾を紹介しました。

花卉装飾は、大正から昭和にかけ花業界に徐々に広まっていきましたが、第二次世界大戦で途絶えてしまいました。

第二次世界大戦後のフラワーデザイン

戦後の1946年（昭和21）、岡見義男氏は女子園芸教育にたずさわりました。

1955年ごろから生活の欧米化とともに急速に普及し、日本独自のお稽古文化の一端として、一般にも普及してきました。永島四郎氏は1960年、洋風、和風建築の粋を集めて建築された、ホテルオークラにて、日本の新しい花卉装飾の樹立を目指し活動を始めました。

その後、フラワーデザイナーのウィリアム・キスラー氏、バディ・ベンツ氏、ビル・ヒクソン氏、アーサー・イトウ氏らの来日によりフラワーデザインのブームが起こります。

1960年代後半には、それまではハイカラな花店の技能であった「洋式花卉装飾」が、「フラワーデザイン」という呼称で趣味・教養としての大衆化が進みます。

1967年、日本フラワーデザイナー協会（NFD）が、先進的なウエスタンスタイルフローリストとスクール主宰者たちによって設立されます。

Column

中国のフラワーデザイン

207 B.C. - 220 A.D. の時代、中国ではすでにハーブを用いた効用の数々が記されています。古くからの哲学原理や、自然へのいたわりの気持ち、またいろいろな中国文化における宗教的な影響（道教、仏教、儒教）により、人民はただ単に花を切り水に挿すのではなく寺院自体を装飾的に変化させていきました。

これは紀元前618年から906年の唐王朝から始まります。そして人々は花を芸術から工芸品へと発展させていきました。極めて美しい花の絵画、シルク工芸、巻物、花瓶、皿、彫刻品、象牙、さらにはブロンズなどを使って人々の愛と花に対する理解を深めて発展しました。

花束の歴史〈まとめ〉

花束の最も古い利用方法は、束ね飾りや供物、副葬品でした。最古の花束として確認されているものは、イラクの北西部から発掘された4万6000年前のネアンデルタール人の骨のそばから、何種類かの花粉の化石が発見されています。

最初に花束を利用、加工して装飾にたずさわったのは庭師で、祝宴会場などを装飾しました。初期の花束は、現在のような花束ではなく、ただ花瓶に入れただけのものでした。

中世

キリスト教が布教された中世時代になると、花は聖書に基づいたキリスト教のシンボルとして教会で用いられるようになりました。しかし、人々の生活の中では、花は臭い消しや薬用として用いられるのみで、装飾とは程遠いものでした。人々は街を歩くとき、漂う悪臭を吸わなくてもいいように月桂樹やローズマリーなど香りの強い植物を小さな花束にして持ち歩きました。

15世紀のイギリスでは、このような花束のことをノーズゲイと呼びました。これは、当時流行していたペストから身を守るためともいわれています。

16世紀

王侯貴族の間で宝石などと同じように身につけるアクセサリーとして花束が使われました。エリザベス1世時代のイギリスでは、大きなひだ襟のドレスに合わせて花束もレースに包まれポージーと呼ばれました。

17世紀

社交界では、男女とも花束を手に持ったり、女性は髪やドレスに花をつけました。男性は上着の襟のボタン穴に花を挿しました。これが、コサージの始まりだといわれています。

18世紀から19世紀

フランスでは花言葉が流行し、花言葉に自分の思いを込めた花束を贈るようになりました。この流行によりフランス語のブーケ（花束）という言葉がヨーロッパに広がりました。

イギリスでは、香りのよい花を選んで束ねたポージーブーケが、貴族だけでなく多くの女性の間で流行しました。

花束が、花の造形として意識され始めたのは19世紀になってからです。

その後19世紀末になると、花束は商品として売られるようになりました。

市民階級が豊かになるにつれ、花束が家庭でも飾られました。

ポージー

花束の種類

花束には多くの種類があります。特徴やつくり方などを覚えておくと、さまざまに応用できます。

ヴァントシュトラウス
壁かけ花束。

ガルテンシュトラウス
1900 年ごろドイツで誕生した、庭などの自然の花や草を束ねた簡素で控えめな花束。

キンダーシュトラウス
花束の原点ともいえるもので、子どもが束ねたような簡素な花束。

クウェアシュトラウス
横に広がる花束。

クヴェルブーケ
19 世紀のフランスではやった､食卓に飾るブーケ（花束）。

シュテーシュトラウス
立つ花束。

シュトゥルクトゥアシュトラウス（構造的花束）
大きさが異なり不規則で高低差のある花や葉のグルーピングによって、素材感が強調された花束。

パラレルシュトラウス
素材を平行に配置した花束。

ビーダーマイヤーシュトラウス
すべてが対称形に配列された、ワイヤリング技法による円錐形の花束。

ポルテブーケ
ポージーともいい、コンパクトに束ねた円形の花束。

マカルトシュトラウス
画家のハンス・マカルトの絵画をヒントにして束ねられた花束。

タジマジ（タッジマッジ）
チューダー朝時代、色や種類の異なった花を同心円状に構成した小さなブーケ。ハーブでつくることが多い。

花嫁の花束（ブーケ）の歴史

花嫁の装飾品としてまず思い浮かぶのは花嫁の花束(ブーケ)ですが、古代に用いられていたのは花環でした。古代ギリシャやローマ時代、人々は花嫁を敵から守るために顔を覆い隠しました。花嫁はベールと冠または花環を身につけ、祝宴の席ではベールをかぶったままでした。

古代のしきたりではミルテ（ギンバイカ、マートル）の花冠を花嫁も花婿もつけました。

古代ローマの花嫁

この時代は、「白」という色が清楚なイメージとして好まれていたため、純白の「ストラ」を身にまとい、頭を白いベールで包む格好が一般的な花嫁の衣装でした。

ストラとは、古代ローマの婦人用チュニックです。裾が長くゆったりしていて、胸下と腰に2本の帯を締め、その上にサフラン色の晴れ着をまとい、白いベールで頭を包んだ花嫁が描かれた壁画が残っています。

中世の花嫁

中世（1500年ごろ）には、花嫁だけが髪飾りとしてミルテでつくった簡素な環状の飾りをつけました。その後、19世紀ごろまでの間に、ミルテは簡素な環状のものから、ティアラ型、冠型などさまざまに変化していきました。

花嫁の冠は、花婿より背の低い花嫁につけることにより、二人の高さのバランスと花嫁のスタイルをよく見せる効果もありました。

この時代、当初、教会での結婚式は行われていませんでした。親族、友人が集まった祝宴の席で、家長が婚姻を認めるというスタイルでした。その後、教会で結婚式を行うようになり、司祭による婚姻だけが有効とされました。

このころの衣装は頭に白のベール、そして黒のドレスをまとっていました。

Column

ブーケの由来

花嫁がブーケを持つようになった由来はさまざまな説があります。

由来1

晴れの舞台を目の前に、幸せを感じながらもどこか不安を抱いてしまう、そんな花嫁の複雑な思いや、何かにすがりつきたいような心細い気持ちを励ますために、男性が道端に咲いていた花をそっと摘み、持っていったといわれています。

由来2

19世紀から20世紀前半ごろのヨーロッパでは、婚約した男性は女性へ毎日花を贈る習慣がありました。そのとき男性が好んで贈ったのが白いオレンジの花だといわれています。オレンジは実がたくさんの実をつけることから、子どもに恵まれるようにとの願いが込められていました。そんな習慣が形を変え、結婚式の朝に花婿から花嫁へ花束（オレンジ以外の花）が贈られるようになりました。

由来3

昔、ヨーロッパでは男性が女性にプロポーズするために、野で花を摘み、その花束をプレゼントしたことが始まりだといわれています。そして、女性は「あなたの愛（プロポーズ）を受けます」ということばの代わりに、花束の中から一輪を抜き取り、男性の胸元に挿してあげました。現在のブートニアの始まりです。

ルネサンスの花嫁

1300年以降、教会はベールをキリストの花嫁のものとしての修道院のシンボルにしました。

16世紀（ルネサンス時代）に入ると、晴れ着がウエディングドレスとして用いられるようになりました。ベールは変わらず白でしたが、ウエディングドレスの色は黒ではなく、さまざまな色のドレスが着用されました。

バロック、ロココ時代の花嫁

バロック、ロココ時代にはベール＝修道院に入るというイメージから、反感がおこりベールが使われなくなりました。その一方、冠や花環は花嫁の装飾品として重要視され、豪華になっていきました。リボン、パールなど人工素材と植物で飾り立てられた花環は多種多様な形になりました。花冠は、高価な貴金属、宝石、リボンなど、あらゆる装飾物でつくられました。

近代以降の花嫁

現在のようなブーケを持つようになったのは1840年ごろからだといわれています。その当時は、ブーケと花束は区別されていました。

花束とブーケの違いは、花束の装飾素材はリボン、チュール（レースなど）を使っていましたが、ブーケにはリボンのほかにマンシュッテがついていました。マンシュッテとはフランスで生まれた紙や絹でできた縁飾りです。

このころのブーケは、サイズはあまり大きくなく、愛らしい白い花かやわらかな色の花でつくられ、すべての植物はワイヤがけされていました。

18世紀には市民階級の人々も、それまでの黒いドレスに代わり、白いドレスを着るようになりました。ただし、20世紀ごろまでは、黒いドレスと白いドレスが混在していました。

日本でのブーケ

日本のブーケの始まりは戦後のことです。1965年ごろから結婚式の洋風化にともない、結婚式や披露宴でブーケを持つようになりました。

Column

「ブーケ」と「花束」は違うの？

お花屋さんで花束を頼むと、「ブーケにしますか？　花束にしますか？」と聞かれることがあります。一般にはブーケは「花束」の意味なので、ちょっとおかしい気がします。

ただし、お花屋さんとしては、短い時間でお客さまの意向を知りたいので、ブーケ＝花嫁の花束風の丈の短い花束、花束＝舞台で贈るような丈の長い花束と、感覚的にとらえて聞いているのです。

Column

日本で最初にウエディングドレスを着た人は？

1873年に長崎で磯部於平（いそべおへい）という女性が、中国人と結婚した際にはじめてウエディングドレスを着用したといわれています。

ブーケも持ったかもしれません。

◆花嫁の花束の種類

花嫁の花束も時代や地域によりさまざまに変遷してきました。デザインの引き出しを増やしておくと、アイデアに困らなくなります。

アームブーケ
腕にかかえるようにデザインしたブーケ。

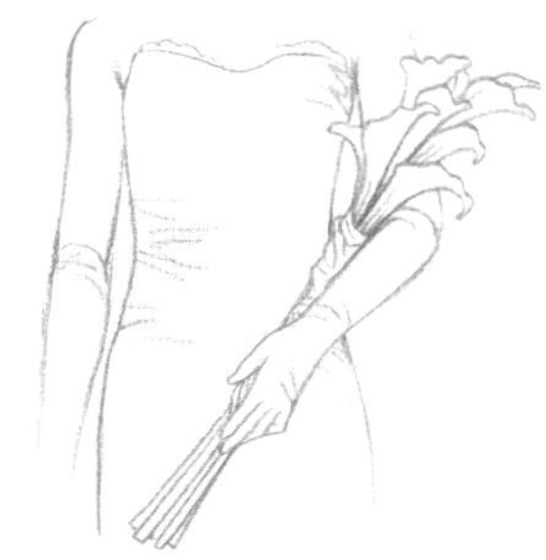

ヴィクトリアンポージー
コントラストの強い色の花を同心円状に配し束ねたドーム型のブーケ。ポージーは「小さな花束」の意味。

キャスケードブーケ
懸垂形に構成したブーケ。キャスケードとは小さな滝の意味。

ヴィクトリアンブーケ（英国、ヴィクトリア朝時代（1837〜1901年）
ヴィクトリアンブーケは花一輪ごとにワイヤリングして、中心の花から少しずつ同心円状に広げたもの。

エドワーディアンポージーブーケ
イギリスのエドワード７世時代（1890〜1914年）に流行したラウンド型のブーケ。アール・ヌーヴォーの影響からシンプルでロマンチック、かつやわらかな色彩で制作された。

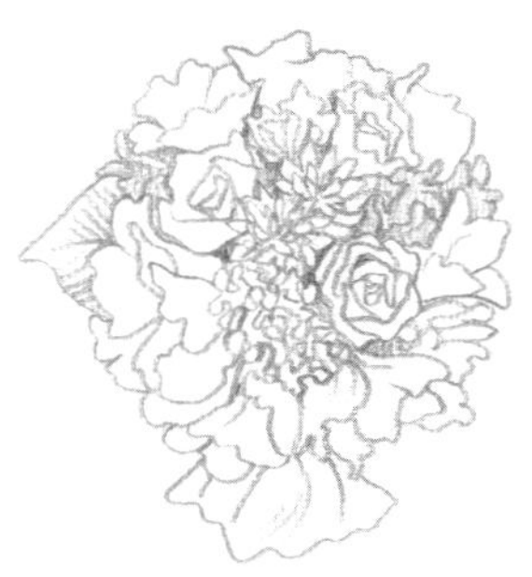

グラメリア
数輪のグラジオラスの花弁で、八重ツバキの花のように形成したブーケ。同様のものに、ヴィクトリアンローズ、ジンシャンメリア、リリメリアなどがある。

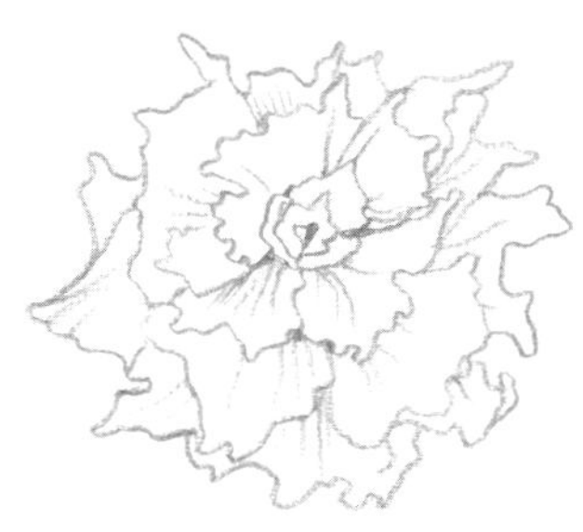

コロニアルブーケ
19世紀ヴィクトリア朝時代に使用されたラウンドタイプのブーケ。

テラーブーケ
19世紀中ごろの皿状の平面的な丸いブーケ。

トライアンギュラーブーケ
三角形に構成されたブーケ。

バスケットブーケ
バスケットに花をあふれるように入れたブーケ。

フラワーボールブーケ
スノーボール、ボールブーケとも呼ばれ、球状あるいはくす玉状に構成したブーケ。

ポンパドールブーケ
1900年ごろにつくられた、ロココ調の楕円形ブーケ。

マフブーケ
筒状にデザインされたブーケ。

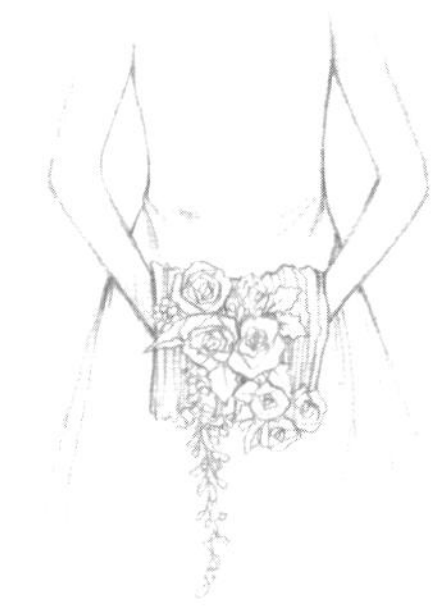

ラウンドブーケ
円形にまとめられたブーケ。

リングブーケ
リング状に構成されたブーケ。

エンパイアーブーケ
球形の花の塊が３段になった、３段ブーケのこと。

クラスターブーケ
房状にまとめたブーケ。クラスターとは房、花の塊の意味。

クレセントブーケ
三日月形にまとめたブーケ。

シャワーブーケ
多数のガーランドによってシャワーのように構成されるブーケ。

日本の花の歴史

いけばなの成立と発展

華道の発祥は奈良時代の仏教伝来に際し、仏像に花を献じる「供花」に由来するという説が有力です。また、屋外に挿した花を愛でる習慣は、古くは平安時代ごろまでさかのぼれ、たとえば『枕草子』などの文献史料に見ることができます。また、花を観賞する行事としては、平安時代から天皇や公家による「花合わせ」が行われています。

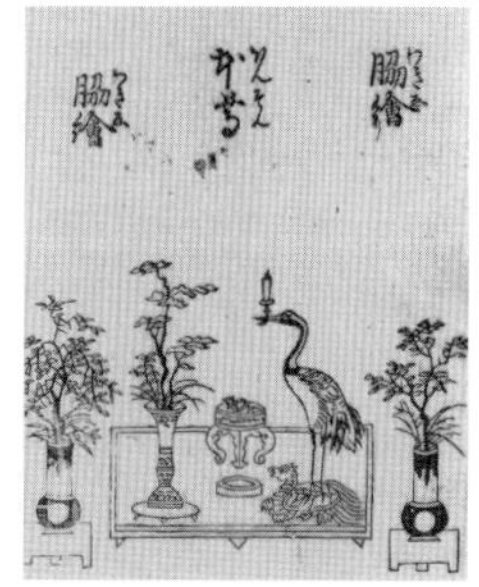

座敷飾りの花（『仙伝抄』）

武士が台頭する鎌倉から室町時代にかけて書院づくりが徐々に広まると、それに合わせて花を座敷に立てて観賞するようになります。将軍の阿弥衆やすぐれた花の使い手の登場、中国の挿花の影響ののち、京都の頂法寺六角堂の池坊専応、専栄らによっていけばなが確立されていきます。

投入花は遠い昔から自然発生的にいけられていたと思われる（粉團花の抛入花『抛入岸之波』）。

池坊専応によって定められた立花は、その後江戸時代中期にかけて立華（立花）へと発展していきます。一方、自由にいける投入花（抛入花）は、千利休らによって茶花などに受け継がれていきます。

その後、江戸中期から後期になると町人の力が増し、華道はそれまでの上流階級・武家階級のものから庶民のたしなみになり、広く愛されるようになりました。

今日の華道といえば、多くの場合、江戸時代後期、文化文政の時代に流行した生花のことを指します。未生流系、古流系、遠州系などの流派から技巧の達人・名手が登場し、多くの流派に分かれていくきっかけとなりました。

立花（立華）（直真の立華図『立花図并砂物』）

さらに、江戸末期から明治初期には、世界的なジャポニズムの流行により華道・いけばなが欧州に紹介され、ヨーロッパのフラワーデザインにラインアレンジメントの手法として影響を与えました。

国内では時代の流れに即して、投入花、盛花などさまざまな様式が編み出されました。また、洋花のほか、植物以外の材料も「花材」として盛んに取り入れられています。

主ないけばなの流派

池坊、小原流、草月流といった門人の多い流派をはじめ、いけばなには300以上ともいわれる流派があります。第二次世界大戦後にはいけばなブームがあり隆盛しました。すぐれた個人作家も出ています。

池坊（いけのぼう）

いけばな界最古の流派。池坊は、聖徳太子創建寺院の1つとされる京都の頂法寺の僧房の名称です。頂法寺の司僧であった池坊12世専慶の1462年（寛正3）の挿花記録が伝わります。池坊28世専応が立花を確立し、初代池坊専好、二代目専好らすぐれた立花師を輩出しました。

小原流（おはらりゅう）

小原雲心が19世紀末に「盛花」を創始。1912年（明治45）に開催された日本初の百貨店での盛花展は、洋風生活が普及しつつあった人々に歓迎され、盛花ブームをとなりました。

草月流（そうげつりゅう）

1927年（昭和2）、勅使河原蒼風により創流された、前衛的な作風の流派です。翌年、銀座で第1回の草月流展を開き注目されました。蒼風の創作は、いけばなにとどまらず、彫刻、絵画、書でも活躍し、世界的にも絶賛されました。

嵯峨御流（さがごりゅう）

嵯峨天皇（786～842年）を開祖とする流派です。嵯峨天皇が大覚離宮（大覚寺）に宮殿を構えたときに、大沢池の花をいけたのが発祥と伝わります。一時衰退しますが、江戸時代に未生流の二世未生齋廣甫が華務職となり、全国に広まりました。

未生流（みしょうりゅう）

未生流は、未生齋一甫が長年研究した華道理論を寛政年間（18世紀末）にまとめ、未生流をとなえました。その後、二世未生齋廣甫が全国に広めました。大正期に隆盛し、第二次世界大戦後、一時沈滞しますが、本拠地大阪の復興とともに、再び隆盛しました。

未生流（庵家）、未生流笹岡、未生御流などの流派も活動しています。

古流系（こりゅうけい）

古流は江戸時代中期、明和年間（1764～1772年）ごろのいけばな様式をもって発生した流派です。京都出身の今井一志軒宗晋をもって創始者としています。江戸時代後期に関本理遊（1772～1849年）が普及に努め、東日本を中心に全国に広まりました。古流理恩会、古流かたばみ会、古流松應会、古流松藤会などの古流系の流派が活動しています。

龍生派（りゅうせいは）

1886年(明治19)、初代家元吉村華芸が東京で創流し、二代華丘が近代的な流派としての基礎を固めました。三代華泉による、「ひと枝、ひと茎の植物が持っている個性を捉えて生かしていく」という考えを「植物の貌」と名づけ、提唱しています。

その他の流派

御室流、桂古流、華道瑩心流、華道遠州、華道高野山、紀宮花山院流、青山御流、正風華道、石州流華道、専慶流、相阿弥流、月輪未生流、松月堂古流、八代流、都古流、都未生流、山村御流ほか、多数の流派があります。

いけばなの様式

立華（立花・りっか）

江戸前期に、二代目池坊専好が大成した最初のいけばな様式。真と呼ばれる役枝を中央に立て、それに副・請などと呼ばれる７つの役枝（７つ道具という。のちに九つ道具となる）をあしらって全体として自然の様相をかたどったものです。

生花（しょうか・せいか）・格花（かくばな）

生花（格花）は、江戸時代後期に花型の定形が完成した伝統的ないけばな様式です。当時は生花・挿花・活花などと書いて、いずれも「いけばな」と称していました。各流派で「しょうか」（池坊・遠州）、「せいか」（古流系）、「かくばな」（未生系）などと呼ぶようになったのは明治時代以降のことです。

生花は草木の出生と自然の姿をいけばなで表現することを大切にしています。出生とはその植物が生まれつきもっている性情のことで、自然の中に生育している本来の姿のことです。

最も基本的な花型は３つの役枝で構成するもので、役枝は天・地・人に意味づけられ、全体の花型はほぼ円形あるいは三角形とみなして構成されます。役枝の呼称は流派によって異なり、真・副・体、真・受・流などといわれています。この３本の役枝にそれぞれを補足するためのあしらいの花材を加えて構成していきますが、花材の足元はひとまとめに固定して水際を正面から１本に見えるようにスッキリいけることが特色です。

伝統の花材は美しい日本の四季を代表する植物が使われてきました。たとえば正月の「松竹梅」、春の「桜」、夏の「蓮」、秋の「紅葉」、冬の「椿」などの姿がシンプルな美しさで表現されています。江戸時代、ほとんどの生花は床の間に飾る「置きいけ」が中心でしたが、「掛け花」や「釣り花」、「違い棚の花」などもありました。

住居に飾る花であった生花は江戸の町民文化にも浸透し、その後多くの人たちに普及、いけばなの興隆に貢献しました。明治時代以降には、より一般的にいけられるようになった盛花や投入花の基本ともなり、それらの花型に受け継がれることになります。現在、生花（格花）は先人の残した貴重ないけばな様式として各流派で伝承され、伝統のいけばな花材以外に新しい洋花の花材も使われるようになっています。

〈除真の立華図〉『立花図并砂物』

〈除真の立華〉龍生派

〈生花〉龍生派

〈格花〉肥原碩甫（未生流）

茶花（ちゃばな）

茶席に飾る花の総称で、茶席の花、茶の湯の花の略称ですが、「茶花」で通っており、投入花様式でいけられます。千利休の「花は野にあるように」という侘茶の精神により、花数を少なくし、初花を重んじています。

〈茶花〉貫名義隆（表千家）

投入花（抛入花・なげいればな）

江戸時代になると、華麗な立華に対して、単純に瓶に挿す投入が普段着のいけばなとして再評価されます。その後、大正、昭和にかけて盛花とともにやさしい花型が規定されました。

〈投入花〉千羽理芳（古流松應会）

盛花（もりばな）

明治時代、小原雲心は、それまでなかった水盤という花器を使ったいけばなを考案し、脚光を浴びました。これが盛花と名づけられ雲心はのちに小原流を創立します。はじめははっきりした花型をもたなかった盛花も、いけばな人口の増加に伴ってだれにでも理解しやすい花型が規定され、今日に至っています。

〈牡丹一種の盛花〉小原雲心
明治末期ごろ

自由花（じゆうか）

大正から昭和初期に登場したもので、約束事にしばられず、自由な発想でいけます。造形的な表現を盛り込んだいけばなです。

前衛いけばな（造形いけばな）

金属や石など、植物以外のあらゆるものを取り入れ、彫刻を思わせるようないけ方で、造形いけばなともいいます。

〈自由花〉吉村華泉（龍生派）

フラワーデザインの歴史年表

BC3000

エジプト
ロータスの髪飾りや花のネックレス、また葬儀用のリースをつくり始める。
ギザのピラミッド（BC2700 年ごろ）、ルクソール神殿（BC1390 年ごろ）

500

ギリシャ
リース、ガーランド、月桂樹の冠が、フラワーデザインの起源と見られる。
パルテノン神殿、民主制・芸術性が高められる。

0

ローマ
ガーデニング技術の誕生、凱旋パレードや日常生活に植物が使われる。
ポンペイの壁画、コロセウム

AD500

ビザンティン（ロマネスク、ゴシック）
ビザンティン（聖ソフィア大聖堂／モザイク）
ロマネスク（ピサ大聖堂／アーチ型装飾）
ゴシック（ランス大聖堂／ステンドグラス）

1400

ルネサンス
庭園や鉢植えの植物の栽培、室内に花を飾る。
領主や地主の館などでは、庭で育てた花やグリーンを使い、日常的に花を飾り始める。
ダヴィンチ、ミケランジェロ、フィレンツェ大聖堂、美的感覚、遠近法、自然科学

1600

バロック
オランダ・フランドル絵画をフローラルアートの原点と見ることもできる。
後半には職業としてのガーデナーが存在。
ルーベンス、ヤン・ブリューゲル（父子）、レンブラント、聖ピエトロ寺院、ヴェルサイユ宮殿

1700

ロココ
ウイリアム・ホガース、フランソワ・ブーシェ、産業革命、工芸の黄金期、マイセン

クラシシズム（ロマン主義）
ナポレオン

1800

ドイツでは、さまざまなデザインのブーケ（ビーダーマイヤーシュトラウス）が登場し、フラワーデザインの基礎が完成する。
イギリスでは、フローラルアートが普及し、植民地にも広まる。
1891 年、コンドルが『ザ・フローラル・アート・オブ・ジャパン』を刊行した。
第 1 回ロンドン万国博覧会（水晶宮）

1900

アール・ヌーヴォー
エミール・ガレ、ガウディ、植物の姿の曲線
花やグリーン・枝ものなどいろいろな花材を使い、家を飾るようになる。
花が商品として小売りされ、ブーケやアレンジメントにデザインされるようになる。
ルノアール、ゴッホ
1914 年、ドイツにフローリスト養成学校が設立される。
ライト

アール・デコ（1920 ～ 1930 年）
ルネ・ラリック、国際様式
1919 ～ 1933 年、バウハウス開校。現代デザインの機能美を追求し、フラワーデザインに影響を与える。
ル・コルビュジエ、カンデンスキー、オキーフ
1937 年、アメリカン・フローラルアートスクール開校

現代
シュルレアリスム、ポップアート、ポストモダン
アメリカでフローラルフォーム、フローラルテープがつくられる。

「フラワーデザイン」と「いけばな」の流れ

フラワーデザイン	いけばな
ヨーロッパで生まれ、装飾性を重視して発展、芸術的	日本で生まれ、精神性を重視して発展、哲学的
様式化されながらも、各時代の生活様式や美術様式とともに変化	伝統文化として、「立花」から「生花」の様式へ
教会装飾や、室内装飾、服飾など生活のあらゆる場に対応	「床の間」などの座敷飾りが基本
花を豊かな塊状にデザインする	植物の線の美しさを主として構成（空間を大切にする）
19 世紀第 1 回万国博などでの日本文化の紹介によりアレンジメントに影響を与える	日本の欧化政策のためにいけばなの流れが変わった（創造いけばな）

庭園の基本

人類の「庭」の歴史は古く、住居をつくって定住し、農耕を営み始めたときがスタートといわれています。外敵から守るために住居の周りに塀をめぐらし、その中に果樹や野菜をつくったのが庭の始まりと思われます。

一方、「庭園」とは、作業、集会、交流などを目的とした「庭」ではなく、観賞、散策、思索などを目的とするものとされます。そのため、人工的に整備された施設で、日本では池や川、築山などがつくられ、木や草が植えられます。また西洋庭園では噴水や花壇などがつくられます。作庭の目的や方法は時代や民族、宗教などによって異なり、さまざまなスタイルがあります。しかし、いずれも人々が理想とする環境を創出しようとする点では共通しているようで、多くは楽園、浄土などをモチーフにしています。

西洋庭園では、噴水がよく見られる。赤坂離宮（東京都）の庭園。

日本庭園の特徴

日本庭園はほかの文化とともに、中国大陸の思想の影響を受けて始まり、長い年月をかけて徐々に日本独自のものをつくりあげていったと考えられます。

日本庭園の特徴は、池を中心に築山を築き、庭石や草木を配し、四季折々の景色を観賞するものが一般的です。さらに滝で深山を表し、石組みで山を表現したり、庭園外の景色を利用する「借景」の手法も用いられます。

現代も、寺院や大名屋敷の庭園、また、近代日本の政治家や実業家の邸宅の庭園、公園、ホテルの敷地などにつくられた庭園にそのスタイルを見ることができます。

昭和記念公園（東京都）の日本庭園。四季折々の景色が楽しめる。

日本庭園の歴史

飛鳥時代（6 世紀末～ 710 年）

中国からさまざまな文化が導入された時代です。中国の神仙思想では、海のかなたに「蓬莱」があり、不老不死の薬をもつ仙人が住む、などとされました。この思想を取り入れ、作庭したのは蘇我馬子です。『日本書紀』によると、庭の中に方形の池を掘り、池の中に島をつくったとあります。また、近年明日香村で庭園遺構の飛鳥京跡苑池が発掘され、当時の庭園は中国や朝鮮の影響を強く受けていることがわかっています。

平城京左京三条二坊宮跡庭園　中心部(奈良県)

奈良時代（710 ～ 794 年）

『万葉集』によると、天武天皇の子、草壁皇子の庭園には池がつくられ、荒磯を思わせる石組みがあり、ツツジが植えられていたようです。なおこの時代から、次第に曲線が中心の造形が増え、中島や州浜など、日本庭園の特徴的な造形も確認されています。

平城宮跡東院庭園（奈良県）では、遺構から池と島がわかる。

平安時代（794 ～ 1192 年）

貴族の邸宅の建築様式は寝殿づくりと呼ばれ、その庭園も寝殿づくり庭園としての形式を整えました。自然の地形を利用して寝殿前に庭をつくり、大きな池を掘り、中島に橋をかけ、曲線の水路（遣水）をつくり、舟遊びを楽しみました。

平安中期以降、不安定な社会状勢の影響で浄土思想が広がりました。そのため、庭園に浄土曼荼羅を見立て、池や島、橋、阿弥陀堂などで表現した浄土式庭園が流行しました。

また、平安末期に記された日本最古の作庭秘伝書の『作庭記』（橘俊綱著といわれる）には、石組み、築山、流水などの記述があり、自然の風景からモチーフを得るという日本庭園の基礎が確立していたと思われます。

代表的な浄土式庭園である、毛越寺庭園（岩手県）。

鎌倉時代（1192 ～ 1338 年）

鎌倉に幕府が開かれてからも文化の中心は公家の住む京都にありました。庭園はやや小さく造作が簡素になったものの、基本的には浄土式庭園に近い形態が引き継がれています。また中国から禅が伝わり、日本庭園も大きく禅の影響を受けました。

枯山水庭園は白砂や石などにより、山水の景色を見立てている。

室町時代（1338 ～ 1573 年）

禅宗が隆盛を極め、その影響を受けて発達したのが枯山水庭園です。枯山水庭園とは水を使わない庭園のことで、白砂とコケ、松葉などで水を象徴し、遠近法や借景などの技法を加えて石を据えて山や島の景観をつくりだしています。

鎌倉末期から室町初期にかけて作庭に活躍したのは禅宗の高僧、夢窓疎石です。7 人の天皇（院）から国司の号を授けられ、足利尊氏ら武家からも帰依された名僧で、庭園設計にもすぐれ、京都の西芳寺（苔寺）や天龍寺のほか、神奈川の瑞泉寺、山梨県の恵林寺など全国で作庭しています。夢窓疎石の庭園は、遊興のためのものではなく、自然の中の道場、禅の思想の表現の場としてつくられました。

夢窓疎石が作庭した瑞泉寺（神奈川県）の石庭。

安土桃山時代（1573 ～ 1603 年）

戦国武将や大名が庭園文化をリードし、城郭庭園がさかんにつくられました。庭に泉水と築山を構え、大きな景石を置いて力を誇示しています。建築様式が寝殿づくりから書院づくりに移行し、書院建築にふさわしく、主に座敷または部屋の中から観賞するための庭で、書院式庭園とも呼ばれました。

その一方で、茶の湯の発展とともに、茶庭（露地）という新たな庭園意匠が出現することになります。禅宗の影響を受けた茶室は素朴な草庵式のつくりで、わびさびの心を反映し、質素第一を旨としました。茶庭は自然のふるまいを小さな庭に凝縮させた精神性を重視したもので、武士だけではなく庶民の間にも普及していきました。

書院式庭園である二条城（京都府）の二の丸庭園。

茶庭の構成要素であるつくばい（蹲）。

※時代区分、年度の区切りには諸説あります。

江戸時代（1603 ～ 1868 年）

将軍や大名などを中心に、これまでの日本庭園技術の集大成である大名庭園が各地につくられました。池泉を中心とし、庭園内を回遊することができる池泉回遊式庭園です。豪華な石組みを含む広大なスケール感のある庭づくりには中国や日本の名勝を縮景として取り入れる工夫も見られます。

庭園文化の裾野は広がり、下級武士も屋敷内に庭園をつくり、富を得た町人も規模の差こそあれさまざまな庭園をつくりました。住居の中に取り込まれた坪庭と呼ばれた小さな庭がさかんにつくられるようになり、その後の庶民の庭の原型となったとされています。

回遊式の日本庭園（大名庭園）である小石川後楽園（東京都）。

小石川後楽園とともに江戸三大名園の１つ六義園（東京都）も回遊式の日本庭園。

明治時代以降（1868 年～）

芝生面を広くとった明るい庭が多くつくられるようになりました。またこの時代から、洋風の建築が移入され、新しい西洋庭園が取り入れられました。さらには茶室と茶庭を兼ね備えたものも見られるようになりました。

一般住宅にも一部洋風建築が取り入れられ、和洋折衷の庭がつくられました。時代が新しくなるにつれて、特に都心部では洋風でモダンな住宅や庭が増えています。

洋風の建物と庭園である、旧古河庭園（東京都）の洋館と整形式のバラ園。

現代の庭の例　花遊庭（豊田市）

日本家屋に合うモダン和風な庭。

日陰の植物を使ったシェードガーデン（日陰の庭）。

土面がなくても楽しめるテラスガーデン。

花いっぱいのコテージガーデン。

西洋庭園の歴史

庭園は理想の再現

庭園の目的や方法は、時代や民族、宗教などによって異なり、さまざまなスタイルを生み出しました。しかし、楽園、パラダイス、オアシスなど、いずれも人々が理想とする環境を現世に表そうとする点では共通しているようです。

西洋庭園の発祥は古代オリエントの庭園とされ、古代オリエント神話に描かれる楽園のイメージが、のちのユダヤ教やキリスト教、イスラム教に受け継がれていると考えられています。

古代ローマの庭園

地中海全域を支配した古代ローマの庭園は、家屋に囲まれた中庭式で、住居内の軸線上に配置されたアトリウム（前庭）とペリステュルム（列柱庭園）があるとされます。火山噴火の火砕流で地中に埋もれたポンペイではたくさんの邸宅が発掘され、保存されています。

イスラム庭園

８世紀以降、大きな勢力をもったイスラム文化圏の庭園は「パティオ」と呼ばれる中庭式庭園で、その主要な構成要素は、水・植栽・パビリオン（園亭、あずまや）です。多くは２本の直交する水路で４分割され、整形式に植栽がされています。イスラム文化圏の多くは乾燥地帯に位置し砂漠や荒野が多いので、オアシス的な楽園として庭園がつくられたといわれます。

イタリア式庭園

ルネサンス以来、14～16世紀にかけて発達したスタイルで、イタリア郊外の別荘（ビラ）で生まれました。地中海に面したイタリアの夏は灼熱の太陽が輝き、貴族や富裕階級は涼しい高原にビラを構え、ここにイタリア特有のテラスガーデンを生んだとされています。

ビラの多くは丘陵地につくられ、庭園はその傾斜地に数段のテラスで構成されています。上段テラス中央に建物をつくり、軸線（ビスタ）を設定して左右対称の構成で花壇や植え込み、彫像や噴水、壁泉などの人工物を配置し、訪れる人々を楽しませ、庭園から周囲のパノラマ風景を楽しむというものです。

ヨーロッパ各国に大きな影響を与え、各国でイタリア式庭園がつくられました。日本でも横浜の山手イタリア山庭園（神奈川県）などに見られます。

Column

古代オリエント

古代オリエントは、農耕・牧畜文化の発祥の地であり、人類最古の都市文明を築いた地ともいわれます。現在の中東地域の古代文明の総称で、古代メソポタミア（イラク、クウェート、シリア）、古代ペルシア（イラン）、古代エジプトなどがふくまれます。

ポンペイ（イタリア）の遺跡に残る庭園の跡。

セルビアのアルカサル（スペイン）のパティオ。

ボッロメオ家の宮殿のテラスガーデン。

山手イタリア山庭園（神奈川県）

フランス式庭園

西洋風庭園の様式の１つで、17 ～ 18 世紀にかけて主にフランスで発達した庭園形式です。傾斜地を利用したイタリア式庭園を平面化した図案式、遠景式、幾何学式と呼ばれている庭を指します。王侯貴族の宮殿につくられ豪華な構成が特徴となっています。

まず平坦で広大な敷地に軸線（ビスタ）を設定して長い並木道や運河（カナル）で構成。その焦点に池泉や噴水、丈の低い毛氈（もうせん）花壇を配置。背景には濃密な植え込みが設けられていて壮麗そのものです。その代表的なものがヴェルサイユ宮殿（フランス）の庭園です。世界各国に影響を与えたスタイルであり、日本でも、新宿御苑や明治神宮外苑（ともに東京都）の一部などに見られます

ヴェルサイユ宮殿の庭園

イギリス風景式庭園

イギリスでも、ハンプトンコートをはじめとしたいくつもの壮大な庭園をつくっていました。その多くは、フランス式の整形式庭園に分類されます。

イギリス独自の庭園スタイルができあがったのは 18 世紀のこと。いわゆる風景式庭園です。これはイギリスのなだらかな起伏のある田園風景を生かしたもので、はるかかなたまでおだやかな牧草地や芝生のスロープが続き、ニレやナラの巨木がその間に点在するその中を羊の群れが草を食んでいる様子など、自然の風景を借景として巧みに取り入れられたものです。日本では、新宿御苑や明治神宮外苑の一部にそのイメージを見ることができます。

イギリスの整形式庭園

19 世紀以降のイギリスの庭園

花のない庭は飽きられ、再び花壇が復活しました。その代表は華やかな花を集めて植える毛氈花壇です。ちょうどこの時代、世界中にプラントハンターを送り込み、珍しい植物を採集し、王侯貴族は競って自分の庭にこれらの植物を植えました。

一方、イギリスの家庭の庭の代表的なスタイルの１つ、コテージガーデン（田舎家の庭）が脚光を浴びたのもこの時代です。古くからある農家の庭のスタイルで、野菜やハーブ、果樹が植えられ、壁面はつるバラやブドウで覆われています。さらにあいているスペースに宿根草や灌木が混植されています。特に決められた形はなく、周囲の自然を移し替えたようなナチュラル

イギリスのコテージガーデン

な庭を指してコテージガーデンと呼んでいます。

20世紀のイングリッシュガーデン

現代のイングリッシュガーデンの代表的なスタイルをつくり上げたのは画家のガートルード・ジーキルであるといわれています。自然な植栽と自生植物を生かした造園を提唱しました。色彩の調和の重要性を説き、カラースキーム（色彩設計）を庭園設計の技法に用いることを考案しました。さらに、建築家エドウィン・ラッチェンスと協力して、壁や生け垣、園路、花壇、縁取りなど、庭の骨格となるものをしっかりとデザインし、庭を一連の絵であると考えました。庭の各部分それぞれに季節と色彩が定められ、その季節が来るといっせいに開花するように綿密な植栽計画を立案しました。早春は黄と白のプリムラがカーペット状に咲き乱れ、夏から秋は宿根草や一年草を混植したボーダーが最盛期となり、他の区画にはホワイトガーデンやキッチンガーデンがあるといった庭のスタイルのことです。

ジーキルは部分的に手がけたものを含めて200もの庭をデザインし、花の美しさと色彩効果の巧みさは現在も花を扱う造園家の手本になっています。

なお、日本でもガーデニング用語として「イングリッシュガーデン」という言葉が使われますが、広大な風景式庭園ではなく、ジーキル以降の色彩計画に基づいた小規模な庭園を指すことが多いようです。

イギリスのボーダーガーデン

Column

ガートルード・ジーキル

Gertrude Jekyll（1843 ～ 1932年）

イギリスの園芸家、作庭家、画家、工芸家など。美術を学び、画家、工芸家として独立しますが、眼病の悪化により園芸家、造園家として活躍しました。色彩を重視した植栽設計の先駆者で、多数の著作があります。

公益社団法人日本フラワーデザイナー協会と資格検定試験 2024年4月現在

フラワーデザイナーの団体唯一の公益社団法人

公益社団法人日本フラワーデザイナー協会（略称：NFD）は、日本フラワーデザイナー協会として1967年（昭和42）に設立、1969年（昭和44）に社団法人として文部省の許可を受けました。そして、2010年（平成22）公益社団法人として内閣府の認定を受け、現在に至っています。会員であるフラワーデザイナーは全国に約15,000名、53支部で活動しています。

本部・支部を中心にした組織活動とデザイナー自身の個人活動は、全国にフラワーデザイン文化とその楽しさを普及しつつ公益活動への積極的な活動や参加をしています。この資格検定試験に合格しNFDに入会することでフラワーデザインの楽しさ、社会参加、NFDの本部・支部の行う事業参加、海外の花を愛する人たちとの交流など、人生の歩みの中に花を友達にすることができるでしょう。

NFD資格検定試験の考え方と登録

NFDはフラワーデザインが幅広いデザインの一分野であるという視点に立ち、デザイン全般に共通の構成理論を踏まえたうえで、自然の植物を扱うフラワーデザインに特有の要素を加えた仕組みをつくりあげました。この理論を確実に習得することが造形の出発点となり、デザインのセンスを磨き、幅広い表現を可能にすると考えています。

NFDは、50年以上にわたりフラワーデザインの研究を続ける花とデザインの専門家集団です。フローリストを目指す方から花を趣味とする方まで、「フラワーデザイナー」の資格を得ると、知るべき理論やテクニックを体系的に身につけることができます。

3級検定試験は、どなたでも受験できます。下記の表を参考にしていただくとともに詳しい内容についてはホームページで確認をしてください。

フラワーデザイナーへの歩み方

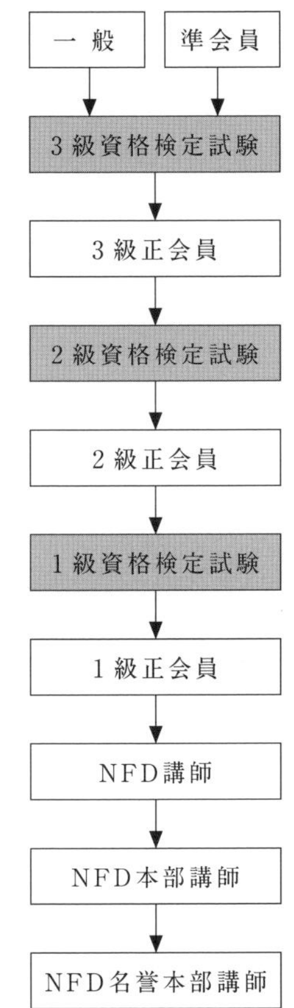

NFDの活動情報、事業日程、イベント案内、全国の公認校案内、資格検定試験の内容など、NFDの詳しい内容は、NFDホームページで確認できます。

公益社団法人
日本フラワーデザイナー協会　事務局
〒108-8585
東京都港区高輪4-5-6
TEL 03-5420-8741
FAX 03-5420-8748
http://www.nfd.or.jp/

CHAPTER

4

花ごよみ便利帳と冠婚葬祭の基礎知識

花束やブーケ、作品をつくるときは、
作品のデザインや配色だけではなく、
社会常識も必要になります。
花を贈る人、贈られる人に
配慮して作品をつくるときに
知っておかなければならない基礎知識です。

月別・行事暦と季節のことば

●日本の行事　♥世界の行事　○季節のことば

1月

●元日（がんじつ）　1月1日

年のはじめの日。元旦は元日の朝を指し、「旦」は太陽がはじめてのぼる意を表します。

正月に重用される「松竹梅の花」は、格の高い祝言の花ともされ、慶事・吉祥の祝い花として使われます。常緑の松と竹は不老長寿を象徴し、梅は冬に耐えて一斉に花を咲かせて春を知らせるため、縁起のよいものとされています。なお、松竹梅は同列で、松を特上、竹を上、梅を並などとする根拠はありません。

〈松竹梅の生花〉新藤華慶（桂古流）

●門松（かどまつ）

新しい年神様が天から降りてくる目印として、家の門や玄関の両側に立てます。

門松をはずすのは、関東では1月7日の食前の早朝か食後の朝（「7日までが松の内」という）、関西では小正月（1月15日）など、地域によりさまざまです。　なお、門松を飾るのは年内からですが、31日の大晦日から飾るのは「一夜飾り」といい、避けられます。

門松

●注連飾り（しめかざり）

注連縄は日本の稲作文化と深く結びついた神聖なもので、注連縄を張った領域は特別な神域を意味します。家で玄関などに注連飾りをつけるのは、行く年の不浄を払い、来る年の災いを防ぐ清浄な場所であることを示します。家が代々栄えるようにダイダイ（橙）の実、若い葉を育ててから古い葉が散るユズリハ（楪）の葉などがそえられる場合もあります。

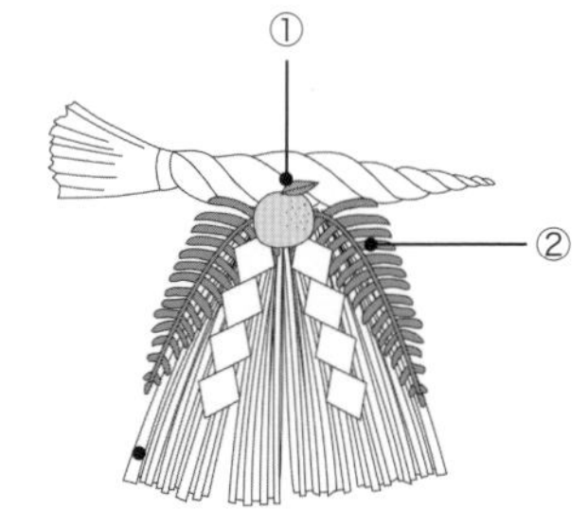

注連飾り
①ダイダイ
「家が代々（だいだい）栄える」願い
②ウラジロ
常緑の葉である裏白は「長寿」の願い

●鏡餅（かがみもち）

鏡餅は新年に古くから用いられ、年神様への供物であると同時に、家の幸を願うものです。また、白く神聖なものであり、魂や心を映すとされる円形の鏡を模したものともいわれます。

大小の丸い餅を重ねて、床の間や飾り棚にお供えします。飾り方は三方に和紙を敷き、ウラジロ（裏白）やユズリハをそえて置き、餅の大きさに合わせたダイダイやミカンを葉つきでのせます。

地域によっては、よろこぶに通じる昆布や、干し柿を串に通したものを三種の神器の剣に見立てて飾ったり、伊勢エビを添えたりするところもあります。

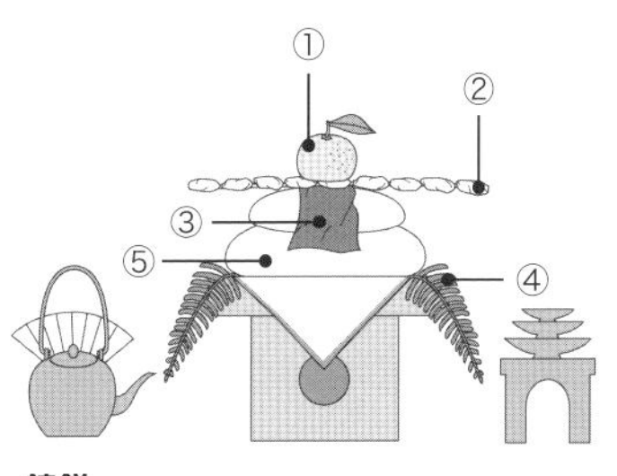

鏡餅
①葉つきのダイダイ
「家が代々（だいだい）栄える」願い
②干し柿
三種の神器の剣を模したもの
③昆布
「よろこぶ」の発音に通じることから、縁起物とされている
④ウラジロ
常緑の葉である裏白は「長寿」の願い
左右対称の葉は、共白髪に例えられ、夫婦円満の願い
⑤餅
三種の神器の鏡を模写したものとも、いわれている。あしらいに使うものや飾り方は、千差万別。

●七草粥（ななくさがゆ）　1月7日

五節句のひとつで「人日の日」（じんじつのひ）といいます。奇数を重んじる中国から古くに渡来し、1月7日、3月3日、5月5日、7月7日、9月9日が五節句で、江戸時代には式日(しきじつ、幕府の評定所で裁判や評議を行う日)となりました。植物の霊力により邪気を払う日でもあります。

この日は、七種の草をお粥に炊き込んで食べます。「せり、なずな、ごぎょう、はこべら、ほとけのざ、すずな、すずしろ、これぞ七草」と語呂よく覚えます。ごぎょうはハハコグサのことで、オギョウともいいます。ほとけのざは春に咲くシソ科の花ではなく、キク科のコオニタビラコの葉です。すずなはカブ、すずしろはダイコンを指します。秋の七草は主に観賞用です。

●成人の日　1月の第2月曜日

満20歳を祝う日です。1月15日は小正月で、元服の儀式を小正月に行っていたことに由来して、1948年に1月15日が成人の日として祝日に制定されましたが、2000年からハッピーマンデー法に基づき第2月曜日の移動祝日になっています。

●鏡開き（かがみびらき）　1月11日

正月にお供えした鏡餅を、無病息災などを願って食べます。ひび割れた鏡餅を、木づちで割るなどして開くことから鏡開きといい、刃物では切らない習わしです。小分けした餅は、おしるこや雑煮に入れてふるまいます。

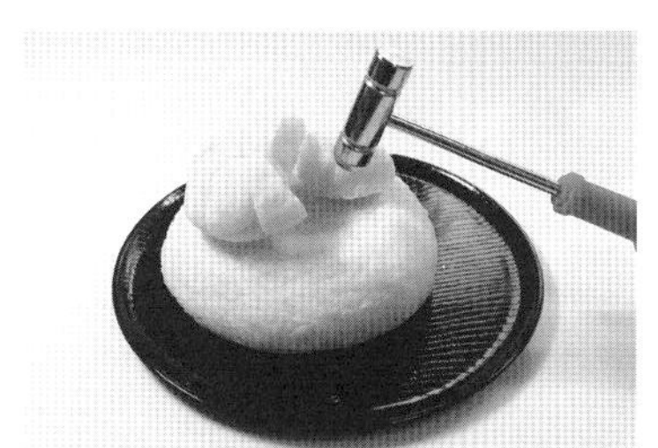

鏡開き

○大寒（だいかん）　1月20日ごろ

大寒は二十四節気の１つで、書いて字のごとく一年で最も寒い季節です。小寒（１月６日ごろ）より､さらに寒さがまさり、節分（２月３日ごろ）までを寒の内といいます。この時節の天然水は雑菌が少なく、酒、みそ、しょうゆなどの寒仕込みに適しているといわれます。

Column

春の七草

『日本歳時記』によると、人には三魂七魄＝３つの魂（天魂・地魂・人魂）と７つの感情（喜び、怒り、哀しみ、恐れ、愛、悪、欲望）があり、この三魂七魄は、天では一週間の七曜として、大地では七草として現れます。したがって、１月７日に七草を食べれば、気力が増して寿命も延びると書かれています。

その後、平安時代に伊勢神宮での宮中行事として行われ、お粥に炊き込んで七草をいただくようになりました。しかし当時はまだ、七草は特に決まりがありませんでした。

では、七草はいつ決まったのでしょうか。

そのきっかけは鎌倉時代末期。四辻善成が次の歌を詠んだことで、春の七草の定番ができました。

「せり、なずな、ごぎょう、はこべら、ほとけのざ、すずな、すずしろ、これぞ七草」

当時は、物流が発達していませんでしたので、食材が手に入らない地域もあり、地域によっては使う野菜の種類は違っていました。七草が全国で統一されたのは、物流が発達した近年になってからです。

春の七草

せり（芹）
セリ

なずな（薺）
ナズナ（ぺんぺん草）

ごぎょう（御形）
ハハコグサ（母子草）

はこべら（繁縷）
ハコベ（繁縷）

ほとけのざ（仏の座）
コオニタビラコ（小鬼田平子）

すずな（菘）
カブ（蕪）

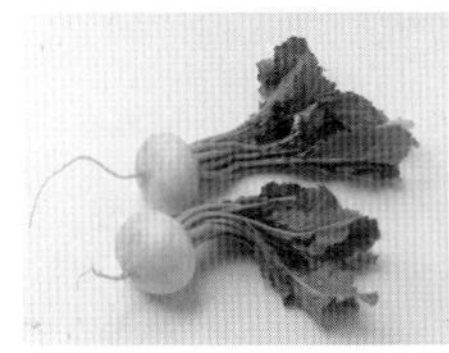

すずしろ（蘿蔔）
ダイコン（大根）

2月

●節分（せつぶん） 2月3日ごろ

季節の分かれ目に当たる日で、立春の前日を指します。

節分の豆まきは、季節の変わり目に起こる病気や災厄を追い払う行事です。立春の前日に大豆をいって、「鬼は外、福は内」と一家の主が各部屋から戸口に豆をまきます。その年の干支に当たる年男がまくと、より邪気を払う力が強まるとされています。まいたあと、年の数か、または1つ多い数だけ豆を食べるとよいとされています。

また、鬼が嫌うものにイワシのにおいと目を刺すヒイラギがあるとされ、戸口にイワシの頭をヒイラギで刺したもの（柊鰯（ひいらぎいわし））を飾り、魔よけに飾るところもあります。節分にめざしを食べるのも、その一例です。

節分の柊鰯。

○立春（りっしゅん） 2月4日ごろ

冬至と春分の真ん中が立春です。旧暦では二至二分（冬至、夏至、春分、秋分）、その間に四立（立春、立夏、立秋、立冬）をおいて「八節」とし、それを軸に二十四節気が季節のことばとして用いられていました。春とは名ばかりでまだ寒い時節です。

♥バレンタインデー 2月14日

敬虔なカトリック教徒のセント・バレンタイン（St. Valentine）が異教徒の迫害により殉教した記念日とされ、欧米では「愛の日」と呼ばれ男性から女性に花束（主に赤バラ）を贈ることが多く、また、男性も女性もパートナーにお菓子やカードなどの贈り物をします。

チョコレートを女性から男性に贈るスタイルは日本で独自に発展したものです。1970年代後半から盛んになり、現在では国民的なギフトとなっています。チョコレートを贈られた男性が3月14日に女性に白いバラをお返しをするホワイトデーのギフトも近年盛んですが、イギリスでは、男性が女性にバラの花束を贈ります。

Column

バレンタインデーのスミレ

バレンタインデーは、昔、ローマの司祭聖バレンタインが投獄されたとき、牢獄の窓辺に咲いたハート形のスミレの花をとり「私のことをどうか忘れないでください」という手紙とともに鳩に託して友達に送ったという故事から始まったとされます。スミレの花ことばは「恋人」。

Column

フラワーバレンタイン

欧米やアジア諸国では、バレンタインデーに男性が女性に花を贈る習慣があります。そして、日本の女性がホワイトデーに男性からもらってうれしいものは、「花束」だそうです。日本でも、男性から女性に花を贈る日として定着させようとしています。

3月

●ひな祭り（ひなまつり、上巳の節句）　3月3日

五節句の１つで上巳の節句（じょうしのせっく）といいます。

ひな祭りは桃の節句ともいい、桃は中国では邪気を払い、長寿を保つ特別な果実とされています。女の子の健やかな成長を祈り、花を観賞するハナモモが切り花として出回ります。菱餅やあられ、白酒などを供え、ハマグリの潮汁などを食べます。

○啓蟄（けいちつ）　3月5日ごろ

冬ごもりをしていた土中の虫たちが動き始めることを意味する二十四節気の１つです。「けいちつ」は中国では「驚蟄」と書きます。

桃の節句飾りの例

●春分（しゅんぶん）彼岸会　3月20日ごろ

太陽が真東から昇り、真西に沈み、昼と夜の長さが同じになる日です。これより夏至までは昼がしだいに長くなります。夏至以降、再び昼が短くなり、同じ長さになるのが秋分です。春分と秋分の３日前から７日間が彼岸の入りと明けになります。

モモの花

Column

桃（モモ）

桃はバラ科サクラ属の花で「ミモモ（実桃）」と「ハナモモ（花桃）」に大別されます。

日本の神々を生み、山や海、草木をつかさどっていたイザナギノミコトは、亡き妻のイザナミノミコトに会いたくて黄泉の国に下ります。しかし、黄泉の国であまりに変わり果てた妻の姿に驚き、逃げ帰ろうとしました。後ろからは黄泉の国の悪鬼が追ってきます。黄泉比良坂（よもつひらさか）で捕まりそうになったときにイザナギノミコトが悪鬼に向かって投げたものが、３個の桃の実。古来から桃には霊力があるといわれているのです。

ちなみに『西遊記』に登場する孫悟空が西王母（中国の仙人の王）の仙桃（3000年に一度実をつける不老長寿の桃）を盗み食いした日が３月３日だといわれています。ちょうどその日は西王母の誕生日でもありました。

Column

知っておきたい二十四節気

※新暦の日付は年により異なります（国立天文台 天文情報センター）

旧暦	節気	新暦（2024年）	新暦（2025年）	およその意味
1月	立春（りっしゅん） 雨水（うすい）	2月4日 2月19日	2月3日 2月18日	春の気配が感じられるようになる 雪や霰（あられ）ではなく雨が降るようになる
2月	啓蟄（けいちつ） 春分（しゅんぶん）	3月5日 3月20日	3月5日 3月20日	冬眠していた虫などが這い出すようになる 昼夜の長さがほぼ同じになる
3月	清明（せいめい） 穀雨（こくう）	4月4日 4月19日	4月4日 4月20日	空気が清浄で、植物の葉が展開し始める 春雨が降って、穀物の生育をうながす
4月	立夏（りっか） 小満（しょうまん）	5月5日 5月20日	5月5日 5月21日	夏の気配が感じられるようになる 草木などの枝葉が盛んに生い茂る
5月	芒種（ぼうしゅ） 夏至（げし）	6月5日 6月21日	6月5日 6月21日	農家が田植えに追われる時期 一年で最も日が長くなる
6月	小暑（しょうしょ） 大暑（たいしょ）	7月6日 7月22日	7月7日 7月22日	暑さがいよいよ増してくる 暑さが極まった時期
7月	立秋（りっしゅう） 処暑（しょしょ）	8月7日 8月22日	8月7日 8月23日	秋の気配が感じられるようになる ようやく暑さがおさまり始める
8月	白露（はくろ） 秋分（しゅうぶん）	9月7日 9月22日	9月7日 9月23日	秋がようやく本格的になっていく 昼夜の長さがほぼ同じになる
9月	寒露（かんろ） 霜降（そうこう）	10月8日 10月23日	10月8日 10月23日	秋が深まり、本格的に寒くなっていく 霜が降り始めるころ
10月	立冬（りっとう） 小雪（しょうせつ）	11月7日 11月22日	11月7日 11月22日	冬の気配が感じられる 寒さが進み、雪が降るようになる
11月	大雪（たいせつ） 冬至（とうじ）	12月7日 12月21日	12月7日 12月22日	本格的に雪が降り出すようになる 一年で最も日が短い日
12月	小寒（しょうかん） 大寒（だいかん）	1月6日 1月20日	1月5日 1月20日	寒さが厳しくなり始める 一年で最も寒さが厳しくなる

4月

●花祭り（はなまつり）　4月8日

お釈迦様の誕生を祝福する仏教行事です。

花祭り

♥イースター（復活祭）
春分の日のあとの満月の次の日曜日

ゴルゴタの丘（エルサレムにあった丘）で十字架にはりつけとなったキリストが3日目によみがえったことを記念する移動祝日です。復活祭と呼び、キリスト教圏の国々では盛大に祝います。

この日を飾るものにイースターエッグがあります。卵は復活の象徴とされ、ゆで卵や中身を抜き出した殻に絵を描いたり、室内や庭に隠して子どもに探させたりする遊びもあります。

復活祭に飾られるユリ、「イースター・リリー」は、幕末にドイツの医師・博物学者のフィリップ・フランツ・フォン・シーボルトが日本のテッポウユリを収集しヨーロッパに持ち帰ったものが定着しました。

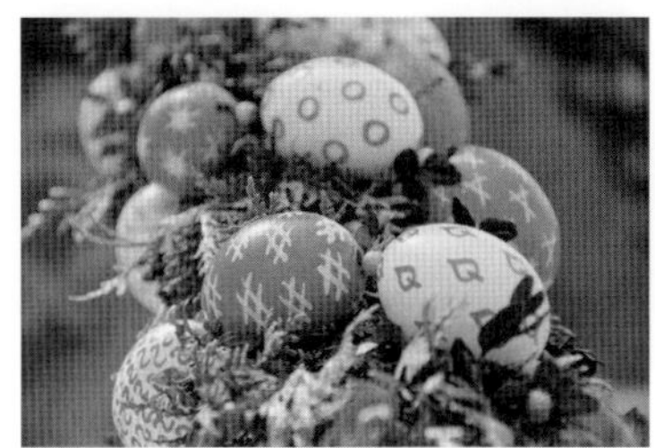
イースターエッグ

♥サン・ジョルディの日　4月23日

「サン・ジョルディの日」とは、スペインのカタルーニャ地方の伝統的な祝祭日で、カタルーニャの守護聖人である騎士サン・ジョルディの伝説に由来するといわれています。バルセロナを中心とするカタルーニャ地方では、大切な人に美と教養、愛と知性のシンボルとして、1本のバラと1冊の本を贈り、この日を祝います。男性は女性に花を、女性は男性に本を贈るのが一般的で、家族や友達の間でもプレゼントが交わされます。

サン・ジョルディの日

Column

桜（サクラ）

うららかな春に咲く桜に、日本人は特別な愛着を抱いています。桜は古くから短歌や俳句、芸能、流行歌などの題材となり、花見は春の風物詩となり、日本人の生活になくてはならないものとなっています。

桜の代表種、ソメイヨシノ

桜は大きく分けるとヤマザクラ（山桜）とサトザクラ（里桜）に分かれます。ヤマザクラは野生の桜のことで、花と同時に若葉を出します。代表的な品種にオオシマザクラなどがあります。このオオシマザクラを親として作出した園芸品種をサトザクラといいます。代表的な品種にソメイヨシノ（染井吉野）があります。

ソメイヨシノが登場したのは明治維新前後のことで、江戸の染井村（現在の東京都豊島区）の植木屋がオオシマザクラとエドヒガン系の桜からつくり出した桜を「吉野」として売り出したといわれています（諸説あり）。花が美しく成長が早いので、全国に広がりました。現在日本で栽培されている桜の約70%がソメイヨシノです。しかし、サトザクラ系は寿命が50～80年といわれ、戦後に植えられたソメイヨシノの寿命を心配する声もあります。桜といえば、古くはヤマザクラ、現代ではソメイヨシノを指します。

桜の由来

桜の名前の由来には、「咲く（サク）」に接尾語「ら」がついたものとか、「サ」＝穀霊（田の神）に「クラ」＝神の依代（よりしろ）がついたもの、といった説があります。

桜の開花で農耕の開始のときを教え、咲き方でその年の気候の特徴や稲作の豊凶を占うために、奈良時代から植栽されていました。

桜はバラ科サクラ属サクラ亜科に入る多数の変種、品種の総称です。

サクラ亜科は６つに分けられ、園芸品種は300種以上になります。

ヤマザクラ群…ヤマザクラ、ナガバヤマザクラ、オオヤマザクラ、カスミザクラ、オオシマザクラが主なもので高木。葉柄の上部に蜜腺があり、果実は小さい。

エドヒガン群…エドヒガン、イトザクラ、コヒガンザクラなどで「彼岸」の名からもわかるように、早咲きで葉が開く前に開花する。花がやや小さく、がく筒の下部が壷形。

ヒガンザクラ群…ヒガンザクラは、沖縄に野生化しているもので、１月から２月に濃い紅紫色の花を下向きに半開、または平開する。がく弁も同色で鐘形をしている。ほか、カラミザクラ、ヒマラヤザクラがある。

マメザクラ群…マメザクラ、ブコウマメザクラ、キンキマメザクラ、ミネザクラ、チシマザクラなどがある。ほとんどが低木で、葉や花が小さい。花は淡紅色から深紅までである。

チョウジザクラ群…株立ち状の樹形になるものが多く、チョウジザクラのほかにオクチョウジザクラなどがある。葉には毛が生えている。山地に自生する純粋な野生種とその変種からなる。

ミヤマザクラ群…ミヤマザクラだけを指す。花が総状につき、小花柄の基部に苞があり、果実がつくまで残る。深山に生え、純白の花弁の先端は丸い。淡紅色もあるが、ほかのサクラ群とはまったく異なって見える。

5月

○八十八夜（はちじゅうはちや）　5月2日ごろ

立春から数えて88日目で、八十八夜は二十四節気にはない、日本の気候から生まれた農事暦で「雑節」（ざっせつ）といいます。米作の目安となり、また、茶摘みの始まる時節でもあります。茶はツバキ科の植物で鎌倉時代に栄西により中国から伝えられたといわれます。若葉を摘んで蒸したものを手もみして乾燥したものが緑茶です。八十八夜を過ぎると各地から新茶が出始めます。茶の花は5弁のツバキを小輪にしたような白い花で冬に咲きます。

茶の花

●端午の節句（たんごのせっく）　5月5日

五節句の1つで日本では「こどもの日」です。男子の元気な成長を願って鯉のぼりを立て、菖蒲の葉を入れた菖蒲湯に入り、無病息災を祈ります。また、強い香気のある菖蒲やヨモギを軒（のき）につるし、厄を祓（はら）います。

葉が剣のように線形で武家では尚武に通じるとして重んじました。邪気を払うとされ、昔は葉を軒に葺（ふ）いて魔よけとしても用いました。

軒につるした菖蒲と鯉のぼり

Column

匂い菖蒲、よもぎ（端午の節句）の意味

匂い菖蒲はショウブ科の多年生植物で、花菖蒲（アヤメ科）とは似て非なるものです。

旧暦を使っていた古（いにしえ）の時代5月5日は、ちょうど長雨が続く季節の変わり目にあたります。ジメジメした日が続き、病気などが多かったせいでしょうか、病気や厄災をもたらす悪鬼を退治する、さまざまな催しが行われていました。現在も行われている菖蒲湯の風習も、この時代の名残です。

殺菌、鎮痛、鎮静、健胃などの効果があるとされる菖蒲は、浴湯料として使うことで腹痛や冷え性にも効果があります。

また菖蒲の芳香は、葉そのものより、葉のつけ根や根（菖蒲根）の部分から多く発します。

よもぎは、強い香りをもつことから、菖蒲と合わせて魔よけの印として、暑い夏に向けて邪気を払い、無病息災を祈る風習として伝承されています。

♥母の日（ははのひ）　5月の第2日曜日

アメリカ合衆国起源の行事です。亡くなった母を追悼した娘が教会で1908年5月10日に白いカーネーションを配ったことから、母に感謝の意を捧げる風習が広まり、1914年に時のウィルソン大統領が第2日曜日を母の日に制定しました。

日本で花を贈る習慣が一般化したのは戦後のことといわれています。子どもから母親に赤いカーネーションの花束や鉢植えカーネーション、または母親の好きな花などが贈られます。

母の日のアレンジメント

●葵祭（あおいまつり）　5月15日

京都三大祭りの1つで平安朝貴族の衣装を着けた総勢500余人の優雅な行列が京都御所を出発して下鴨神社を経て、上賀茂神社に向かう例祭です。社殿の御簾（みす）も牛車も祭りの人々もすべてフタバアオイの葉を桂の小枝に挿して飾られることから葵祭と呼ばれます。

6月

♥父の日（ちちのひ）　6月の第3日曜日

アメリカ合衆国起源の行事です。南北戦争（1861～65年）に従軍した父のいない期間に6人の子どもを育てた母が父の復員後に亡くなり、今度は父が男手1つで6人の子どもを育てあげ、末っ子が父の誕生日に当たる6月に「父の日」を提唱しました。

日本では父に感謝してバラの花束などを贈ります。

父の日のアレンジメント

○夏至（げし）　6月21日ごろ

夏至は太陽が黄経90度に達したときを指し、一年で昼間が最も長く、夜が最も短い日に当たります。冬至と比べ、昼間の時間差は4時間以上もあります。この日を過ぎると本格的な夏の始まりになります。

Column

梅雨

梅の実が熟すころに、しとしとと降る日本特有の長雨のこと。6月に入ると、北海道と東北の一部を除き、日本列島は梅雨入りします。

梅雨は別名ウノハナクタシと呼ばれ、ウノハナを腐らせるといいます。ウノハナに限らず、梅雨の雨で命を短くする花も多いのですが、キンシバイやツキヌキニンドウ、色とりどりのハナショウブ、次々に花色を変えていくアジサイなど、梅雨の雨にうたれて、いっそう色鮮やかに咲く植物もあります。

7月

●朝顔市（あさがおいち）　7月6～8日

東京の入谷鬼子母神（真源寺）を中心に、百軒以上もの朝顔業者が沿道に並びます。アサガオは奈良時代に種子が牽牛子と呼ぶ峻下剤などの薬用植物として渡来しました。

●七夕（たなばた）　7月7日（8月7日）

五節句の１つです。五色の短冊に願いごとを書き、ササやタケにつるしたものを飾ります。その夜は鷲座の１等星アルタイル（牽牛星、彦星）と琴座の１等星ベガ（織女星）が１年に一度だけ会える日とされています。仙台など、地方によっては８月７日に行います。

●ほおずき市　7月9～10日

東京の浅草、浅草寺の縁日です。この日に参詣すると四万六千日の功徳があると伝えられています。

七夕

ほおずき市

Column

暑中見舞い

暑中見舞いは夏の中でも一番暑い土用、つまり立秋（8 月 7 日ごろ）前の 18 日間に、平素親しい家々のあいだで贈りもののやりとりをして、暑さをなぐさめあう、という意味合いからスタートしています。

ただし、暑中見舞いはお中元の時期と重なるため、贈りものはしだいにお中元に吸収されていき、暑中見舞いは簡単な手みやげを持参してのあいさつや暑中見舞い状の発送などで済ますようになりました。

Column

ヒマワリ

漢字で書くと「向日葵」。キク科の一年草で、真夏の太陽の下、黄金色の明るい大きな花を堂々と開かせます。別名は日輪草、日車、迎陽花（げいようか）、サンフラワー。

名前の由来は太陽に向かってまわることからついたといわれますが、実際には苗が成長する時期には、茎の頂部が太陽を追って向きを変えるものの、花が咲くころにはその動きは止まります。

花言葉は、敬慕。

8月

○立秋（りっしゅう） 8月7日ごろ

夏至と秋分の中間が立秋です。秋の気配がするころとされています。この日を境に「暑中見舞い」は「残暑見舞い」となります。

●お盆（おぼん） 8月13～15日（7月13～15日）

お盆は先祖の霊が家族と一緒に過ごす行事です。住職から棚経をもらい、仏壇の位牌を盆棚にマコモを敷いて出し、供花をし、ホオズキの明かり、キュウリの馬やナスの牛などを飾り、水の子（ナスやキュウリをサイの目に刻んだものと米を混ぜたもの。地方によってはハスや里芋の葉にのせる）を盛り、ミソハギの花穂に水を含ませ清めます。

先祖の霊は煙に乗って往還するとされ、戸口でほうろくにおがらをたいて目印にします（迎え火）。亡くなって迎える最初のお盆を新盆（にいぼん）といい、白提灯を下げます。絵柄のついた盆提灯はどのお盆で飾ってもかまいません。死者の魂を現世からあの世に送り返す行事が、送り火です。

京都五山の送り火

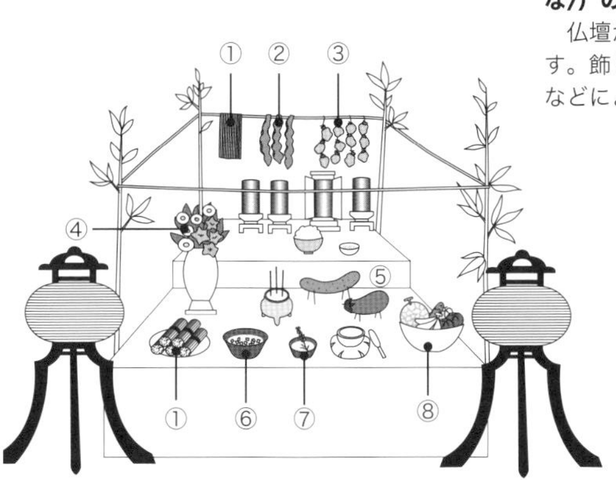

盆棚（精霊棚〈しょうりょうだな〉）の飾り方の例

仏壇から位牌を取り出し、移す。飾り方や飾るものは、地方などにより異なる。

①素麺
②昆布
③ホオズキ
④盆花
⑤ナスの牛とキュウリの馬
⑥水の子
⑦ミソハギの花穂
⑧夏野菜とくだもの

Column

ホオズキとお盆

ホオズキは「鬼灯」とも書きます。精霊が迎え火や提灯の火を頼りに集まるといわれていることから、迷わないように、ホオズキを提灯に見立てて盆棚（精霊棚）に飾ります。お盆の時期に墓花や仏花に「ホオズキ」を入れるのは、「ご先祖様が迷わないように」そして「十分にご供養したい」という心遣いの表れです。

Column

お盆で使う植物たち

ご先祖様が使う箸には、メドハギという植物を使います。メドハギの茎は断面が円に近く、ほとんどの部分でまっすぐに伸びるので、適当な長さに折るだけで箸がつくれます。

盆花には、オミナエシ、キキョウ、ナデシコ、ハギ、ヤマユリなどが使われます。入手しにくいときは、故人の好きな花でもよいでしょう。

ミソハギの名は「みそぎはぎ」を略したもので、漢字では禊萩です。

9月

●重陽の節句（ちょうようのせっく）　9月9日

奇数を重んじた中国では九が重なる陽数の意で「重陽」といい、五節句の1つです。菊の節句とも呼ばれます。

●敬老の日（けいろうのひ）　9月の第3月曜日

1966年に9月15日が「敬老の日」として国民の祝日に制定されましたが、2003年から第3月曜日の移動祝日になりました。70歳を古稀、77歳を喜寿、80歳を傘寿、88歳を米寿、90歳を卒寿、99歳を白寿など節目の年は数え年で祝い、70、77、80歳は紫色、88、90歳は黄金色、99歳は白色のちゃんちゃんこと頭巾をつけて祝う習わしがあります。

プレゼントには、よく花が贈られますが、花に関する決まりは特にありません。

●秋分（しゅうぶん）彼岸会　9月22日ごろ

太陽が真東からのぼり、真西に沈み、昼と夜の長さが同じになる日です。この日から冬至までは日暮れがしだいに早くなり、秋の夜長となります。春分と同じく3日前が彼岸の入り、秋分をはさんで3日後が彼岸の明けとなります。先祖の墓参をして、供物や供花をします。

Column

菊の節句

中国では、菊は不老長寿のシンボルとされています。中国の伝説の中で、山中に住む慈童仙人（じどうせんにん）は、菊の露が落ちた谷川の水（菊水）を飲むことにより700歳の命を得たといわれています。その伝説にちなみ、今でも酒に菊を浮かべ重陽（菊の節句、9月9日）に不老長寿を願い飲まれています。

敬老の日のアレンジメント。

Column

菊（キク）

古くから、キクは日本の秋を代表する花として親しまれてきました。キクには、中国原産で大輪の花を咲かせる園芸種と、日本の山野にも自生する野生種があります。園芸種は不老長寿の妙薬として奈良時代に渡来し、平安時代から観賞され、元禄時代には盛んに新品種が作出されました。洋ギクのポットマムなどは中国原産のキクがヨーロッパで改良されたものです。野生種は清楚な草姿が魅力で、栽培は容易です。

Column

菊花展（きっかてん）

秋たけなわの時期に、日本各地で菊花展が催されます。大菊の厚物、厚走り、管物、中菊の伊勢菊、嵯峨菊、江戸菊、肥後菊など地方独自で発展してきた花々、小菊を懸垂状に作る懸崖菊（けんがいぎく）など、見事に仕立てられた菊が飾られます。新宿御苑の菊はニューヨークの植物園からも技術指導を依頼されるほど、海外からも人気を集めています。

また、小菊を人形に仕立てた菊人形、小菊を細かく分枝させ、動物の形のワイヤに這わせて仕立てるトピアリーなど、さまざまな姿のものがあります。

菊人形

Column

秋の七草

「秋の野に　咲きたる花を　指折り（およびをり）かき数ふれば　七種（ななくさ）の花」　山上憶良

七種の花というのは、ハギ、オバナ（ススキ）、クズ、ナデシコ、オミナエシ、フジバカマ、キキョウ。これが秋の七草。
秋の七草は、主に観賞用の花ですが、じつは日本人にとって重宝される草花なのです。
「ハギ」の新芽は萩茶となり、葉は家畜のえさになります。枝は屋根や炭俵・ほうきにされ、花は染料に用いられるなど、無駄なく活用される花でもあります。根は、干して薬用になります。

「ススキ」は「尾花（オバナ）」とも呼ばれますが、「尾花」はススキの花穂が出ているときの呼び名です。
ススキは、漢字で書くと「芒」とか「薄」と書き、「カヤ」とか「オバナ」とも呼ばれます。もともと、ススキはイネ科の植物で、未成熟な穂は、昔、食用にされました。
昔の農家などには、茅葺屋根（かやぶきやね）が多く見られました。この「茅（カヤ）」というのは、ススキのことです。つまり、ススキの茎は屋根に利用されていました。

「クズ」は、「葛」とも書きます。もともとは、大和国（奈良県）の国栖（くず）がクズ粉の産地だったことから、この名前が使われ出したといわれています。
「クズ」の根は、つぶして水でさらしてでんぷんをとり、「葛粉（くずこ）」をつくりました。葛粉は、葛切りや葛餅などの原料になります。また食品として用いられるだけでなく、そのままお湯にといて飲むと、体を温め血行をよくしてくれます。そこで、風邪や胃腸不良の民間治療薬としてできたのが、「葛根湯（かっこんとう）」です。読んで字のごとく、まさに「葛」の「根」のお湯です。

「ナデシコ」は、繊細なピンクの花を咲かせます。その小さくてつつましく控えめで可憐な花の姿に、日本女性の美しさを重ねた言葉が、「大和撫子（やまとなでしこ）」です。

「オミナエシ（女郎花）」は、古くから日本にある花で、原産地は日本です。
オミナエシは、茎や根がちょっと臭うので、茶花としてはあまり好まれなかったようですが、古来、利尿、排膿の生薬として、多くの人に親しまれてきた花です。

「フジバカマ」は、万葉の昔から日本人に親しまれてきた花で、かつては日本全国どこでも、河原などに群生していました。
乾燥すると桜餅のような甘い香りをはなち、お風呂の湯に入れて香りを楽しんだり、すりつぶして飲むと利尿作用があります。

「キキョウ」は、透き通った青紫の花を咲かせますが、まれに白花をつける種類もあります。花の形がよいので、古来、観賞用として親しまれるほか、切り花としても多く利用されました。しかし、キキョウの花が咲くのは6月下旬のことです。つまり、秋ではない。ではなぜキキョウが「秋の七草」に入ったのでしょうか。実は、キキョウの根に理由があります。キキョウの花の季節が終わり、地上部が枯れた秋から冬にかけて、掘って根を取り出します。根は細い部分を取り除き、外皮をむいて、よく水洗いし、日干しで乾燥させます。こうしてできる生薬が、桔梗根（ききょうこん）です。桔梗根の粉末は、去痰、鎮咳、鎮痛、鎮静、解熱によく効く生薬となります。つまりキキョウは、冬の風邪の治療に欠かせない植物だったのです。また、キキョウの葉や茎から出る白い乳液が、漆（ウルシ）のかぶれに、よく効きました。漆は、初夏から秋にかけて漆の木から採取され、ここでもキキョウは大活躍しました。

秋の七草
春の七草は食用草だが、秋の七草は主に観賞用。

ハギ（萩）

ススキ（薄・芒）

キキョウ（桔梗）

ナデシコ（撫子）

クズ（葛）

フジバカマ（藤袴）

オミナエシ（女郎花）

10月

●お月見（おつきみ）　9～ 10月の十五夜の日

中秋の名月ともいい、年によって日にちは異なります。お団子やススキなどの秋草をお供えして月を鑑賞します。９月は秋の長雨の時期なので、雲間に隠れて見えない日もありますが、10 月は夜空に月の光が美しく見える確率が高くなります。

お月見の飾りは、お団子は十五夜なので 15 個飾り、ススキは神様の依代とも、稲穂の代わりとも、魔よけともいわれます。ほかに、秋の草花を飾りましょう。

お月見の飾り

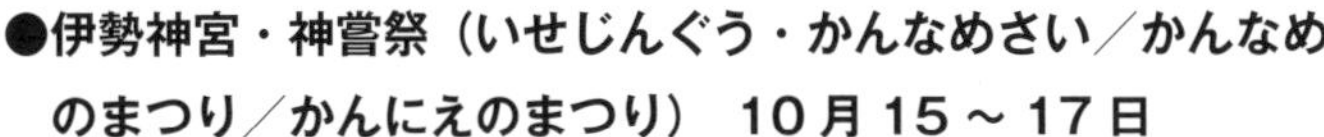

●伊勢神宮・神嘗祭（いせじんぐう・かんなめさい／かんなめのまつり／かんにえのまつり）　10 月 15 ～ 17 日

伊勢神宮に伝わる数多い儀式の中でも特に重要なのが神嘗祭です。国の繁栄と安泰、五穀の豊穣、国民の平安を祈る神宮の由緒ある祭りです。その年の稲の初穂を奉納します。新米が出回るころですが、本来は神前に奉納してからのち、食べるのが習わしとされています。伊勢神宮のことを本来は「神宮」と呼びます。

♥ハロウィン　10 月 31 日

カトリックの諸聖人をまつる万聖節の前夜祭で、10 月 31 日の夕方から夜に行われます。宗教的な行事というより、大人も子どもも仮装を楽しんだり、各家庭を訪ねて、プレゼントをもらったり、ご馳走を食べて楽しみます。

カボチャをくりぬいて、目と鼻と口をつけ、中にろうそくを入れたカボチャのおばけ、「ジャック・オ・ランタン」がハロウィンのシンボルとなっています。このカボチャは皮がオレンジ色の品種です。

ジャック・オ・ランタン

カボチャはウリ科カボチャ属の作物で、日本カボチャ、西洋カボチャ、ペポカボチャがあります。観賞用カボチャはペポカボチャに属し、ハロウィンに向くのは「オータムゴールド」など、大きさを競うなら「アトランチックジャイアント」が大型品種です。

ハロウィンのアレンジメント
〈かぼちゃ畑〉

11月

○立冬（りっとう） 11月7日ごろ

冬の始まりを意味する二十四節気の季節のことばです。日本では西高東低の冬型の気圧配置となり、突然に北寄りの強い風の木枯らし1号が吹き、風の冷たさが冬の到来を告げるころでもあります。

**♥感謝祭（かんしゃさい、
サンクスギビングデー〈Thanksgiving Day〉）
アメリカ＝11月の第4木曜日　カナダ＝10月の第2月曜日**

17世紀にイギリスからアメリカ大陸に渡った清教徒が、初年度に多くの餓死者を出し、翌年は先住民の助けを借りて収穫に恵まれ、定住の足がかりができたことを記念するものです。

アメリカでは第16代アメリカ合衆国大統領、エイブラハム・リンカーンが連邦休日と定め、現在では家族、友人がともに食事をする日として定着しています。

食卓には七面鳥がのぼり、ムギやイネ、トウモロコシ、カボチャ、ブドウなど、その土地の主食になるものなどを飾って収穫を感謝します。

感謝祭のアレンジメント
〈ポマンダーの香りをどうぞ〉

アメリカの感謝祭の様子

感謝祭のローストターキー

Column

ポマンダーのつくり方

オレンジやレモンにクローブ（チョウジの蕾）を挿し、模様にしたり表面を埋め尽くします。そのまま乾燥させ、シナモンパウダーをかけて甘い香りを楽しみます。

ヨーロッパでは魔よけや疫病よけのために、ポマンダーなどの香りで身を包みました。手づくりのポマンダーは幸福を呼ぶといわれ、クリスマスや新年の飾りやプレゼントに使われます。

12月

○冬至（とうじ）　12月21日ごろ

昼の長さが短く、夜が最も長い日です。二十四節気の１つですが、日本では独自に発展し、風邪をひかないようにカボチャを食べたり、ユズを入れたお風呂に入ります。ユズは香りがよく、肌をなめらかにする効用もあります。

冬至のアレンジ

♥クリスマス　12月24～25日

イエス様の誕生された日とされています。イエス・キリストはベツレヘムの洞窟にある馬小屋でマリア様を母に生まれました。前夜がクリスマス・イブです。日本では24～25日だけですが、ヨーロッパでは１月７日ごろ、もしくは１月１日までクリスマス期間になります。

世界の各国でお祝いをしますが、よい行いをした子どもにサンタクロースがプレゼントをする習わしがあります。部屋にクリスマスツリーやリースを飾り、キャンドルをともし、七面鳥やチキン、ケーキなどのご馳走を食べます。

日本には16世紀に宣教師の渡来とともに伝わりましたが、明治の西欧化で広まり、戦後盛んになりました。また、近年はキャンドルに代わってLEDのイルミネーションが街を美しく彩るようになりました。花材ではポインセチア、シクラメン、ヤドリギなどが好んで飾られます。

クリスマスリース

クリスマスの花材、ポインセチア

Column

アドベント（Advent）

西方教会ではクリスマスイブの４週前の日曜日から、アドベント（待降節、降臨節など）となります。４本のロウソクを用意しリース（クランツ）に飾って、毎日曜日ごとに１本ずつともし、心静かに聖夜を待ちます。ロウソクの色は悔い改めを表す紫で３本目のみ白またはピンクが一般的ですが、必ずしも決まっているわけではありません。

なお、正教会にはアドベントはなく、ロシア正教会や他のいくつかの教区では、クリスマスを１月７日にお祝いします（日本正教会ではほぼ12月25日）。

クリスマスのアレンジ

Column

冬至のゆず湯

冬に旬を迎えるユズの強い香りには邪気が寄らないと考えられており、ゆず湯には身を清めるという意味も込められています。

湯への入れ方は各家庭によってさまざまですが、実を丸ごと湯へ入れたり、半分にカットして入れたり、カットしたものをガーゼ袋などに入れるのが一般的です。

ゆず湯

Column

クリスマスツリーの飾りの意味

トップスター（ツリーの一番上の星）

キリスト生誕時に輝き、賢者を生まれた地へ導いた星などの意味があります。

ベル

キリストの誕生（救世主の到来）を知らせる天国からのあいさつの喜びのベルとしての意味や、羊につけられたベルの音で迷子にならないようにということから、人々も神様のもとに帰れることを意味したり、さらにその音が邪気を払う魔よけとしての意味合いがあったりします。

リンゴ

アダムに原罪をもたらした果実、エデンの園の知恵の実とされ、豊かな実りや幸福などの生きる喜びをもたらす果実を表します。

杖（つえ）

羊飼いが杖の曲がったところで迷い出た羊を引っかけて群れに戻したので、助け合いの心を象徴するものとされます。

ヒイラギ

セイヨウヒイラギ（柊、クリスマス・ホーリー、Christmas Holly）はキリストがすべての人の罪を背負って十字架にはりつけにされたときにかぶらされた茨の冠、赤い実はキリストの流した血を象徴するものや、ヒイラギのトゲのような葉が邪気を払う魔よけとしての意味もあります。

ヒイラギ

ヤドリギ

セイヨウヤドリギ（宿木、[英名]Mistletoe、[学名]Viscum album）はケルト神話や北欧神話に登場し、幸福をもたらす聖なる木とされていました。そして現代の欧米では、クリスマスに欠かせない飾りものになっています。ヤドリギの下に立っている人（女性）にキスをしてもよい（kissing underneath the mistletoe）という習慣は小説や映画などにも登場して知られています。

ヤドリギ

キャンドル

キャンドルは「世を照らす光」としての意味があります。

マツボックリ（松笠）

豊穣の象徴。

リボン

よい心で永遠に結び合わされるという意味。

●**大晦日（おおみそか） 12 月 31 日**

一年の最後の日です。毎月の最終日を晦日といい、12 月のみ大晦日といいます。大晦日には地域により、さまざまな年越しの行事があります。東北地方の一部では「年取り」と呼び、元日よりも盛大にご馳走を食べる地域もあります。年越しそばを食べ、細く長く健康と金運に恵まれるよう縁起をかつぐことも一般化しています。

●**除夜の鐘（じょやのかね） 12 月 31 日～1 月 1 日**

大晦日の深夜 0 時をはさむ時間帯にお寺の鐘撞堂（かねつきどう）では除夜の鐘を撞きます。その数は 108 回、人間の煩悩の数とされています。日本三古鐘と呼ばれるものに東大寺の奈良太郎、高野山根本大塔の高野次郎、吉野世尊寺跡の吉野三郎があります。また、日本三名鐘と称するものに 23 トンもの巨大梵鐘（はんしょう）の東大寺、姿が美しい平等院、音色のすばらしい三井寺などがあります。静寂な闇に響きわたる寺院の鐘撞堂には長蛇の列で一般にも鐘を撞かせてくれるところもあります。神社の初詣と同じ日には行わないのが習わしです。

除夜の鐘

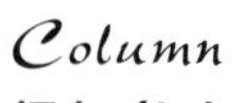

師走（しわす）

師走は本来、陰暦 12 月の異称ですが、現代では陽暦にも使われます。師走の語源には諸説ありますが、年の暮れに各家が僧（師）を迎えて経をあげてもらうので、僧が忙しく家々を走り回ったから、それほど年末はあわただしい、とする説明がよく知られています。

陰暦の月の名称（異称）

1 月	睦月（むつき）	8 月	葉月（はづき）
2 月	如月（きさらぎ）	9 月	長月（ながつき）
3 月	弥生（やよい）	10 月	神無月（かんなづき） ＊出雲地方では「神在月（かみありづき）」ともいう
4 月	卯月（うづき）		
5 月	皐月（さつき）		
6 月	水無月（みなづき）	11 月	霜月（しもつき）
7 月	文月（ふみづき）	12 月	師走（しわす）

結婚式の歴史と知識

日本の結婚式

「冠婚葬祭」は、人生で最も大切なできごとを表しています。「婚」は結婚式、「葬」はお葬式、「冠」はお宮参りや成人式などの儀式、「祭」はお祭りのほか、お正月やひな祭りなどの年中行事も入ります。

いずれも花がよく使われますが、特に結婚式とお葬式では重要なアイテムです。さらに、結婚は婿嫁両家の縁組となるため、対外的にも社交的にも、また家の繁盛や利害得失にもかかわるので、盛大に行われることが多くなります。

神話時代の結婚式

日本ではじめての結婚といわれているのが、『日本書紀』『古事記』に登場する伊邪那岐命（イザナギノミコト）と伊邪那美命（イザナミノミコト）の国生み神生みの神話です。

両神が「心の御柱（しんのみはしら）」という丸柱を立て、男神が左から回り、女神が右から回り、正面で行き合ったところで「あなにやし、えをとこを（愛らしい女）」「あなにやし、えをとめを（愛らしい男）」とほめ、そして淡路島、大八洲（おおやしま）などが生まれ（国生み）、次いで、天照大神（アマテラスオオミカミ）、月読命（ツキヨミノミコト）、素戔嗚尊（スサノオノミコト）などを生みました（神生み）。

なお、上代は「共同婚」という特定の相手を定めない結婚だったといわれています。

平安時代の様子。『落窪物語』国会図書館蔵

奈良時代から平安時代の結婚式

古墳時代から奈良時代には、男性が女性のもとに通う「妻問婚」になります。男性と女性は別居婚で、『古事記』や『日本書紀』『万葉集』などの文献に見られます。

さらに時代が進み、平安時代には、『落窪物語』『源氏物語』などの作品にあるように、男性が妻方の家に同居する「婿取婚」になります。「家」の意識が強くなる一方、母系型社会がまだ続いていたと考えられます。

結婚は、男性が女性のもとに三夜続けてしのび、発見されたところで「露顕（露見・ところあらわし）」という宴を妻方の縁者が集まって行うことで果たされます。現在の披露宴です。同様に、3日目に餅を食べる「三日餅（ミカノモチヒ）」という儀式もありました。

室町時代の饗応。『酒飯論』国会図書館蔵

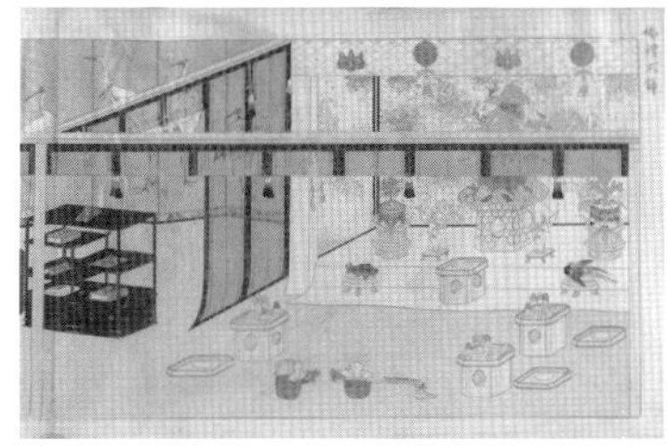

室町時代の婚礼の調度など。『十六式図譜』国会図書館蔵

鎌倉時代から室町時代の結婚式

武士の台頭とともに、次第に母系型社会が崩れ、父系型社会となっていきます。結婚も鎌倉時代から「妻問婚」が減少していき、室町時代には「嫁取婚」になります。婚礼の礼法が整えられ、色直し、引き出物、里帰りなど、現代にも続く風習が定着していきました。

江戸時代の結婚式

徳川幕府が諸制度を制定し、身分制度がある程度固定されると、礼節が重んじられるようになり、武家の礼式が整えられていきました。やがて庶民にも採用されていきます。多くの場合、結婚式は夫方の自宅で行われていました。

さらに江戸時代の結婚で顕著なのが、仲人、見合いの出現です。「お家」の維持のために必要でした。

明治時代から大正時代の結婚式

明治時代の初期は江戸時代とほぼ変わりませんが、世の中の変遷とともに、結婚式も多様化していきます。特に、1900年(明治33)の皇太子嘉仁さま（大正天皇）と九条節子さま（貞明皇后）の神前結婚式は、国民に多くの影響を与えました。皇室として初の一夫一婦制の結婚式です。

これを機に神前結婚式の形が整いだれでも神前式で挙式できるようになり、少ないながら仏前結婚式、キリスト教式結婚式なども行われるようになります。また、婚礼儀式は家庭で行われるのが常でしたが、挙式から披露宴などのすべてをホテルで行うホテル結婚式が帝国ホテルで誕生しました。

現代の結婚式

現在の日本の法律は一夫一婦制で、法律的に本人たちの自由な意思での結婚が認められるようになったのは、第二次世界大戦後のことです。ホテルや結婚専門の式場で結婚式から披露宴までを行うことが一般的となり、家庭で行うことはほぼなくなりました。また、結婚するカップルの宗教にかかわらずキリスト教式結婚式が圧倒的に多くなり、神前結婚式、人前（じんぜん）結婚式、仏前結婚式などが自由に選択されています。

婚姻の形態やしきたりは時代や地域によって変遷します。花に関する約束ごとも地域などによって異なる場合があるので、「自分の常識」だけで判断しないように気をつけましょう。

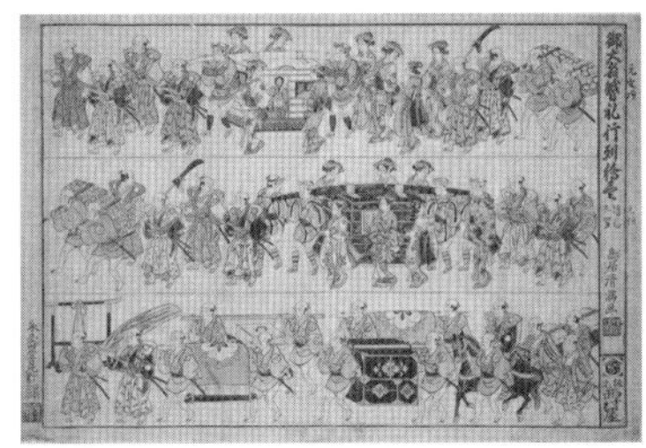

江戸時代『御大名婚礼行列絵尽』鳥居清満　国会図書館蔵

江戸時代『女式礼図』楊洲周延　国会図書館蔵

北白川宮永久王と徳川祥子さまとの結婚式。1935年（昭和10）

いろいろな挙式スタイル

多様化する結婚式

近年の日本の結婚式は、家と家のかかわりが薄れ、個人と個人がするものという意識が強くなっています。それにともない、宗教的な意義が薄れ、結婚式にも決まりごとがなくなりつつあります。契約という意識よりも、親族、友人、知人などと喜びを分かち合う意識が強い傾向があります。式は、神前式、仏前式、人前式、キリスト教（教会）式などが自由に選択されています。

式と披露宴は、同日に行えて新郎新婦や来賓に負担の少ないホテルや結婚式場が一般的ですが、パーティー形式のハウスウエディングやレストランウエディング、記念写真だけで済ませるフォトウエディング、新婚旅行を兼ねた海外ウエディングなども増えています。

Column

沖縄県の結婚式

沖縄県においては、自宅の仏壇前で祖先の霊に結婚を報告するというスタイルが一般的で、これを「仏前結婚式」と呼んでいます。寺院で行う左記の仏前式とは異なり宗教色はほとんどなく、僧侶も介在しません。

神前式（しんぜんしき）

神様の前で結婚を誓う純和風の正統派挙式スタイルで、正式には神社で行う結婚式ですが、結婚式場やホテルの仮神殿でも式を挙げることができます。三三九度の杯や雅楽の音に導かれて、新郎新婦が神前に進み出て誓いの言葉を読み、玉串を捧げ、巫女舞といった日本古来の儀式は厳かな雰囲気があります。

伝統的な白無垢と綿帽子、最近では洋風にアレンジした髪飾りや和装にも合うボールブーケ（花手毬（はなでまり））を持つなど、和装用にアレンジされたブーケも注目されています。

神前式

仏前式（ぶつぜんしき）

自宅か両家の菩提寺のいずれかの寺院で挙げる仏前式。大きな寺院では式、披露宴の席を設けられる施設を併設しているところもありますが、やや少なめです。

花婿は五つ紋服、花嫁は白無垢を着用することが決まっています。

具体的な式順は宗派によって多少の違いがありますが、住職（司婚者）と参列者一同が、本尊に結婚を奉告し、住職から終生、仏教徒として守るべき事柄について諭しを受け、記念の念珠を拝受、互いに敬愛を誓いあう誓紙に署名した後、三三九度の杯を交わすのが大筋です。

仏前式　提供：龍谷大学

人前式（じんぜんしき）

教会や神前での結婚式のように神仏に結婚を誓うのではなく、両親やその他の親族、親しい友人などの前で結婚を誓うのが現在の人前式と呼ばれる挙式スタイルです。

式の進行はおおむねキリスト教式を踏襲しますが(入場方法・ウエディングドレス・指輪交換・宣誓など)、その他は自由で、立会人による結婚の承認が行われるのが特徴です。

人前式では、列席者の前で署名をすることが多い。

キリスト教（教会）式

日本で行われている「キリスト教式結婚式」の多くは、キリスト教徒の結婚式を模した結婚式です。本物の教会堂や聖堂でなく、結婚式のためだけにつくられた教会堂風の施設において、特定の教会に所属しない者によって行われています。

現在の日本では、キリスト教徒は人口の１％程度ですが、信仰とは無関係に、キリスト教徒を模した式を望む人が非常に多いのが現状です。マスコミなどがキリスト教式の宣伝を繰り返し、一般的となっていることや、ウエディングドレスなどがおしゃれで華やかという理由があるようで、このようなニーズを受けて、ホテルや結婚式場ではいわゆる「キリスト教式結婚式」のプランが準備されています。

キリスト教式結婚式

Column

キリスト教式結婚式の注意点

日本で接する機会の多いキリスト教は西方教会で、一般にローマ・カトリック（カトリック）とプロテスタントに大別されます。教会（チャーチ）で挙式をしたい場合は、どの宗派も原則２人が信者でなければ認められません。しかし、宗派や教会によっては、信者の紹介や事前に結婚講座を受ければ許されるところもあります。なお、双方とも信者の場合は女性が所属する教会で挙式します。

また、ホテルや式場などに併設されているプライベートな礼拝堂をチャペルといい、結婚式用の施設ならだれでも挙式できます。

カトリックとプロテスタントで結婚式の進め方などは多少異なりますが、根本的にはかわりありません。カトリックでは聖壇に清楚な花を飾りつけますが、プロテスタントでは通常、聖壇には飾りません。

なお、バージンロードは和製英語で、本来はウエディングアイル（wedding aisle）もしくはウエディングロード（wedding road）です。

カトリックとプロテスタントの違い

	カトリック	プロテスタント
司式者の名称	神父	牧師（先生）
バージンロードの色	赤か緑	白
再婚者の結婚	不可（死別は可）	離婚理由などによる

結婚と指輪

婚約指輪（engagement ring）

古代ローマ時代では、当人たちの愛情よりも家と家との関係や子孫を残すことが重要視されていたため、女性をもらい受ける代償の証しとして花嫁の父親に指輪が渡されていました。

その後、ローマ法王が結婚する２人は互いによく理解をすべきと説き、婚約期間を設けることを推奨します。860年にはローマ教皇ニコラス１世が「婚約発表時には指輪が必要である。夫となる者は高価で経済的な犠牲を払う指輪を将来の妻となる者へ贈るべし」とした決まりごとをつくったことが始まりといわれています。

結婚指輪（wedding ring）

マリッジリングは和製英語。英語ではwedding ring（ウエディングリング）、またはwedding band（ウエディングバンド）といいます。結婚指輪の歴史は婚約指輪よりも浅く、11世紀ごろに教会が結婚指輪に祝福を与えるようになったことから習慣へとつながっていきます。基本的に、いつも身につけていることになる指輪なので、手入れがしやすく、飽きのこないデザインが選ばれます。素材の決まりはありませんが、1554年スペインのフェリペ２世とイギリスのメアリー女王の結婚の際に金の甲丸リングを用いたことから、ヨーロッパでは金が人気だそうです。

日本における結婚指輪の普及

日本に結婚指輪が入ってきたのは、明治時代。開国で西洋文化が取り入れられ始めますが、当時の日本人男性には宝飾品を身につける文化、習慣がなかったので、なかなか定着しませんでした。本格的に普及するのは、ウエディングドレスと同様に戦後、それも1965年（昭和40）以降。日本における結婚指輪の歴史は意外と短いのです。

Column

リングピロー

結婚式において、指輪交換をするまでにのせておく台。

白いサテンでつくられたものが一般的ですが、花でつくったものや、ぬいぐるみにリボンをつけたもの、和婚に合わせて和紙やちりめんでつくったものもあります。

和風のリングピロー

Column

指輪の意味

指輪の丸い形は「永遠」の象徴。婚約指輪で「永遠の愛」を約束し、結婚指輪で「永遠の絆」を誓うことを表しています。なお、指輪をはめる手や指には諸説ありますが、婚約指輪、結婚指輪ともに左手の薬指が基本です。

キリスト教式結婚式で知っておきたい用語

キリスト教式での役割

仲人や介添人がしっかりとつく日本の式場などでの結婚式と異なり、欧米の結婚式は、友人らが協力して手づくりで行うことが多いため、式のメンバーの役割などがある程度決まっています。

1 花嫁（ブライド、bride）
ブライダルブーケを持つ。

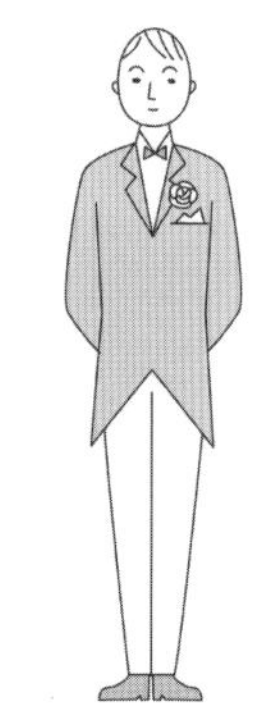

2 花婿（グルーム、bridegroom）
ブライダルブーケと同じ花のブートニアを胸に挿す。

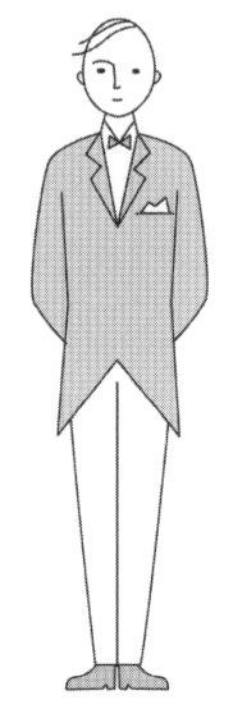

3 ベストマン（best man、groomsman）
花婿の立会人代表の男性。花婿の兄弟や親友が務め、世話役をする。アッシャーのまとめ役。

4 メイドオブオナー（maid of honor、bridesmaid）
花嫁の立会人代表の未婚女性。主に花嫁の姉妹や親友が務め、花嫁の身の回りの世話などをする。ブライズメイドのまとめ役。既婚女性の場合はメイトロンオブオナーという。

式での配置

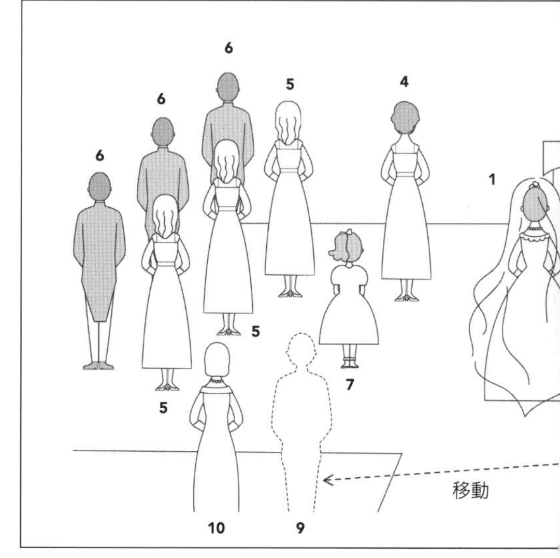

6 グルームズマン（groomsman）
花婿の立会人、付人として、準備や受付の手伝い、会場の世話などを行う。アッシャー（usher）ともいう。

9 花嫁の父
バージンロードで花嫁を先導する。

5 ブライズメイド（bridesmaid）
花嫁の立会人、付人として、準備や受付の手伝い、花嫁の身の回りの世話などを行う。

10 花嫁の母

7 フラワーガール（flower girl）
花をまきながらバージンロードで花嫁を先導する4～10歳の女の子のことで、近親者の子どもから選ぶ。少女が13歳以上の場合は、ジュニアブライズメイドと呼ぶ。

13 司式者
聖職者、牧師（プロテスタント）、
神父（カトリック）

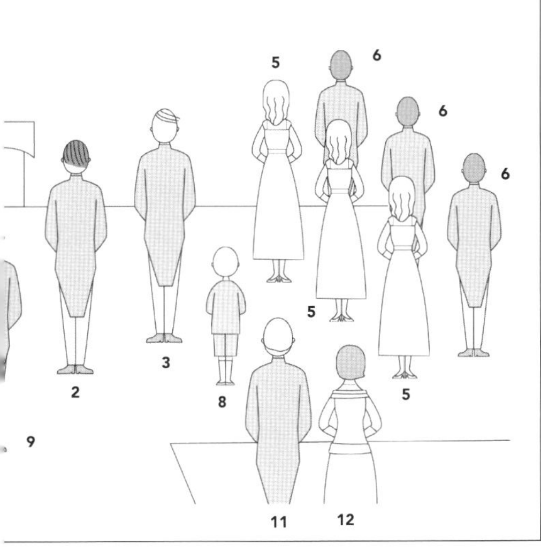

8 リングベアラー（ring bearer）
新郎の入場後に、リングピローを運び、ベストマンか新郎にリングピローを渡す12歳以下の男の子（女の子でもよい）。リングボーイ（ring boy）ともいう。

11 花婿の父　12 花婿の母

Column
フラワーシャワー／ライスシャワー

新郎新婦が教会から出るときに、ゲスト（参列者）が花びらかお米を降り注ぐ儀式です。花びらには花の香りが新郎新婦を清め幸せをねたむ悪魔から守る、お米には豊穣を表し子孫繁栄を願う、という意味があります。

Column
ブーケトス

挙式後に、花嫁が持っているブーケを後ろ向きに投げ、それを受け取った未婚女性は次に結婚できるという風習です。トス用のブーケは別に用意しておくことが多いです。

Column
結婚式に使用される代表的な花の花言葉

オレガノ（花）… 幸せを呼ぶ香り
スイートマジョラム…幸せ
ローズマリー…愛と思い出
スミレ…よみがえる大地
アイビー…永続的で破れない愛
バラ…愛と喜びと美と純潔
マートル…愛と不死
クロッカス…愛を秘めた花

花嫁衣装の歴史

洋装編

ローマ時代は貴族の衣装

ローマ帝国の時代、ヨーロッパにキリスト教が普及するとともに、教会で結婚式を行うようになっていきました。

その際に、王族や貴族などの花嫁が婚礼儀式用に着用していた衣装がウエディングドレスの起源といわれています。

黒いドレスから白いドレスに

中世の結婚式では、宗教上の儀礼服であった黒いドレスと白いベールが使用されていました。

しかし、18世紀に入ると、ドレス、ベールを含め、王侯貴族では花嫁の純潔の象徴として白を基調とするようになっていきます。18世紀の終わりには市民階級でも白いドレスが着用されるようになりますが、黒いドレスの着用もある程度続きました。1840年にヴィクトリア女王が結婚式で白のウエディングドレスを着用したのを機に、白いドレスが急速に普及したといわれます。

Mary Evans/PPS通信社

Sir George Hayter
〈ヴィクトリア女王の結婚式〉
（1840年）

日本でのウエディングドレス

1945年（昭和20）に第二次世界大戦が終結すると、次第にアメリカを中心とする西洋文化が入り始めます。56年のモナコ公妃グレース・ケリーの結婚式や59年（昭和34）の皇太子明仁さま（現上皇）と美智子さま（現上皇后）のご成婚などが報道されると、洋装での結婚式が望まれるようになり、1960年代半ばに日本ではじめてのブライダルコレクションが開催され、ブライダル業界の体制が整っていきました。

その後、80年代までにはウエディングドレスによる結婚式が一般的になりました。

1880年ごろのウエディングドレス

和装編

室町時代

室町幕府は道徳心を高めるために礼道を奨励し、名門の小笠原家や伊勢家に伝わる礼法がまとめられ、婚礼の衣装は白打掛に定められました。

当時の白打掛は幸菱文様（さいわいびしもんよう）といい、代表的な柄は小花を幾何学的にデザインしたものでした。この打掛がのちに白無垢になります。

角隠しは、高貴な夫人が外出時にかぶっていた小袖が形を変えたものといわれます。

白打掛

江戸時代から明治時代

江戸時代に入ると白打掛の模様が多様化し、吉事の証しとして打掛の裏や下着の裏を紅梅色（ピンク）にしました。婚礼が終わると花婿から贈られた赤地の着物に改めました。これがのちに、挙式のあとに色打掛に着替えるお色直しになったといわれます。

一方、明治時代の庶民の結婚式では、黒振袖が一般的な花嫁衣装になっています。

角隠し

戦後

高度成長期以降、生活が豊かになるとともに和装も華やかになり、白無垢は白地に金糸や銀糸を刺繍したものが認められ、1960年代には豪華な色打掛が登場します。

近年では簪（かんざし）の代わりに生花を髪にあしらったり、末広（扇）の代わりに和のブーケが持たれたりするようになっています。

和のブーケ

婚礼衣装のルール

洋装

新婦の衣装は教会式ならウエディングドレスで、19 世紀のイギリス王室の婚礼から始まったといわれます。教会の挙式では、ドレスは純白が原則で、小物も「純潔」の意味で白に統一します。デザインはさまざまですが､肩や背中を出したものは、本来神の前では肌の露出は古今東西のタブーとされています。

新郎の装いの基本は昼の第一礼装はモーニングで、夜の披露宴なら燕尾服が正式で、タキシードは準礼装となります。

なお、挙式のブーケの基本は白ですが、日本では色の入ったブーケも使われています。

ブートニアは、プロポーズの際に男性が贈った花束から、女性が承諾の印に一輪抜き取り、男性の胸元に挿したのが始まりといわれています。ブーケと同じ花材でつくります。

ベールは、女性のかぶりものの中でも歴史は古く、メソポタミアやギリシャ時代を起源にしています。ウエディングベールは古代ローマ時代より用いられ、当時は白のほか紫、オレンジなどもあったようです。そして、中世になると黒いドレスと白いベールでの婚礼衣装が一般化します。その後、1558 年にスコットランド女王メアリー・スチュアートが白いベールと白い婚礼衣装で結婚式を挙げたという記録があるものの、白いドレスと白いベールが用いられるようになるのは、ヴィクトリア女王の時代（19 世紀の後半）になってからです。

和装

和装の花嫁衣装には、白無垢、色打掛、振袖があります。

白無垢は挙式のみに使用し、打掛から掛下、掛下帯などを純白でそろえ、綿帽子か角隠しをつけます。色打掛は挙式にも披露宴にも着用でき、挙式で使用するときは角隠しをつけます。白無垢で挙式し、お色直しで色打掛にすることもできます。未婚女性の第一礼装である振袖には引き振袖や大振袖などがあり、結婚式当日が振袖を着るラストチャンスです。角隠しをつけて挙式、披露宴、お色直しで着用できます。

近年はお色直しに髪飾りに花をつけ、和装に似合うブーケを持つことが多くなっています。

新郎は、黒羽二重の五つ紋付の長着と羽織に仙台平の袴が一般的です。

Column

綿帽子と角隠し

綿帽子

新郎以外の男性に顔を見せないという風習からつけられるようになりました。白無垢だけに合わせられ、奥ゆかしさ、初々しさを感じさせます。

角隠し

角隠しは、角を隠して従順さを示すという意味があり、簪（かんざし）を合わせることで落ち着いた雰囲気になります。

Column

花冠

花冠の切れ目のない円は、永遠の象徴です。

古代ギリシャの結婚式では、花嫁花婿が花冠（ギリシャ語でステファナ）をかぶりました。ギリシャ正教の結婚式ではいまでもステファナが使用されています。

そして、結婚式の花冠が世界に広まるようになったのは、イギリスのヴィクトリア女王（1819 ～ 1901）が、アルバート公子との結婚式でオレンジの花をあしらった花冠を身につけたためです。オレンジの花は、花色の白が無垢と、オレンジがたくさんの実をつけることから子孫繁栄を意味します。

花冠

ウエディングドレスとブーケ

ウエディングドレスはドレスラインによって分けられ、生地や装飾によってイメージが変わります。ブーケの花材や形、色は、ウエディングドレスに合わせたものにします。

サテンやミカドシルクのような重厚感のある生地には、アマリリス、カラー、バラなど、オーガンジーやチュールなど軽やかな生地にはスイートピーやデンファレなど、レース素材などにはスズラン、パンジーなどが合います。

プリンセスライン
〈ドレスのイメージ〉
可憐でロマンチック、かわいらしい。
〈似合うブーケ〉
ラウンド、バッグ、ボール…かわいらしさが強調される。
ティアドロップ、キャスケード…正統派のお姫様的になる。

エンパイアライン
〈ドレスのイメージ〉
ナチュラル、フェミニン。
〈似合うブーケ〉
クラッチ…小花だけの小さめのものにするとよい。
ラウンド、ティアドロップ…クラシックなイメージになる。

A ライン
〈ドレスのイメージ〉
大人のかわいらしさと清楚な感じ。
〈似合うブーケ〉
すべてのブーケと相性がよい。

スレンダーライン
〈ドレスのイメージ〉
すっきり、シンプル、おしゃれ。
〈似合うブーケ〉
キャスケード、クラッチ…細身なデザインにするとよい。
ラウンド…小ぶりにするとよい。

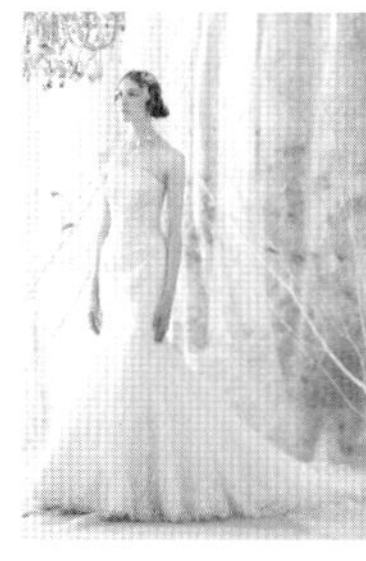

マーメイドライン
〈ドレスのイメージ〉
フェミニンでエレガント。
〈似合うブーケ〉
キャスケード、クラッチ…長さや流れのあるデザインにすると大人っぽくなる。
ボール、ティアドロップ…かわいさが強調される。

ベール

ベールには大別してフェイスアップベールとマリアベールがあり、素材や色、レースやビーズ、刺繍などの装飾にさまざまなものがあるので、ドレスに合わせたものを選びます。なお、マリアベールには、花冠などを使用しないようにします。

フェイスアップベール

マリアベール
使用できない教会があるので注意する。

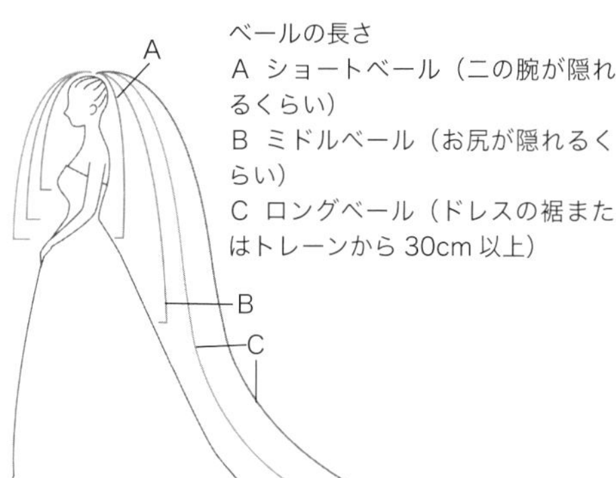

ベールの長さ
A ショートベール（二の腕が隠れるくらい）
B ミドルベール（お尻が隠れるくらい）
C ロングベール（ドレスの裾またはトレーンから 30cm 以上）

和装の花嫁衣裳

白無垢

綿帽子
筥迫
懐剣
筥迫
末広
掛下着
ふき

色打掛

角隠し
筥迫
懐剣
打掛
末広
掛下着
ふき

引き振袖

葬儀と花

宗派や地域により葬儀は異なる

花祭壇

葬儀とは「葬送儀礼」の略称で、一般に臨終を迎えその夜に営まれる「通夜」､通夜の翌日に行われる「葬儀式」と「告別式」を指します。

日本で行われる葬儀には、仏式、神式、キリスト教式、無宗教式などがあり、現在は仏式が大半です。ただし同じ宗教でも宗派によってさまざまな面で異なることがあります。

少し前まで、特に地方では、葬儀は自宅で行うものでしたが、近年は地域にかかわらず斎場で行うことが多くなっています。斎場では故人の好きな花で花祭壇をデザインすることが増え、赤いバラなど花材も多様化しています。とはいえ、宗教や地域によってマナーが異なるので注意が必要です。

枕花

なお、葬儀は親族だけで行い、「お別れ会」や「偲（しの）ぶ会」などを別に行うケースもあります。

仏式の葬儀

葬儀は、通夜、葬儀、告別式を行い、出棺、火葬へと続くのが一般的です。

通夜から枕花を飾ります。以前はキクが主でしたが、近年はキクにカトレアなど、季節の白い花や故人の好みの花が取り入れられています。

スタンド花

樒（しきみ）は、シキミ科の常緑小高木で、葉に香りがあり、抹香の材料になります。日蓮宗系統などシキミだけを飾る宗派もあります。

Column

ペットの葬儀

ペットの死体は廃棄物処理法で一般廃棄物として処理されてきましたが、日本人の３人に１人がペットを飼う時代、ペットの寿命も延び、ともに過ごす時間も長くなってきています。そんななか、家族の一員として慈しんできたペットを、死後も大切にしたいというニーズが高まり、愛したペットをきちんと供養したいという人々が増加し、ペットの葬儀が注目を集めるようになっています。

神式の葬儀

神式では通夜を「通夜祭」と呼び、葬儀・告別式を「葬場祭」「神葬祭」と呼びます。死の穢れを清め、霊をなぐさめ、先祖の神々とともに守護神としてたてまつる儀式なので、神社では葬儀は行わず、式場は自宅か斎場になります。

神式での通夜や葬儀では、仏式の焼香にあたるものとして、榊を使った「玉串奉奠」が行われます。サカキはモッコク科の常緑小高木で、神木として枝葉を神に供えます。

キリスト教式の葬儀

キリスト教では死は神のもとに召されるという考え方なので、葬儀は故人に与えられた生涯を神に感謝する礼拝です。カトリックとプロテスタントなど宗派で違いがありますが、一般にどちらも教会で行われます。

仏式の通夜にあたるのが「前夜式」で、葬儀・告別式（ミサ）となります。

前夜式にバスケットフラワー、スプレイ、リースなどが飾られます。

・キャスケットカバー（親族や親しい友人が贈る）
棺の上を覆う花装飾のことです。

・スプレイ（親族や親しい友人が贈る）
葬儀用のアレンジメントのことで、フューネラルスプレイともいいます。フラワースタンドを使って立て、教会内に飾ります。

キリスト教式の葬儀の花飾り

・バスケットフラワー（知人、友人が贈る）
仏式の枕花に近く、棺の周りに置かれます。花などの決まりはありませんが、故人宅に贈った花が教会や斎場に持ち運びできるよう、コンパクトにします。

・クロス〈十字架〉（肉親や教会仲間が贈る）
十字架をかたどった装飾で、肉親などが供えます。フラワークロス、フューネラルクロスともいいます。クロスは宗派により異なるので、事前に確認します。通常、そのまま棺の上に寝かせて置きます。

・ハート（親族や親しい友人が贈る）
イーゼルを用いて飾るか、棺の手前、もしくは足元に置きます。
外枠だけで中が抜けているハートをオープンハート、中の詰まったハートをクッションハート、大きさの異なるハートを2つ組み合わせたものをダブルハートといいます。

・リース（親族や親しい友人が贈る）
古来、リースは葬儀のときに用いられてきました。フューネラルリースともいいます。キャスケットカバーの代わりに棺の上にのせるか、遺影の周りに飾るなどします。

その他のマナー

お見舞いのマナー

お見舞いには、病気のお見舞い、火事のお見舞い、災害のお見舞いなどがありますが、最も機会が多いのは、病気のお見舞いでしょう。

病気のお見舞いで最も一般的なのは花で、明るく元気の出るオレンジ系やピンク系の花で、花瓶がないこともあるので、小ぶりのアレンジメントがよいでしょう。

〈お見舞いの花のタブー〉

・キク（葬儀を連想させる）、ツバキ、ケシ（首から落ちる）、シクラメン（死と苦が音に入る）、アジサイ（色があせていく）などは避ける。
・大部屋の場合は、カサブランカなど匂いの強いものは避ける。
・壁が白いので、白を基調にした花は避ける。
・大きすぎると飾る場所に困るので、コンパクトにする。
・プリザーブドフラワーなどは、花に変化がないため嫌がられるときがある。また、枯れないため処分に困る。
・アレルギーを引き起こすものは避ける。
・鉢花は根がついているので「寝つく」などの意味から避ける場合がある。

また、近年は生花や鉢花を病室に持ち込むことを禁止している病院があるので、注意します。

誕生祝いのアレンジメント

お見舞いのアレンジメント

お祝いのマナー

お祝いには、開店祝い、開業祝い、新築祝い、個展開催、パーティー開催などがあります。いずれも花を贈って、今後の発展を寿(ことほ)ぎます。

贈る花は、お祝いする内容によって異なります。

〈開店祝いなど〉

大ぶりの洋花を入れたアレンジメントで豪華に飾りつけて祝うとよい。華やかなラン系の鉢花も一般的。

〈開業祝いや新築祝いなど〉

インテリアの一部として飾ることも考え、スペースに合った大きさのもので、インテリアにマッチする観葉植物（ベンジャミン、パキラ、スパティフィラム、ユッカなど）やコチョウランなどの豪華な鉢花がよい。先方の希望を聞くことが大切。

〈個展など〉

絵画展なら洋花で明るく華やかに、和の個展なら季節の和花を入れたアレンジメントがよいが、会場の雰囲気などもあるので、事前に問い合わせをするとよい。

〈舞台などの楽屋見舞い〉

散りやすい花は避け、真っ赤なバラなど彩りの華やかな花束にする。長期間の舞台ならコチョウランなどの鉢花やフラワースタンドに名札をつけて贈る。

結婚記念日のアレンジメント

Column 水引の種類

両輪結び（もろわむすび）

「蝶(ちょう)結び」ともいわれ、平たいものを結ぶときに使われる一般的なもので、左右の水引を引っ張るとほどけてしまい、何度も結び直せるので、何度あってもよいお祝いに適しています。

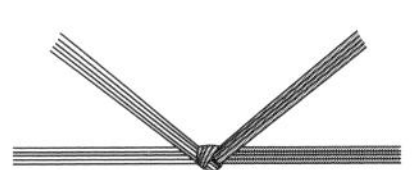

結び切り

水引の左右を引っ張るほどかたく結ばれることから結婚に使われる結び方で、二度とないようにと、結んだ先端を切り、幸せを表すように先端を天（上）に向けます。弔事の結びでは、白と黒か銀一色の水引を使い、悲しみが二度とないようにとの願いをこめて結び、先端を地（下）に向け、悲しみを表します。

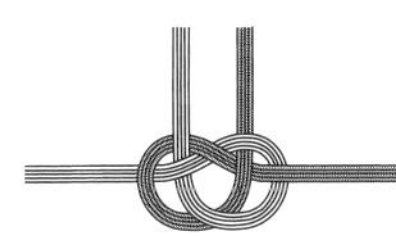

鮑結び（あわびむすび）

2つの輪がしっかりと絡みあい、先端が切られ結び切りと同じように使われますが、格式のある慶事や弔事に使われます。

Column

主な記念日

※地域によって年の数え方などが異なることがある。

〈結婚記念日〉

1周年… 紙婚式
2周年… 藁婚式、綿婚式
3周年… 革婚式、糖果婚式
4周年… 花と果実婚式（絹婚式、リンネル婚式）、皮婚式（皮革婚式）、書籍婚式
5周年… 木婚式
6周年… 鉄婚式
7周年… 銅婚式
8周年… 青銅婚式、ゴム婚式、電気器具婚式
9周年… 陶器婚式
10周年… アルミ婚式、錫婚式
11周年… 鋼鉄婚式
12周年… 絹婚式、亜麻婚式
13周年… レース婚式
14周年… 象牙婚式
15周年… 水晶婚式
20周年… 磁器婚式
25周年… 銀婚式
30周年… 真珠婚式
35周年… 珊瑚婚式
40周年… ルビー婚式
45周年… サファイア婚式
50周年… 金婚式
55周年… エメラルド婚式
60周年… ダイヤモンド婚式
70周年… プラチナ婚式

〈懐妊、赤ちゃんのお祝い〉

妊娠5ヵ月…岩田帯・帯祝い
7日目…お七夜
14日までに…出生届
生後7日から1ヵ月ぐらいまで　出産祝い
1ヵ月ごろ…お宮参り
100日目…お食い初め
1年…初誕生
3月3日…初節句（女の子）
5月5日…初節句（男の子）

〈子どものお祝い〉

3歳…七五三（男女とも）＊
4歳ごろ…入園式
5歳…七五三（男の子）＊
6歳…小学校入学
7歳…七五三（女の子）＊
12歳…中学入学
13歳…十三参り＊
15歳…高校入学
18歳…大学入学
20歳…成人式

〈大人のお祝い〉

20～22歳…卒業・就職
33歳…大厄（女性）＊
42歳…大厄（男性）＊
60～65歳…定年退職
61歳…還暦＊
70歳…古稀＊
77歳…喜寿＊
80歳…傘寿＊
88歳…米寿＊
90歳…卒寿＊
99歳…白寿＊

〈主な法要〉

初七日法要…死後7日目（葬儀の日に行うことも多い）
四七日法要…死後28日目
四九日法要（七七日忌）…死後49日目
百か日…死後100日目
一周忌（祥月命日）…死後1年目
三回忌…死後2年目（亡くなった年を含めて3年目）
七回忌…亡くなった年を含めて7年目。満6年目
一三回忌…亡くなった年をふくめて13年目。満12年目
以後、一七回忌、二三回忌、二五回忌、二七回忌、三三回忌、三七回忌、四三回忌、四七回忌、五十回忌（遠忌〈おんき〉、弔上げ〈とむらいあげ〉）となる。神道では三三回忌を区切りにする

＊＝数え年にする場合がある。

知っておきたい植物の基本

植物をあつかうものとして、植物のことを熟知することは、
とても大切なことです。
基礎知識がわかっていると、応用ができるようになり、
発想や選択肢の幅が広がります。
「知っていてあつかう」のと、「知らないであつかう」のでは、異なります。
専門家としての能力の差がでます。

植物とは

植物は多系統

「植物とはなにか？」というと、「光合成をする」「花が咲いてタネができる」などのイメージがもたれているでしょう。しかし、ススキに寄生するナンバンギセルのように光合成をしない植物や、シダやコケのような花が咲かない植物もあります。藻類のような単細胞生物も植物ですし、樹高 100m を超えるセコイアメスギも植物です。植物は深海から陸上、極地、高地、砂漠などあらゆるところにさまざまな形態で生存します。つまり、植物は多系統の生物群の集まりといえます。

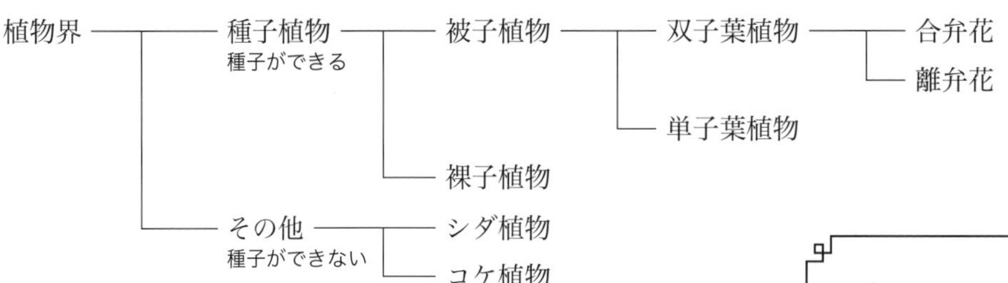

種子植物

花を咲かせ、種子（しゅし）で仲間をふやす植物を種子植物といいます。種子植物は花のつくりの違いから大きく被子植物と裸子植物に分類されます。

被子植物

植物の約９割が被子植物で、被子植物の胚珠は子房におおわれています。被子植物は、葉脈の通り方、維管束の並び方、根の形などの特徴によって、さらに２つ（双子葉植物、単子葉植物）に分けられます。

> *Column*
>
> **植物と動物の間**
>
> 光合成をするのに動く生物＝ミドリムシは、植物でしょうか？　動物でしょうか？　古くから生物は動物と植物に分けて（二界説）考えられてきましたが、科学の進歩とともに、単純に分けられなくなりました。現在では、生物界を「植物」「動物」「菌」「原生生物」「モネラ」の５つに分ける考え方（五界説）が有力です。

被子植物

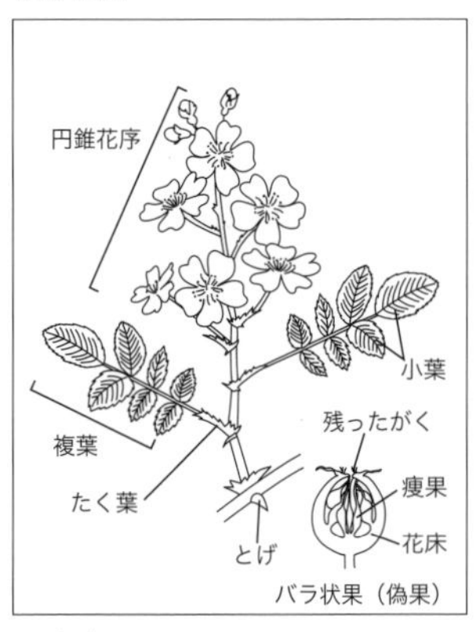

ノイバラ

被子植物の花のつくり

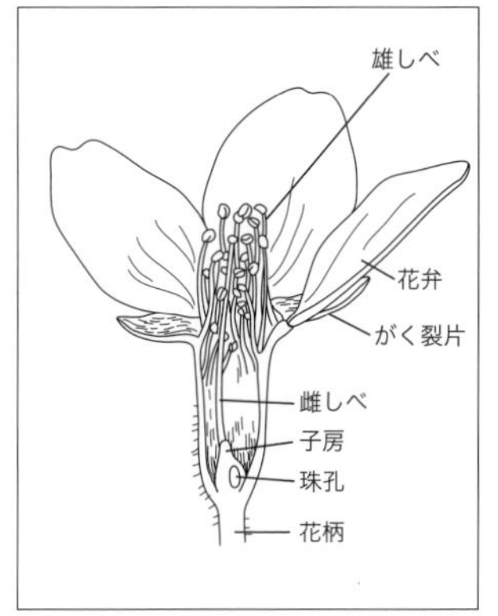

裸子植物（マツ）の花のつくり

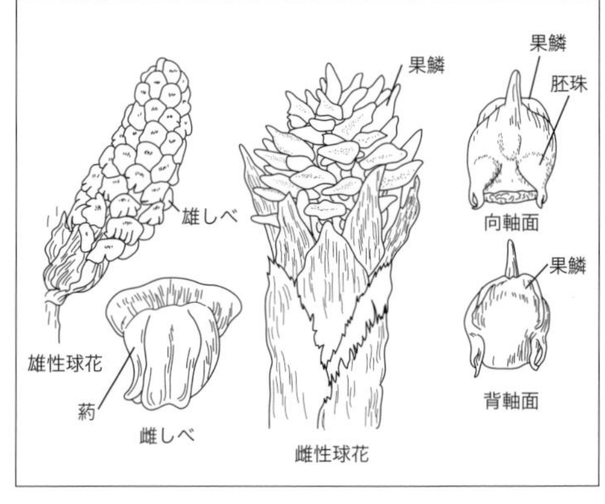

裸子植物

裸子植物には子房がなく胚珠がむき出しになっていて、花弁やがくがない。マツ、スギ、ソテツなど。

双子葉植物・単子葉植物

タネから芽が出てはじめに出す葉を「子葉」といい、子葉の枚数が２枚のものを「双子葉植物」、1枚のものを「単子葉植物」といいます。花をつける植物の基本的な分類になります。

ただし、近年の分類学の中には、この分類を採用していないものもあります。

合弁花・離弁花

双子葉植物を花びらの特徴によって、さらに２つ（合弁花・離弁花）に分けることができます。

シダ植物

根・茎・葉の区別があって、胞子でふえます。葉緑体をもち、光合成を行います。

コケ植物

根・茎・葉の構造はなく、体全体で水分を吸収します。葉緑体をもち、光合成を行います。

双子葉植物と単子葉植物

双子葉植物	単子葉植物
葉脈の通り方 葉脈は網目状（網状脈）	葉脈の通り方 葉脈は平行（平行脈）
維管束の並び方 輪の形	維管束の並び方 ばらばら
根の形 主根と側根	根の形 ひげ根
子葉の数 ２枚	子葉の数 １枚
主な植物 アブラナ、サクラ、アサガオなど	主な植物 イネ、ムギ、ユリなど

合弁花：花びらがくっついている植物。アサガオ、カボチャ、ツツジなど

離弁花：花びらが離れている植物。エンドウ、サクラ、ナズナなど

シダ植物

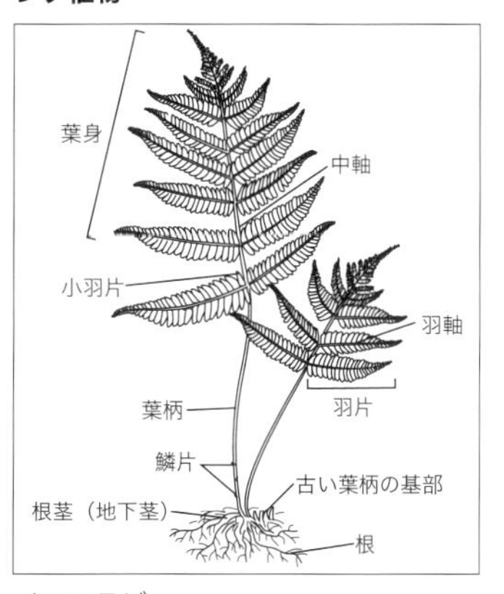

イヌワラビ

コケ植物

ゼニゴケ

植物の分類

植物には30万を超える種があるといわれています。これだけの数をもつグループを理解するには、分類が不可欠です。それも単純なグループ分けでは全体像が把握できないので、植物を、分類階級を用いてグループ化しています。これが植物分類体系で、体系のことをシステムともいい、分類体系を分類システムともいいます。

植物学的な分類は、18世紀にスウェーデンの植物学者リンネ（C. von Linné）によって確立し、その後さまざまな研究によって体系化されました。

植物は、植物界に属し、真葉植物門やコケ植物門などからなり、真葉植物門のモクレン綱、シダ綱などに分けられ、モクレン綱はモクレン目、シキミ目などで構成され、さらにモクレン目からモクレン科、モクレン属に分類されていきます。

ただし、遺伝子研究の進歩などにより、分類学の新たな説が毎年のように提唱されています。日本では長くエングラー（A. Engler）の分類表が使われてきましたが、近年はAPG（被子植物系統分類研究グループ）の分類体系やマバリー（D. Mabberley）の分類体系などが採用されるようになってきています。

植物の分類例

※上位から順に下位の階級を示す。

階級名	例	学名
界	植物界	Plantae
門	真葉植物門	Euphyllophyta
綱	モクレン綱	Magnoliopsida
目	モクレン目	Magnoliales
科	モクレン科	Magnoliaceae
属	モクレン属	Magnolia

Column

キク科の植物

地球上のほとんどの地域に自生し、世界では約2万種があります。日本では約360種が自生しています。帰化植物も多く、120種以上あり、栽培目的の園芸種もたくさんあります。多くは草本で、多年草ですが本木もあります。

花は多くの筒状花と、舌状花が集まって、1つの花（頭状花）を形成しています。筒状花や舌状花は、一つひとつはとても小さいですが、それぞれ独立した立派な花になります。

小花の集合体である頭状花は、とても美しく目立つため、昆虫にとっては大変魅力的です。虫媒花（ちゅうばいか）として、他家受精が確実に行えるような仕組みになっていることなどから、最も進化した植物といわれています。

Column

マメ科の植物

マメ科の植物は被子植物に分類され、多くは葉が羽状複葉になります。食用になる種類が多く、人類の歴史と密接にかかわってきました。ただし、毒をもつ種類もあるので、注意が必要です。

一部のマメ科植物で特徴的なのは、根粒菌という細菌が共生していて、植物の生育に必要なチッソを大気から転換できることです。このため、コンパニオンプランツ（共栄作物、共存作物。近くに植えたときに、互いの成長によい影響を与える植物）として有用です。

園芸的な分類

わかりやすい園芸的な分類

植物学の分類とは別に、食用や観賞など人間が利用する植物を園芸的に分類することがあります。実用に即していて明解な半面、便宜的なため分類が人によって異なることがあります。

ライフサイクルなどによる植物の分類

〈草花〉

一年草、二年草とは、タネで休眠し、タネから発芽するものです。生育、開花、結実、枯死のサイクルが１年以内の植物を一年草、１年以上２年未満のものを二年草といいます。自生地では宿根しても日本の気候では宿根できないものは、園芸的には一年草扱いされます。春まき一年草（開花は夏〜秋）はマリーゴールド、ジニア、コスモス、ヒマワリなど。秋まき一年草（開花は春）はパンジー、キンセンカ、デージー、ヤグルマギクなど。二年草（春にタネができ、開花は翌年初夏〜夏）にはフダンソウ、アメリカナデシコ、ジギタリスなどがあります。

多年草とは２年以上にわたって生育する植物です。

そのなかで毎年同じ時期に開花し、主に冬（夏の場合もある）に地上部を枯らすものを宿根草といい、ガーベラ、シャスターデージー、シャクヤク、ギボウシなどがあります。ただし園芸ではクリスマスローズなどの常緑多年草も宿根草とすることがあります。

植物の生育サイクル

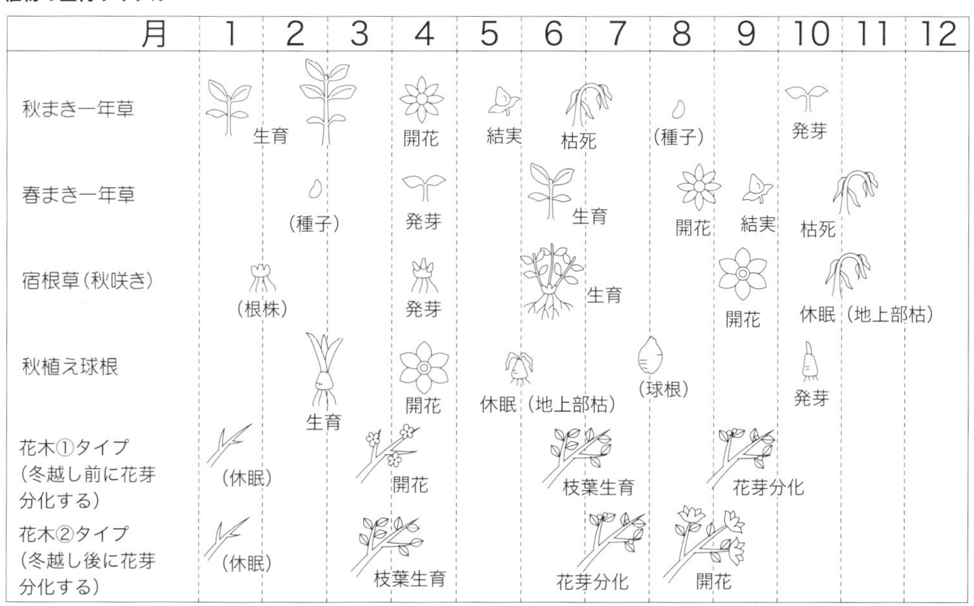

※常緑樹などほかの生育サイクルをもつ植物があります。

球根類は、地下にできる茎（地下茎）や根が肥大して、そこに養分を蓄えて休眠する多年草です。秋植え球根にはチューリップ、スイセン、ムスカリ、ヒアシンスなどがあり、春植え球根にはカンナ、ダリア、グラジオラスなどがあります。

〈樹木〉

長年にわたって生育し、茎が木質化して幹や枝になる植物です。広葉樹と針葉樹があり、それぞれに一年中葉を茂らせている常緑樹と一定期間葉を落とす落葉樹があります。ウメ、サクラ、アジサイ、ハナミズキなどの落葉樹と、ツバキ、ジンチョウゲ、ローズマリーなどの常緑樹に分類されます。

用途による植物の分類例

観葉植物

観葉植物は、主に葉を観賞する植物の総称です。ポトス、ドラセナ、ネフロレピスなどの室内用の観葉植物の多くは熱帯、亜熱帯のジャングル原産なので、耐陰性があります。

ポトス

ネフロレピス

多肉植物、サボテン

多肉植物は砂漠などの乾燥地帯原産で、茎や葉などに貯水組織をもつ植物で、セネシオ、セダム、アロエなどがあります。

紅葉祭

ブルーレンズ

つる性植物

つる性植物は、茎、巻きひげなどで絡みついて繁茂する植物で、壁面などを修景するのに使います。アサガオ、スイートピー、クレマチス、フジ、ノウゼンカズラなど。

クレマチス

スイートピー

ハーブ

ハーブは、ヨーロッパで食用、香辛料、ティー、ポプリ、薬用などに利用する植物の総称で、カモミール、ラベンダー、ミントなどがあります。

ラベンダー

カモミール

植物の体と役割

植物の体

一般的に目にする植物は、基本的に根・茎・葉という３種類の器官から成り立っています。植物によっては区別がつきにくいものもあります。

植物の体の仕組み

根・茎のつくり

茎は植物の体を支え、水分や養分の通り道になります。根は水分や養分、酸素を取り入れます。

光合成

根が吸収した水分と、葉の気孔から取り入れた二酸化炭素を原料に、葉の葉緑体で、日光をエネルギーにしてデンプン（糖類などの栄養分）をつくり、気孔から酸素を出す作用です。

蒸散

根が吸収した水分を葉の気孔から蒸発させる作用。気温が高いときは活発に蒸散し、植物の体温を一定に保っています。土が乾いていて十分に吸水できない場合は、葉の気孔を閉じて水分の蒸散を防ぎます。

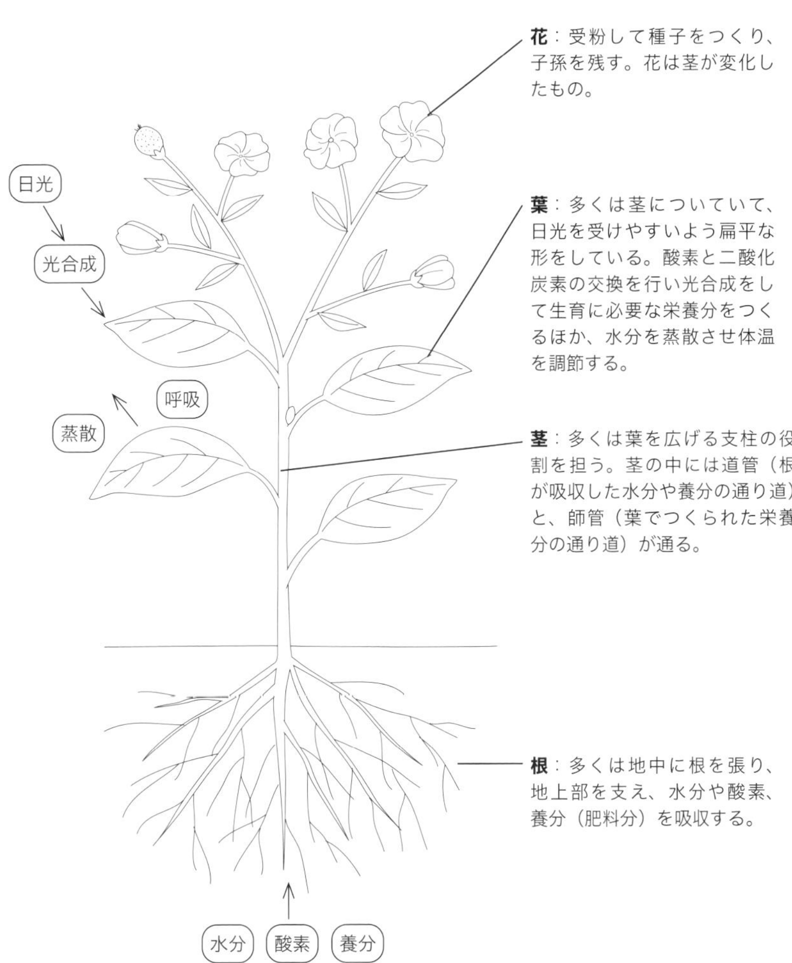

葉の形態

葉はバラエティーに富んでいる

植物により葉の大きさや形はいろいろで、葉はさまざまに分類されており、葉の形に関する用語はたくさんあります。本書では、主なものだけを取り上げています。

また、通常、葉には表と裏があり、表面で太陽の光を受け、裏面で呼吸しています。葉には一定の寿命があり、時間が経つと枯れたり落葉したりします。

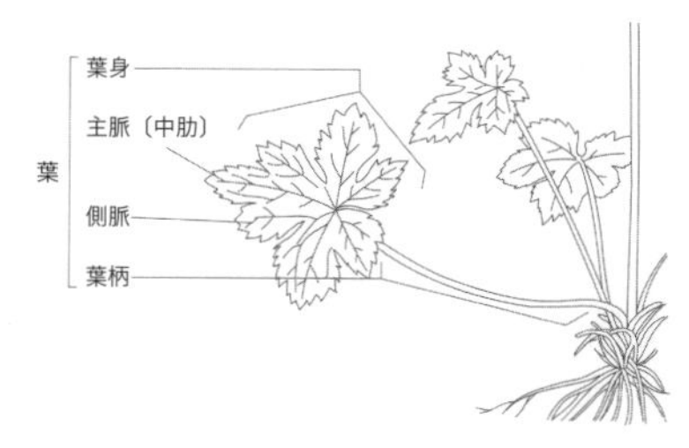

葉の形

葉は、まず全体の形として、単葉と複葉に分かれ、それぞれが多数の形に分類されています。さらに、葉の先端の形や葉の基部の形でも分類されます。葉縁の形や葉の切れ込み方でも分類されます。

単葉

楕円形　長楕円形　三角形　心（臓）形　卵形　披針形

へら形　倒卵形　円形　ほこ形　針形

複葉

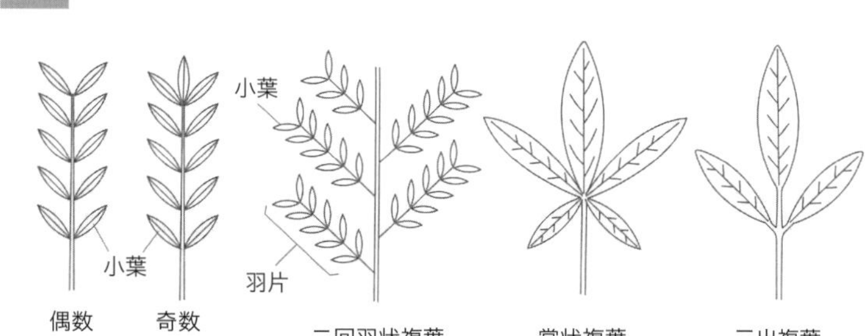

偶数羽状複葉　奇数羽状複葉　二回羽状複葉　掌状複葉　三出複葉

葉縁の形

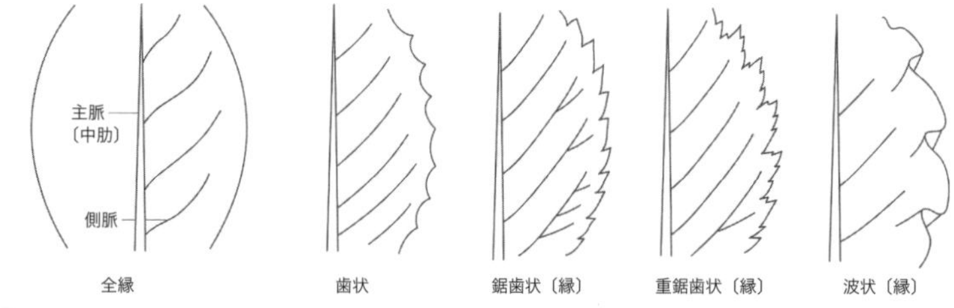

全縁　歯状　鋸歯状〔縁〕　重鋸歯状〔縁〕　波状〔縁〕

葉の切れ込み方

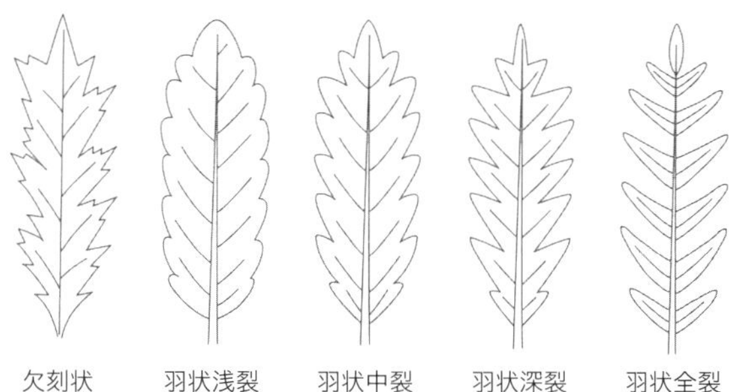

葉脈の配列

葉には、葉脈という、水分や養分の通り道である、筋状の部分があります。葉脈は大きく分けて３種類になります。

１、羽状脈（うじょうみゃく）

１本の太い主脈（中肋）が葉の基部から出ていて、そこから左右に側脈が枝分かれしています。

２、掌状脈（しょうじょうみゃく）

葉身の基部から先端に向かい、太い脈が手のひら状に出ています。

３、平行脈

葉身の基部から先端近くまで多数の脈のほとんどが平行に配列します。

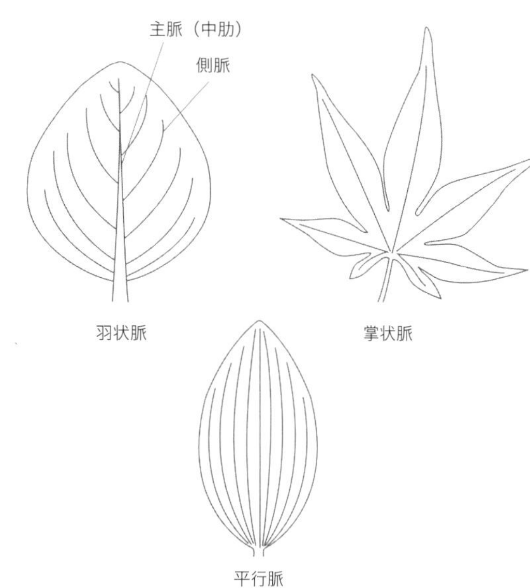

葉のつき方

葉のつき方には、大きく分けて互生、対生、輪生があります。

互生

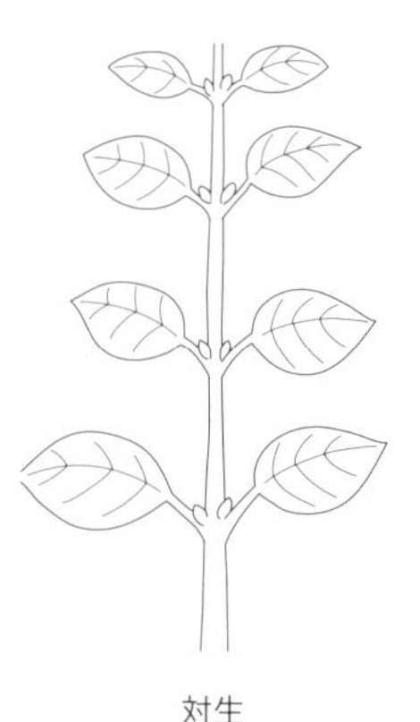
対生

輪生

花の形態

花は生殖器官

花は見て美しかったり、香りがよかったり、人間にとっては主に観賞のために存在しています。しかし、本来の役目は種子をつくり繁殖するためのものです。花は、さまざまな理由から、さまざまな形態や色をしています。

花弁とがく片の区別がわかりやすい花

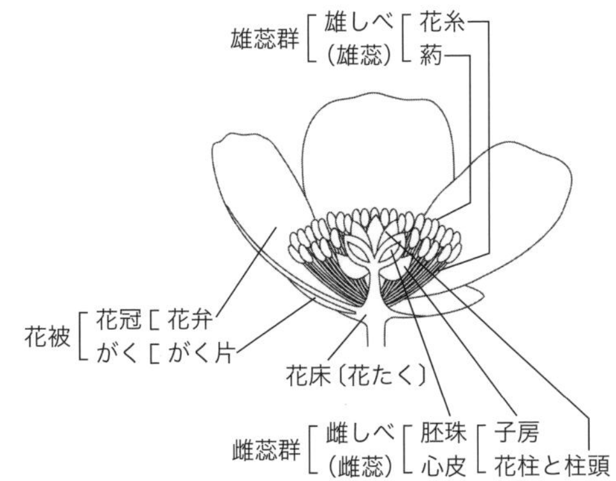

いろいろな花の形

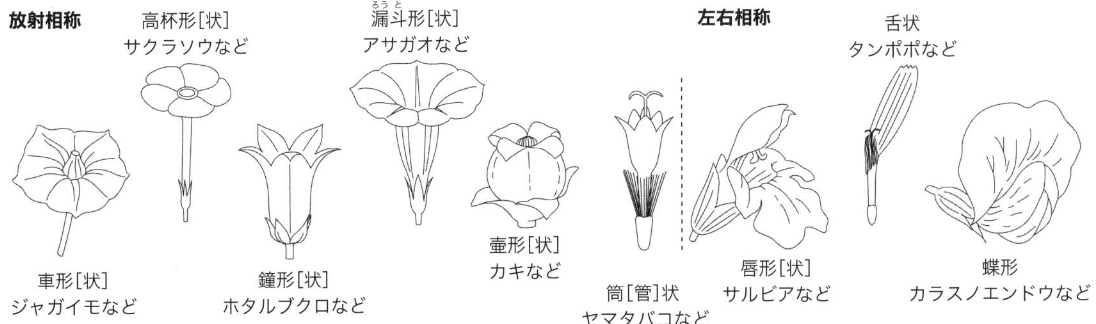

花序

花の多くはチューリップのような単独の花になることは少なく、多数の花が集まって花序という花の集団になります。その集まり方も花により異なり、さまざまに分類されています。

無限花序

花をつける茎が無限に伸長します。

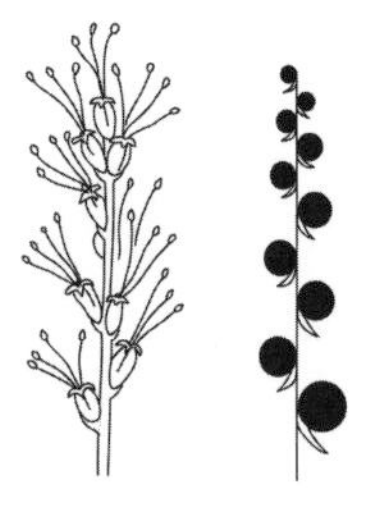

穂状花序
ラベンダーなど

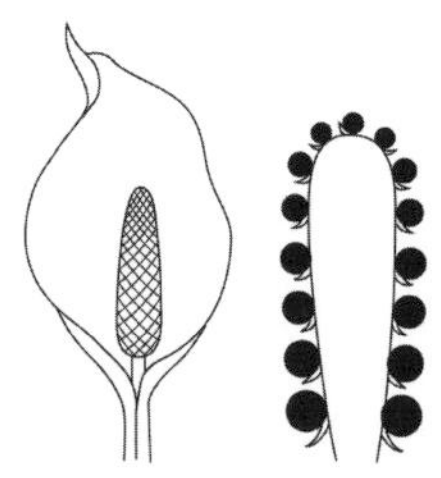

肉穂花序
ミズバショウなど

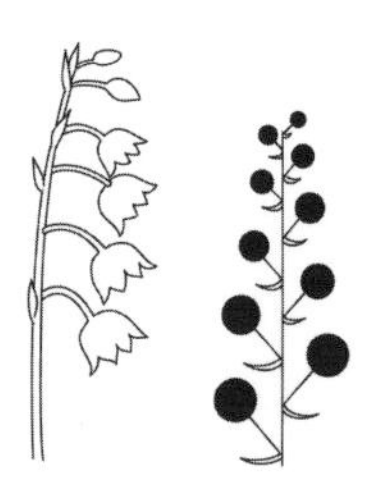

総状花序
スズランなど

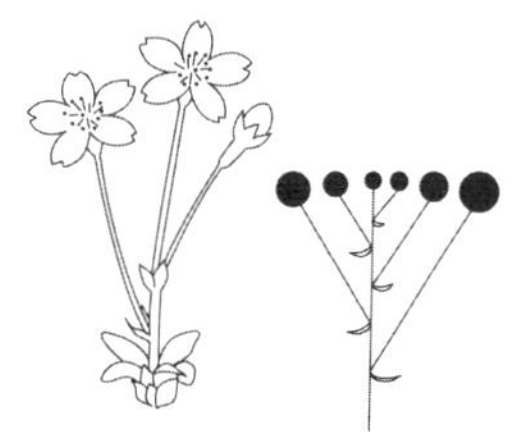
散房花序
ヤマザクラなど

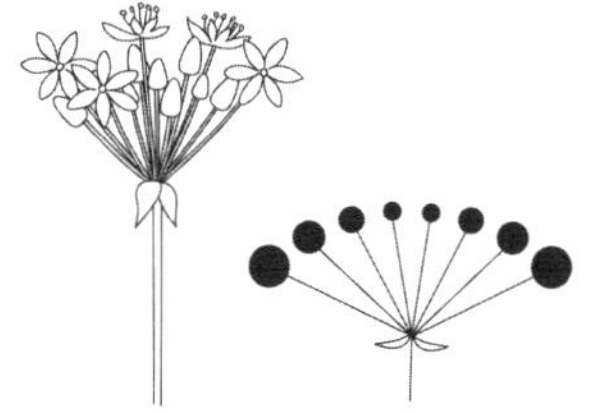
散形花序
ニラなど

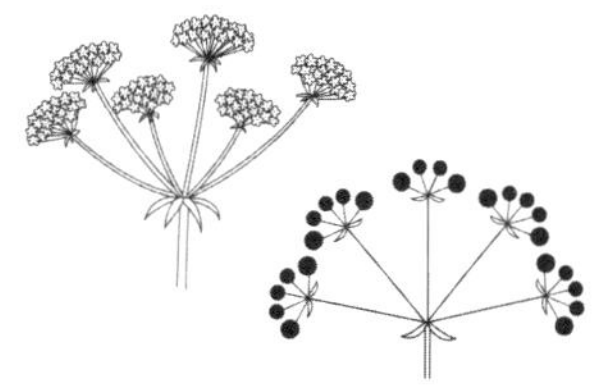
複散形花序
シャクなど

頭状花序
キクなど

円錐花序
エンジュなど

有限花序

茎の先端に最初の花ができると茎の成長が止まり、次の花は咲いた花の下のわきにでき、これを繰り返します。

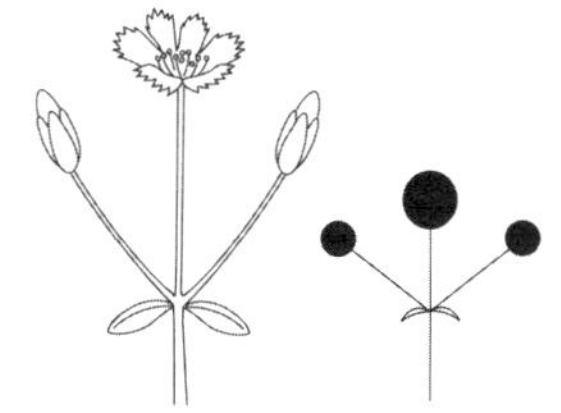
二出（にしゅつ）集散花序
カスミソウなど

さそり形花序
ムラサキツユクサなど

巻散（けんさん）花序
ワスレナグサなど

その他の花序

葉の上に花が咲いているように見える葉上花序や、幹に花がついたような幹生花（かんせいか）などがあります。また、複数の花序が組み合わさり、複合花序になることもあります。

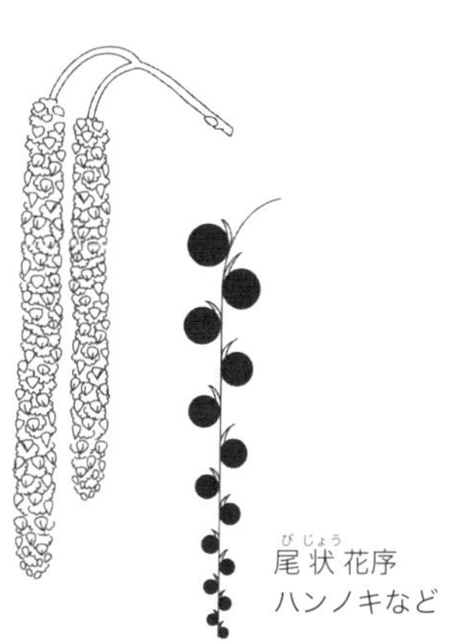
尾状（びじょう）花序
ハンノキなど

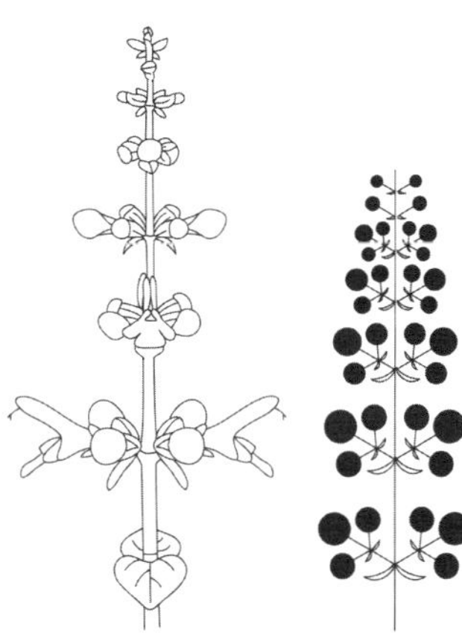
輪散花序
アキギリなど

植物の仕組み

呼吸

酸素を取り入れ、植物自身がつくった栄養分を燃焼させて必要なエネルギーを得て、二酸化炭素を出す作用です。根、茎、葉、花の全器官で昼夜行われています。

> **Point!**
> 光合成の過程では、二酸化炭素を取り入れ、酸素を放出します。

通道組織

植物の水分や養分の通路となる組織。木部と篩部からなります。

水分の流れ

植物も生物なので、生きるために水分が必要です。水分は根で吸収され、葉の蒸散によって植物のすみずみまで道管を通って吸い上げられます。水分は光合成の材料にもなります。

養分の流れ

葉で行う光合成によってショ糖、グルコース、デンプンなどの炭水化物がつくられます。養分は葉で糖に変えられ、篩管を通って果実や成長のさかんな部分に送られます。根で再びデンプンにもどして蓄える植物もあります。

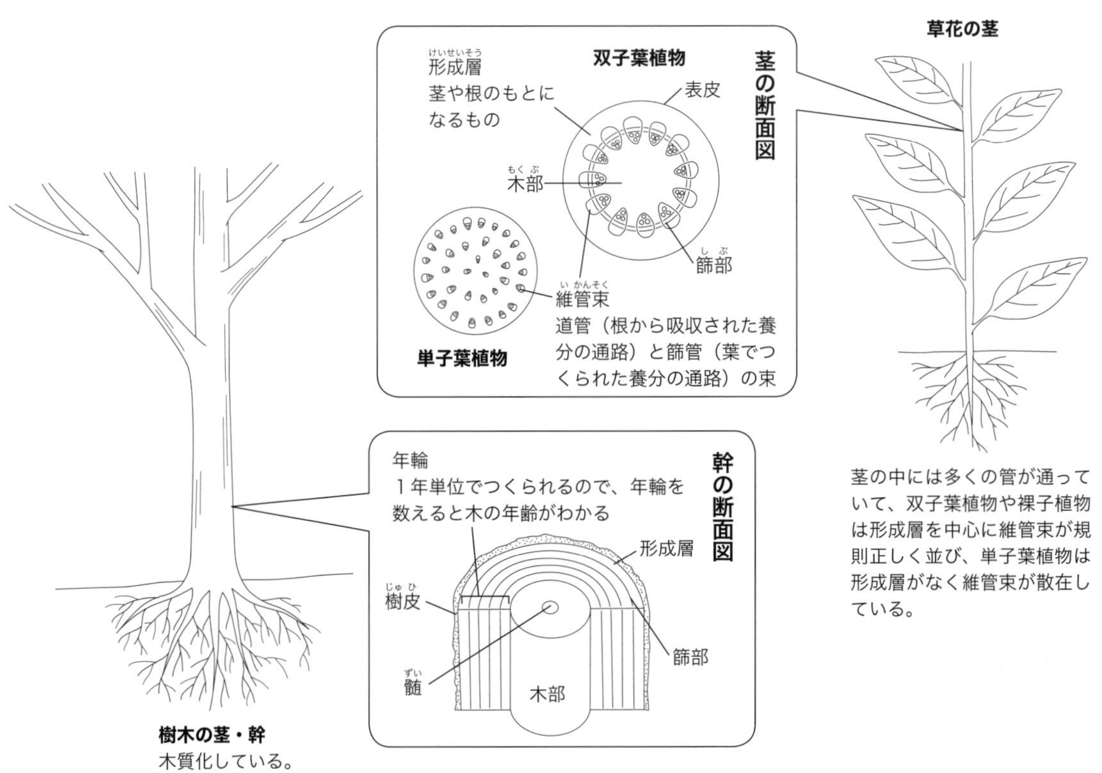

茎の中には多くの管が通っていて、双子葉植物や裸子植物は形成層を中心に維管束が規則正しく並び、単子葉植物は形成層がなく維管束が散在している。

樹木の茎・幹
木質化している。

植物の成長に必要なもの

日光（光）、水（雨）、風（空気）、その他

日光（光）

植物により好みの日照条件や日陰に耐えられる能力が異なり、多くの植物は日なたを好みます。また、実際は日なたを好むが耐陰性があり半日陰でも育つ、日陰でも耐えるという植物もあります。

水（雨）

水も必要不可欠です。花壇など、戸外の植物は適度に雨が降れば水やりは不要ですが、鉢植えの植物は人が責任をもって水やりをしないと、枯れてしまいます。

逆に水やりをしすぎていつも鉢土が湿っていると、根は呼吸できずに根腐れを起こして枯れてしまいます。土の乾き具合を確かめ、水やりをすることが大切です。また、水やりは土の中にたまった古い空気を追い出し、新しい空気に入れ替える役目もしています。

風（空気）

光合成の原料の二酸化炭素を運ぶのは風の役目。風通しが悪いと株の中が蒸れて病害虫が発生しやすくなります。

その他

適切な施肥と病害虫の防除、剪定などの手入れも大切な作業です。特に園芸植物や作物は、人間の都合のよいように改良されているので、野生の植物とは異なり、健全に育つには人間の管理が欠かせません。

Column

日なたと半日陰、日陰の違いは？

園芸ではよく「日なたで育ててください」「半日陰でも育ちます」などといいますが、では、日なたや半日陰、日陰はどの程度日照が当たる状態なのでしょうか？

実は、特に明確な定義はありません。おおよそ、

1、日なた

朝と午後３時過ぎを除いて６時間、直射日光が当たるところ。

2、半日陰

午前中だけ直射日光が当たるか、３～４時間ほど直射日光が当たる、もしくは一日中、木漏れ日が当たるところ。

3、日陰

２～３時間ほど直射日光が当たるところ。

となります。半日陰はわかりにくく、日陰は日が当たらない場所ではないので、注意が必要です。

土と肥料の基礎知識

よい土が植物を健全に育てる

植物にとって、土は根の住まいです。そして水分と養分の貯蔵庫です。また根は呼吸しているので、土の中に常に新鮮な空気が必要です。ですから、植物にとってよい土とは、排水性と保水性がよく、通気性があり、保肥性のある土です。

庭や花壇の土をよい土にするには、質のよい腐葉土や堆肥などの有機物を8～10ℓ/㎡入れ、よく耕します。腐葉土や堆肥は土を改良するために使われるので、「土壌改良材」といいます。

鉢植えは限られた量の土で植物を育てなければならないので、特に土が重要です。市販の培養土は「基本の用土」と数種類の「土壌改良材」が適切に配合されています。自分で配合する場合は、十分に攪拌するよう注意します。

市販の培養土

栽培植物ごとに最適なブレンドで販売されているので、目的に合った製品を選ぶ。自分で配合するより手間が少ない。

基本の用土

赤玉土（左：小粒、右：中粒）
赤土をふるい分けた粒状の土で、排水性、保水性、通気性、保肥性がよい。

鹿沼土
軽石質の粒状の土で、保水性、通気性がよい。酸性土を好むツツジ科の植物に向く。

黒土
関東地方に見られる一般的な土で、保水性はあるが、排水性と通気性がやや劣る。

鉢栽培用培養土の割合

自分で培養土を配合する場合は、赤玉土（小粒か中粒）：腐葉土を7：3～6：4の割合でブレンドする。

土壌改良材

腐葉土
落ち葉を発酵、熟成させたもので、通気性、排水性、保水性を改善する。完熟品を選ぶ。

堆肥
牛ふん、馬ふん、樹皮などを発酵熟成させたもの。土の団粒構造化を促進する。肥料ではない。

ピートモス
湿原のコケ類が腐植化したもの。通気性、保水性、保肥性を改良する。酸性で無菌。

鉢底石

軽石（大粒）
火山からの噴出物で、排水性、保水性、通気性がよい。鉢底石として使われることが多い。

園芸植物には肥料が必要

植物は光合成で自ら栄養分をつくることができますが、生育や開花のためにはさらに養分が必要です。養分は土の中の水分に溶けて、根から吸収されて使われます。なかでも、チッソ(N)、リン酸（P)、カリ＝カリウム（K）は必要量が多いので、肥料の３大要素といい、必要に応じて肥料として与えます。

チッソは葉や茎を大きくする成分です。根も生育させます。不足すると葉が下から黄変し、逆に過剰だと葉ばかりが茂って軟弱になり、花が咲きません。リン酸は開花や結実、根の生育を促します。不足すると花や実のつきが悪くなります。カリは根や茎の生育を促進し、植物体を丈夫にします。不足すると根の生育が悪くなり、逆に過剰だとリン酸などが吸収できなくなります。したがって、生育初期はチッソ分が多い肥料を、花を咲かせるためにはリン酸分の多い肥料を与えると効果的です。

さらに、カルシウム（Ca)、マグネシウム（Mg）を加え、肥料の５要素といいます。ほかに、硫黄(S)、鉄(Fe)、亜鉛(Zn)、ホウソ（B）なども必要ですが、微量なので、通常は腐葉土や堆肥などの有機物を土に混ぜるだけで十分です。

肥料には、原料から成分、形態まで、たくさんの種類があります。目的と使い方をよく確認し、規定量を守りましょう。培養土に肥料を混ぜる場合は、混ぜられる肥料かどうか事前に確認します。

苗の植えつけ時や冬の休眠期の肥料を元肥や寒肥といい、成長期に与える肥料を追肥といいます。

肥料の働き

チッソ
葉や茎、根を成長させる。

マグネシウム
リン酸分の吸収や光合成を助ける。

リン酸
開花や結実、根の生育を促進する。

カリ
根や茎の生育を促進する。

カルシウム
根の生育を促し、土壌の酸度を調整する。

有機質肥料（固形）

動物や植物由来のものが原料で、ゆっくり効くので元肥に適し、植物や土にやさしい。臭いがあるものは室内での使用に注意。形状はさまざま。

化成肥料（固形）

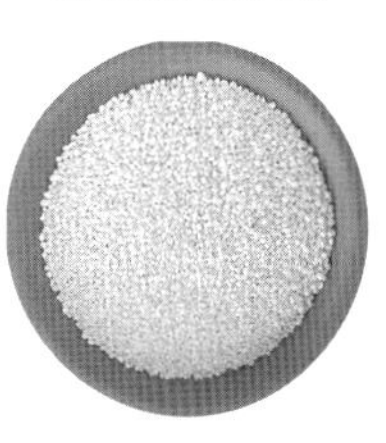

化学的につくられた無機質肥料。速効性のものやコーティングを施した緩効性のものがあり、元肥にも追肥にも適する。臭いがなく扱いやすい。形状はさまざま。

液肥

希釈するタイプで、肥効期間 10 ～ 14 日の追肥用速効性化成肥料が一般的。有機質もある。さまざまな製品があるので、目的や使用法を確認してから使用する。

活力剤

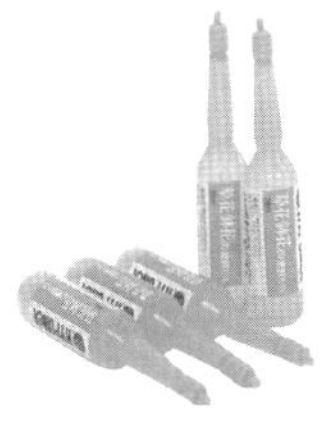

植物の生理的な活力を高め、生育を促進するために鉄やホウソなどの微量要素が入っているものもある。肥料ではないので注意する。

鉢植えの施肥

固形肥料は株元から離して四隅に置き、施肥ごとに場所を変える。粒状肥料は浅く土に埋めるとよい。

病害虫と対処法

植物には必ず病害虫がつく

植物栽培で避けて通れないのが、病害虫対策です。病害虫に強いといわれる植物でも、なんらかの被害にあうことがあります。

病害虫を防ぐには、栽培する植物に適した環境、条件で、健全に育てることです。毎日の水やりのときなどに植物を観察し、早期発見、早期対処を心がけます。被害が大きくならないうちに、株ごと取り除いて処分するか、薬剤で対処します。なお、バラや果樹など健全に育てていても病害虫を防げない植物は、予防のための薬剤散布をします。

防除のための薬剤を散布するときは、使用法をよく読み、正しい使い方をします。使用できる農薬は植物ごとに決まっているので、注意してください。病害虫への対処が遅れると、植物が枯れてしまうことがあります。

簡単な対処法

栽培している植物の数が少なければ、ハンドスプレーで十分対処できる。

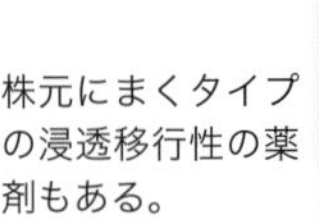

株元にまくタイプの浸透移行性の薬剤もある。

病害虫の例（トマト）

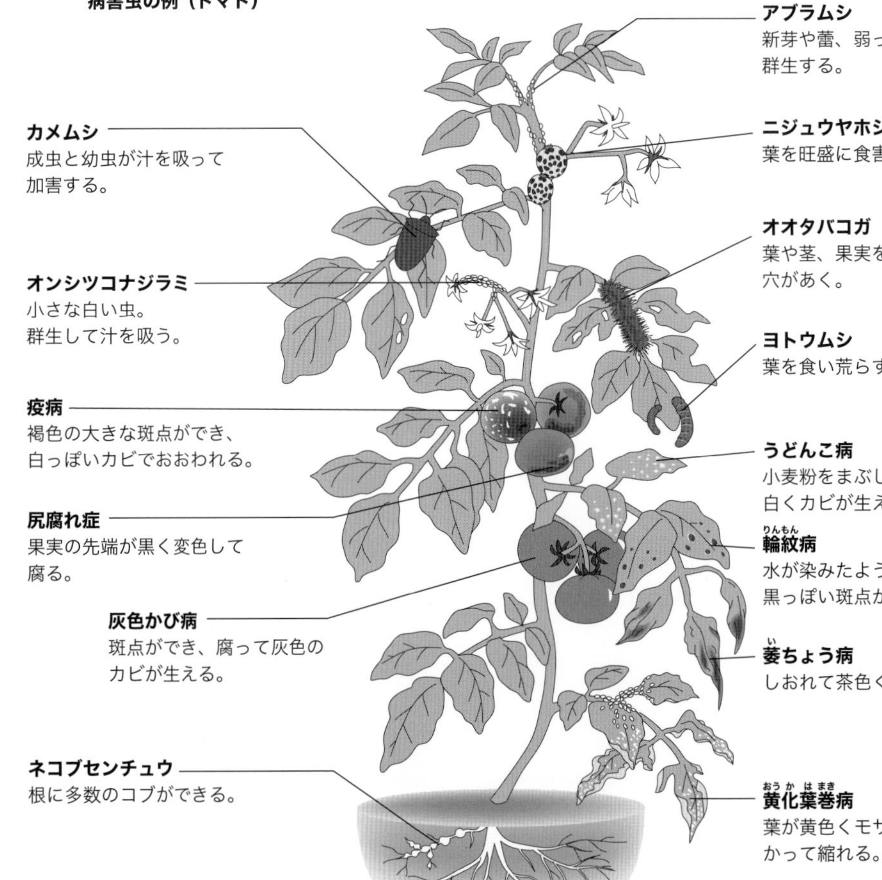

草花の手入れ

日々の手入れが大切

植物は生きものなので世話が必要です。各植物の適した時期に適した手入れをしましょう。植物の寿命が延びるだけでなく、花や葉、姿が美しくなります。鉢植えの水やりは、鉢土の表面が乾いたら、鉢底から水が流れ出るまで与えます。たっぷり水をやることで、鉢土の中の老廃物を出し、空気を入れ替えます。

手入れの代表は花がら摘みです。花がらを放置すると病気の感染源になったり、次の花が望めなくなったりします。花がら摘みは草花ごとにポイントが異なるので注意してください。

雑草取りも大切です。放置すると草花が雑草に負けてしまうことがあります。

また、草花であればタネまき、株分け、切り戻し、樹木であれば剪定・整枝、果樹であれば人工授粉、つる性植物であれば誘引など、植物の性質や栽培目的により、適期に適切な手入れが必要です。

水やりの基本

鉢土の表面が乾いているのを確かめ、鉢底穴から水が流れ出るまでたっぷり与える。

花がら摘み

パンジーは花茎の根元から。

ベゴニアは花房の元から。

プリムラは花茎の根元から。

ナデシコは花後摘み取ると、次の芽が出る。

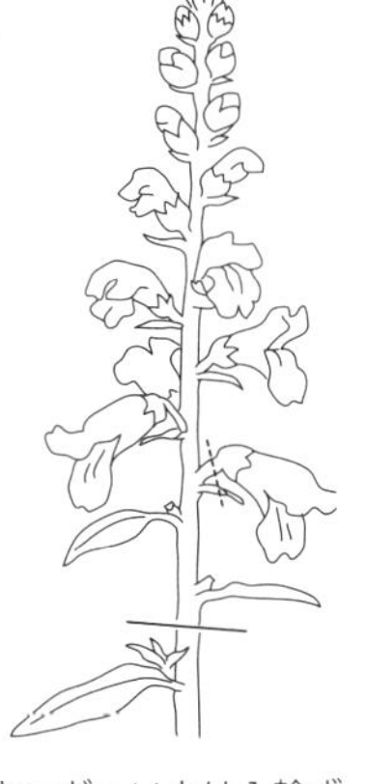

キンギョソウは1輪ずつ摘み、すべて咲き終わったら、花穂を切る。

雑草の対処

雑草は移植ゴテや雑草取りで、根ごと掘り上げて処分する。

腐葉土やピートモスを3～5cmの厚さに。

腐葉土や枯れ葉などを3～5cmの厚みでマルチ（重ねること）すると雑草の発生を防ぐことができる。

枝の切り方

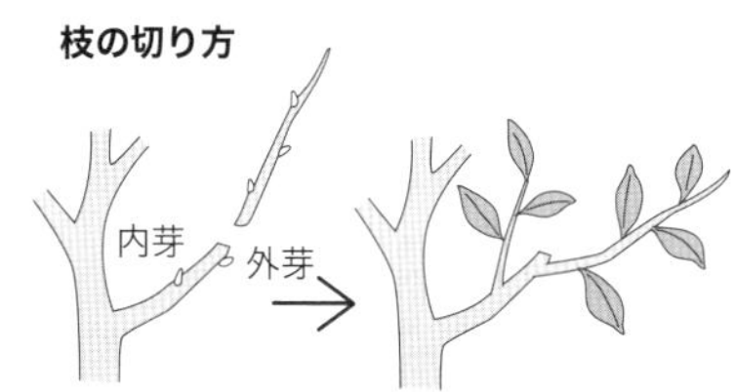

外芽の上で剪定すると、通風、採光がよくなり、樹形も整う。

園芸とガーデニング

日本では、主に、江戸時代に観賞を目的とした園芸が発達しました。その始まりは、将軍徳川家康、秀忠、家光と、三代にわたって花が好きであったことです。権力者が関心をもつと、諸大名も花に関心をもたざるを得なくなります。日本各地のさまざまな植物が江戸に集まり、植木屋や武士が中心となって品種改良が行われました。

ツバキ、ツツジ、カラタチバナ、オモト、キク、アサガオ、ハナショウブなど、次々に流行し、珍品・奇品は投機の対象となりました。これらの花を愛玩したのは将軍や大名だけでなく、太平の世を背景に、富を得た商人から、下級武士、やがては長屋住まいの町人も鉢植えを楽しみました。

明治以降も、何回か特定の花が流行しています。そして近年は家庭で、菜園も含めた園芸が行われるようになりました。

ガーデニングを日本語に訳すと、「庭づくり」「庭仕事」の意味になります。ガーデニングとは、庭やベランダなどの生活空間を、植物を使って美しくデザインし、植物を育て、ともに暮らすことで、日々の暮らしを豊かにすることが目的です。

日本でガーデニングが盛んになったのは1990年ごろのことです。主に、イギリスで行われていた家庭の庭づくりの技術などとともに定着したといわれます。

日本でガーデニングが受け入れられたのは、洋風化した住宅事情がその一因でしょう。職人が丹精を込める日本庭園と異なり、自由な形式の花壇主体の庭なら、プロでなくてもつくることができます。

Column

バラ科の植物

バラ科の植物は実に多彩です。

北半球を中心に、ほぼ世界中に分布しています。草本・木本、合わせて126属約3400種があります。日本には30属約250種が自生しています。

その他にも、観賞用や果樹として、園芸品種や外国産樹種が多数、植栽されています。木本類は落葉するものと、常緑のものとがあります。葉は互生し、ふつう葉柄の基部にたく葉が1対つきます。また、葉柄の上部には蜜腺があることが多いです。

花はふつう両性で、放射相称です。花弁とがく片の数は5枚が多く、がくの下部は合着して筒状になっています。

子房は上位、下位、または半下位で、多くは1室です。

サクラ亜科、バラ亜科、ナシ亜科、シモツケ亜科の４つのグループに区分されます。

園芸のバラはもちろんのこと、サクラ、ウメ、モモ、イチゴ、リンゴ、ビワ、アーモンドなどもバラ科の植物です。

Column

ポットデコレーションのアレンジメント

花苗と切り花を同時に楽しむアレンジメントです。１～２日ほど日の当たらないところに飾ったら、花苗と切り花をそれぞれ適切な管理に戻し、リフォームします。

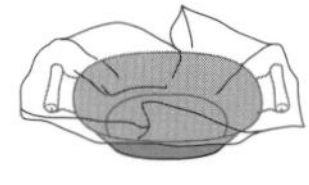

1　容器にビニールなどを敷き、水が漏れないようにする。

2　花苗のポット部分にビニールを巻く。

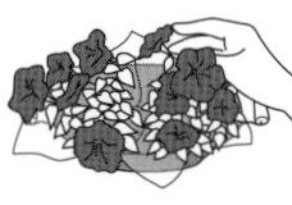

3　1の容器に2の花苗をバランスよく入れる。

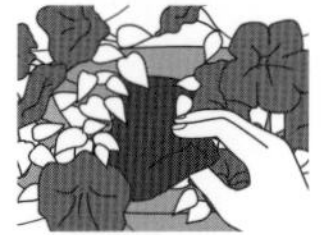

4　花苗のすき間に吸水フォームをセットする。

5　容器からはみ出しているビニールを切り、吸水フォームに切り花を挿す。

完成

庭・花壇
工夫とアイデア次第で、四季折々さまざまな植物が楽しめる。花遊庭（豊田市）

鉢栽培（コンテナ栽培）
植木鉢やプランターなど、植物を植える容器を総称してコンテナという。鉢栽培では、ベランダや室内など土面のないところでも植物を育て、飾ることができる。コンテナの材質、大きさはさまざま。複数の植物を１つのコンテナに植えることを、寄せ植えという。

ハンギングバスケット
専用の容器に寄せ植えして壁面やトレリスにかけたり、つるしたりする。地面に置くよりインパクトがあり、立体的に植物を飾れる。

世界各地のシンボルフラワー・日本の県花

世界各地、日本各地には、その土地その土地の気候風土に適した花木があります。
また、歴史や文化などから、人々の生活に溶け込み、愛されているシンボル的な花があります。
それらは、国花と定められたり、その地域のシンボルフラワーであり、県花となっています。
＊印：WAFA（The World Association of Floral Artists）加盟国

世界各地のシンボルフラワー

アジア

＊日本…サクラ、キク
＊大韓民国…ムクゲ
中華人民共和国…ボタン
＊香港…バウヒニア
中華民国（台湾）…ウメ
アフガニスタン…チューリップ
イスラエル…オリーブ
イラク…バラ
イラン…バラ、スイレン
＊インド…ハス
インドネシア…ジャスミン
＊オマーン…スルタンカブースローズ
サウジアラビア…バラ
シンガポール…バンダ
スリランカ…ハス
タイ…ゴールデンシャワー
トルコ…チューリップ
ネパール…シャクナゲ
＊パキスタン…ジャスミン
バングラデシュ…スイレン
フィリピン…マツリカ
マレーシア…ハイビスカス（ブッソウゲ）

ヨーロッパ

＊アイルランド…シロツメクサ
＊イギリス…イングランド / バラ
ウェールズ / ラッパズイセン、リーキ
スコットランド / アザミ
＊イタリア…デージー
オーストリア…エーデルワイス
オランダ…チューリップ
＊スイス…エーデルワイス
スペイン…カーネーション
チェコ…ボダイジュ
デンマーク…マーガレット
ハンガリー…チューリップ
フィンランド…スズラン
＊フランス…ヤグルマギク、マーガレット、ヒナゲシ
ブルガリア…バラ
＊ベルギー…チューリップ
ポーランド…パンジー
マルタ…ヤグルマギク
モナコ…カーネーション
リヒテンシュタイン…ユリ
ルーマニア…バラ
ルクセンブルク…バラ
ロシア…ヒマワリ、カミツレ

アフリカ

エジプト…スイレン
エチオピア…オランダカイウ
＊ケニア…バラ
＊ジンバブエ…フレームリリー
スーダン…ハイビスカス
＊南アフリカ共和国…キングプロテア
モロッコ…バラ

北中米

＊アメリカ合衆国…バラ
＊カナダ…サトウカエデ
キューバ…ジンジャー
グアテマラ…ラン
コスタリカ…カトレア
＊ジャマイカ…ユソウボク
ドミニカ…マホガニー
＊トリニダード・トバゴ…ヘリコニア
パナマ…ラン（エスピリトゥ・サント）
＊バミューダ（イギリス領）
…バミューダニワゼキショウ
＊バルバドス…オオゴチョウ
＊メキシコ…ダリア

南米

＊アルゼンチン…アメリカデイゴ
＊ウルグアイ…アメリカデイゴ
コロンビア…カトレア
チリ…ツバキカズラ
＊ブラジル…カトレア
＊ペルー…カンツータ
ボリビア…カンツータ

オセアニア

＊オーストラリア…ゴールデンワトル
＊ニュージーランド…エンジュ
フィジー…カトレア

花名は原則として、属以下を省略しています。

日本の県花

北海道	ハマナス
青森	リンゴ
岩手	キリ
宮城	ミヤギノハギ
秋田	フキノトウ
山形	ベニバナ
福島	ネモトシャクナゲ
茨城	バラ
栃木	ヤシオツツジ
群馬	レンゲツツジ
埼玉	サクラソウ
千葉	ナノハナ
東京	ソメイヨシノ
神奈川	ヤマユリ
山梨	フジザクラ
長野	リンドウ
新潟	チューリップ
富山	チューリップ
石川	クロユリ
福井	スイセン
岐阜	レンゲソウ（ゲンゲ）
静岡	ツツジ
愛知	カキツバタ
三重	ハナショウブ
滋賀	シャクナゲ
京都	シダレザクラ、サガギク、ナデシコ
大阪	サクラソウ、ウメ
兵庫	ノジギク
奈良	ナラノヤエザクラ
和歌山	ウメ
鳥取	ニジュッセイキナシ
島根	ボタン
岡山	モモ
広島	モミジ
山口	ナツミカン
徳島	スダチ
香川	オリーブ
愛媛	ミカン
高知	ヤマモモ
福岡	ウメ
佐賀	クスノハナ
長崎	ウンゼンツツジ（ミヤマキリシマ）
熊本	リンドウ
大分	ブンゴウメ
宮崎	ハマユウ
鹿児島	ミヤマキリシマ
沖縄	デイゴ

花言葉

花言葉は､その花のもつ特徴や性質にもとづいて象徴的な意味をもたせたものです。ギリシア･ローマの神話や伝説から生み出されたもの、宗教的なシンボルによるもの、また、花の形、色、香りなどによるものがあります。

時代によって、国によって、同じ花がまったく異なる意味をもつことがあります。それは、花や植物が生活文化と深くかかわってきたことの表れでしょう。花言葉は、明治初期に西洋文化とともに日本に伝わってきました。先人が残してくれた花言葉を、花と一緒に、思いを託して贈ります。

春　2～4月

アイリス	よき便り、愛
アカシア	友情、秘めた恋
アスター	追憶、変化
アネモネ	期待、はかない希望
アルストロメリア	未来への憧れ、エキゾチック、機敏（きびん）
エリカ	孤独、謙遜（けんそん）、博愛
カスミソウ	清い心、無邪気、親切
ギリア	気まぐれな恋
コデマリ	友情、優雅、品位
サクラ	純潔、精神美
スイセン	自己愛
スイートピー	繊細（せんさい）、優美、門出
スノードロップ	慰め、希望
スミレ	誠実、無邪気
チューリップ	愛の告白、思いやり
ツバキ	理想の愛、気取らない美しさ
デージー	純潔、無邪気
ナノハナ	快活な愛、競争
パンジー	物思い、思慮深い
ヒヤシンス	勝負、嫉妬（しっと）
フリージア	無邪気、慈愛、純潔
ポピー	恋の予感、思いやり
マーガレット	誠実、真実の愛
ミヤコワスレ	別れ、短い恋
ムスカリ	失意
モモ	気だてのよさ、恋の奴隷
ヤグルマギク	信頼、優雅
ユキヤナギ	殊勝
ラナンキュラス	晴れやかな魅力、忘恩（ぼうおん）
リューココリーネ	温かい心
ローダンセ	光輝（こうき）、飛翔（ひしょう）
ワスレナグサ	誠実

夏　5～7月

アガパンサス	実直、知的な装い
アジサイ	自慢、移り気
アスチルベ	自由、恋の訪れ
アマリリス	誇り、内気、強い虚栄心
イキシア	誇り高い、秘めた恋
オーニソガラム	潔白、純粋
カーネーション	愛を信じる、貞節
ガーベラ	神秘、希望、辛抱強さ
カラー	清浄（せいじょう）、乙女のしとやかさ
カンパニュラ	感謝、誠実
クチナシ	優雅、清潔、喜びを運ぶ
クレマチス	高潔、心の美
グロリオサ	華麗（かれい）、栄光、堅固
ジニア	絆、幸福
シャクヤク	内気、恥じらい
ジャスミン	素直、愛らしさ
シラン	あなたを忘れない
スイレン	純心、清浄
スカビオサ	健気（けなげ）、不幸な恋
スズラン	純潔、幸福の再来
ゼラニウム	愛情、決意
タイム	勇気、行動力がある
デルフィニウム	高貴、慈悲、清明
トルコギキョウ	希望、清々しい美しさ
トケイソウ	信仰、聖なる愛
ナスタチウム	愛国心、有能な人
ニゲラ	とまどい、ひそかな喜び
バラ	赤：愛情、白：尊敬、黄：嫉妬
ヒマワリ	崇拝、光輝
マトリカリア	集う喜び、寛容
ユリ	純潔、飾らぬ美、荘厳（そうごん）
ラベンダー	期待、不信
ベロニカ	忠実、名誉
マリーゴールド	嫉妬、悲しみ、健康

秋　8～10月

アゲラタム……信頼
ウイキョウ……勇敢、不老長寿
オミナエシ……美人
オンシジウム……清楚（せいそ）、遊び心、美しい瞳
キキョウ……変わらぬ愛、ユートピア
キク……清浄、高潔
クジャクソウ……友情、悲しみ、美しい思い出
クズ……活力、芯の強さ
グラジオラス……用心
ケイトウ……おしゃれ、情愛、奇妙
コスモス……調和、美麗、少女の純潔
シオン……追憶
シュウメイギク……忍耐、多感なとき
ススキ……活力
スターチス……変わらぬ心、驚き
センニチコウ……不朽、永遠の愛
ダリア……華麗、優雅、威厳
ダンギク……悩み、忘れ得ぬ思い
ナデシコ……純愛、勇敢、大胆
ネリネ……幸せな思い出、忍耐、輝き
ハギ……思案、思い、柔軟な精神
フジバカマ……ためらい、優しい思い出
ブドウ……歓喜、博愛、陶酔（とうすい）
ブバルディア……夢、情熱
ホトトギス……秘めた思い、永遠にあなたのもの
ホオズキ……半信半疑、不思議
ムラサキシキブ……聡明（そうめい）
リンドウ……正義、的確
ワレモコウ……変化、愛慕

冬　11～1月

ウメ……忠実、忍耐、高潔
ウメモドキ……明朗、知恵、深い愛情
オリーブ……平和、知恵
カトレア……成熟した魅力
カンツバキ……謙譲
クリスマスローズ……追憶、慰め
ゲッケイジュ……勝利、名誉
サザンカ……困難に打ち勝つ、ひたむきさ
サンキライ……不屈（ふくつ）の精神、元気になる
シクラメン……疑い、はにかみ
シンビジウム……誠実な愛情、飾らない心、素朴
ストック……愛の絆、永遠の美しさ
センリョウ……可憐（かれん）
ダスティミラー……あなたを支える
チランジア(エアプランツ)……不屈
デンドロビウム……わがままな美人
ドラセナ……幸福
ナナカマド……賢明、慎重
ナンテン……福をなす、良い家庭、機知に富む
ハボタン……祝福、利益
ヒイラギ……剛直（ごうちょく）、不滅、先見
ピラカンサ……慈悲（じひ）
ファレノプシス……あなたを愛す
フクジュソウ……幸せを招く
ポインセチア……私の心は燃えている
マツ……不老長寿
マンサク……直感、神秘
モミ……昇進、高尚
ヤドリギ……忍耐強い、征服
リンゴ(果実)……誘惑
ロウバイ……先見、優しい心
ローズマリー……思い出、静かな力強さ

NFDの社会貢献活動

公益社団法人 日本フラワーデザイナー協会（略称：NFD）は、「花で社会を豊かにする」ことを目的に、さまざまな社会貢献活動を実施しています。

●「全国障害者スポーツ大会」での～花束贈呈事業～

毎年、国体とともに開催される同大会に、NFDは約1500個のビクトリーブーケを贈呈しています。

ビクトリーブーケの制作には、約200名にも及ぶNFDの会員とその友人や家族などが、3日間にわたりボランティアで参加しています。

障がいを乗り越えて手にした喜びに、華を添え続けています。

● NFD 花の日

NFDでは、毎年12月10日の「NFD花の日」に、「フラワーデザインの楽しさ」「花とともに生活する喜びと感動」を全国各地の福祉施設、小児病棟、盲学校、ろう学校などの施設へ伝えるために、「NFD花の日」カードとともに、フラワーデザインの作品などをお贈りしています。

12月10日は、1967年にNFDの設立総会が開催された記念日です。

●花の宅配便事業

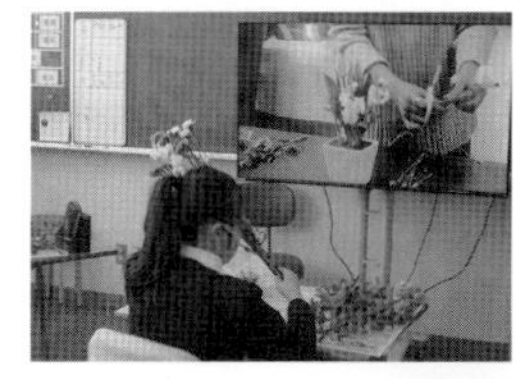

NFDが全国の盲学校などへお花をお届けし、フラワーアレンジメント教室などを開催しています。NFDのボランティアが生徒さんたちの花に触れる機会をサポートしています。

● NFD 卒業生応援プロジェクト

全国のNFDの会員が、東日本大震災をはじめ、被災した地域の小学校や中学校の卒業生の胸を飾るコサージを制作し、寄贈しています。

主な参考文献

◆ Chapter 1　フラワーデザインを始めてみましょう

田嶋稔子『シェーン・ビッテ 上巻（理論編）』草土出版

山本 晃『花飾学　基礎編』進学進路センター

関江重三郎『じかもり入門』日本フロリスト養成専門学校

長谷 恵『フレッシュフラワーラッピング』日本ヴォーグ社

ウルズラ・ヴェゲナー『ウルズラ・ヴェゲナー 花の基礎造形１』六耀社

ウルズラ・ヴェゲナー『ウルズラ・ヴェゲナー 花の基礎造形２』六耀社

ペーター・アスマン『時代にあったフラワーデザイン－フラワーデザインを学ぶために－』六耀社

東 浩紀『日本的想像力の未来』NHK 出版

三井秀樹『美のジャポニズム』文芸春秋

三井秀樹『かたちの日本美』NHK 出版

多木金策『FLORISTRY』多木金策

◆ Chapter2　フラワーデザインの色彩学

ディーター・ホルツシュー『フロリストのための色彩論』ドイツ・フロリスト専門連盟

◆ Chapter 3 フラワーデザインの歴史

小林頼子『花のギャラリー 描かれた花の意味』八坂書房

栗山節子『名画に見る フラワー・アレンジメントの歴史』八坂書房

田嶋稔子『シェーン・ビッテ 下巻（実践編）』草土出版

ヴァリー・クレット、ペーター・アスマン『花嫁の花飾り－ 150 年の歴史－』六耀社

Johannes Olbertz『Bindekunst und Blumenschmuck』Witterschlick

池田孝二監修『フラワーデザインと時代様式－エジプト時代から 1930 年代まで－』六耀社

ウルズラ・ヴェゲナー『ブラウトシュトラウス 花嫁の花束』六耀社

池田孝二『ブラウトシュムック 新しいテクニックと素材でつくる花嫁の花飾り』六耀社

ウルズラ・ヴェゲナー『花束』六耀社

林屋辰三郎編『図説いけばな体系第３巻』角川書店

塚本洋太郎『花の美術と歴史』シーグ社出版

池田孝二『ヨーロピアン・フローラル・アート Vol.1 アレンジメント』六耀社

池田孝二『ヨーロピアン・フローラル・アート Vol. 2 花束＆花嫁の花束』六耀社

池田孝二『ヨーロピアン・フローラル・アート Vol. 3 花の造形』六耀社

池田孝二『ヨーロピアン・フローラル・アート別巻２ 花を楽しむ』六耀社

池田孝二『楽しいフローラル・ホビー』六耀社

池田孝二監修『花の時代様式～古代エジプトから現代美術、そして 21 世紀に向けて～』青幻社

池田孝二監修『花の時代様式～ 21 世紀に向けて～』青幻社

ローランス・ビュッフェシャイェ『ヨーロッパのフローラルアート－伝統と創造の花の芸術』東京インターナショナル出版

◆ Chapter 4 花ごよみ便利帳と冠婚葬祭の基礎知識

『贈答に関する一般知識』全日本ギフト用品協会

フローリスト編・伊達けいこ文『EVENT と花ヒストリー BOOK』

『フローリストに役立つ基礎知識』JFTD

貝原益軒補・貝原好古編『日本歳時記』八坂書房

宮田 登『江戸歳時記』吉川弘文館

桜井 満『万葉の花』雄山閣出版

『図解生活大百科　シベール１暮らしの歳時記』講談社

『四季別いけばな花材総事典』講談社

『快適生活ガイド 12 カ月』日本通信教育連盟

内田正男『暦のはなし十二カ月』雄山閣出版

細川護貞監修『季・花づくし』講談社

野呂希一・荒井和生『暦の風景』青菁社

岡田芳朗『春夏秋冬暦のことば』大修館書店

江間 務『結婚の歴史　文化風俗選書１』 雄山閣

丹野 郁編著『西洋服飾史 図説編』東京堂出版

小泉和子編著『昭和の結婚』河出書房新社

千宗室・千登三子監修『生活ごよみ』講談社

◆ Chapter 5 知っておきたい植物の基本

NFD 編・大場秀章他『花検定 公益社団法人日本フラワーデザイナー協会 テキスト [4 級 3 級 2 級]』講談社エディトリアル

大場秀章監修『絵でわかる植物の世界』講談社サイエンティフィク

岩瀬徹・大野啓一『写真で見る 植物用語』全国農村教育協会

大場秀章編著『植物分類表』アボック社

◆その他全般

NFD 編著『花を遊ぶ・花を学ぶ フラワーデザイン入門』講談社

NFD 編著『花を知る・花と遊ぶ フラワーデザイン花ごよみ』講談社

NFD 編著『フラワーデザイナー NFD 資格検定試験テキスト』講談社エディトリアル

NFD 編著『フラワーデザイナー資格検定試験・指定花材編テキスト』六耀社

『フラワーデザイナーのためのハンドブック』六耀社

樋口春三監修『なんでもわかる 花と緑の事典』六耀社

Ingebord Wundermen『Der Hobby-Florist』Ulmer

Wundermen Stobbe-Rosenstock『Der Florist 1』Ulmer

伊勢 粋『花ことばと親和・伝説』新興社

『改訂新版　フラワーデザインのすべて』誠文堂新光社

春山行夫『花の文化史』講談社

The Florist Exchange 編『De Luxe － Floral Design』

The Florist Exchange 編『Floral Design － Deluxe』

M．ベンツ『Flowers Creative Designe』

M．ベンツ『Flowers Free Form Interpretive Design』

M．ベンツ『Flowers Geometric Form』

マミ川崎『フラワーデザイン』毎日新聞社

マミ川崎『ウエディングの花─結婚式を演出する花のすべて』講談社

『フラワーデザインテキスト』JFTD 学園 日本フラワーカレッジ

他多数

◇装幀原案 基本フォーマット
箭内早苗（プラスアイ）

◇ DTP
朝日メディアインターナショナル
矢作裕佳（sola design）

◇写真撮影
江頭 徹、林 桂多（以上講談社写真部）
井上孝明、杉山和行

◇写真・資料提供
NFD、にしいたかこ、東京堂、松村工芸、豊田ガーデン、
山田幸子、小嶋めぐむ、講談社資料センター

◇イラスト
角 慎作、梶原由加利

◇編集協力
久保田啓子（ADP）、山田幸子、長谷川富子、柴崎その枝、
石川公枝、小嶋めぐむ

［編著者］

公益社団法人 日本フラワーデザイナー協会（略称：NFD）

公益社団法人 日本フラワーデザイナー協会は、フラワーデザインの資格認定および登録を行うとともに、正しいフラワーデザインの普及、技術向上を図り、ひいては日本の生活文化や産業の向上に寄与することを目的として活動しています。

現在、全国に53の支部を設け、会員数は約15,000名、約8,000名のNFD講師がレッスンプロとして指導にあたり、また多くの会員がフラワーショップほか花に関わるさまざまな分野で活躍しています。

国内における各種事業とともに、国際的には世界28の国と地域のフラワーデザイナー組織によって運営されているWAFA（World Association of Floral Artists）に1981年の設立準備時より参加し、設立発起団体として日本を代表して加盟しています。

著書に、『新 NFDフラワーデザイナー資格検定試験テキスト』『改訂新版 NFD版 よくわかる フラワー装飾技能検定試験 実例とポイント』（以上、講談社エディトリアル）、『花と遊ぶ・花を学ぶ フラワーデザイン入門』（講談社）他多数がある

［所在地］

〒108-8585 東京都港区高輪4-5-6

TEL: 03-5420-8741

URL: http://www.nfd.or.jp/

増補改訂版

フラワーデザイナーのための 花の教科書

2015年6月30日　第1刷発行

2024年6月12日　増補改訂版　第1刷発行

編著者　公益社団法人 日本フラワーデザイナー協会

発行者　堺 公江

発行所　株式会社 講談社エディトリアル

〒112-0013 東京都文京区音羽1-17-18 護国寺SIAビル6F

☎03-5319-2171

印刷所　大日本印刷株式会社

製本所　大日本印刷株式会社

N.D.C.627.9 214p　26cm

ISBN978-4-86677-142-7

PUBLIC INTEREST INCORPORATED ASSOCIATION
NIPPON FLOWER DESIGNERS' ASSOCIATION